WANDRUSZKA
DAS HAUS HABSBURG

ADAM WANDRUSZKA

DAS HAUS HABSBURG

DIE GESCHICHTE EINER
EUROPÄISCHEN DYNASTIE

HERDER

WIEN · FREIBURG · BASEL

2. Auflage 1979

© Herder & Co., Wien 1978
Alle Rechte vorbehalten – Printed in Germany
Herstellung: Freiburger Graphische Betriebe 1979
Die Umschlaggraphik stammt aus der Wappenrolle
Kaiser Franz Josephs I.
(Bildarchiv der österreichischen Nationalbibliothek Wien)
Umschlaggestaltung: Reinhard Klein
ISBN 3-210-24569-X

Inhalt

Vorwort

Die vorliegende Arbeit verdankte ihre Entstehung einer Anregung des Verlegers, des leider inzwischen verstorbenen Herrn Friedrich Vorwerk, Stuttgart. So gerne ich den Auftrag übernahm, so war ich mir doch von Anfang an der Schwierigkeiten und Gefahren bewußt, die in dem Versuch begründet liegen, ein so umfassendes Thema nicht in einem auf viele Bände angelegten – und dann vermutlich ein Torso bleibenden – Werk, sondern in einem Buch von verhältnismäßig geringem Umfang zu behandeln. Gilt es dabei doch, zwischen den Untiefen der Oberflächlichkeit und unzulässigen Verallgemeinerung und den Klippen der Detailanhäufung den richtigen Kurs zu finden.

Die erste, im Herbst 1956 im Friedrich Vorwerk Verlag, Stuttgart, und im Verlag für Geschichte und Politik, Wien, erschienene Auflage fand bei Leserschaft und Kritik eine überraschend freundliche Aufnahme. Die daher schon 1959 notwendig gewordene zweite Auflage bot mir Gelegenheit zu einigen Ergänzungen und Verbesserungen. Die auf Anregung von Professor Klemens von Klemperer, Northampton, Massachusetts, von Cathleen und Hans Epstein besorgte englische Übersetzung erschien 1964 im Verlag Doubleday & Comp., New York, sowie in einer englischen Lizenzausgabe bei Sidgwick and Jackson, London. Im folgenden Jahr 1965 brachte der Verlag Doubleday das Buch dann in seiner Taschenbuchreihe „Anchor Books" heraus.

Im Jahr 1968 veröffentlichte der Verlag Herder das Buch als Band 314 seiner Taschenbuchreihe „Herder-Bücherei". 1974 erschien im Verlag dall'Oglio, Mailand, in der Reihe „Grandi Famiglie" eine auf fast den doppelten Umfang erweiterte, besonders die Geschichte der „italienischen" Sekundo- und Tertiogenituren im Großherzogtum Toskana und im Herzogtum Modena behandelnde Ausgabe unter dem Titel „Gli Asburgo".

Da die deutschen und englischen Ausgaben schon seit Jahren vergriffen sind und, wie ich vom Buchhandel immer wieder höre, weiterhin eine bemerkenswerte Publikums-Nachfrage besteht, bin ich dem Verlag Herder-Wien für die Initiative überaus dankbar, eine stärker bebilderte Ausgabe aus Anlaß des 700jährigen Jubiläums der Marchfeldschlacht von 1278, die die Voraussetzung für die Herrschaft des Hauses Habsburg im Donauraum schuf, zu veröffentlichen. Diesem aktuellen Anlaß entsprechend möchte ich an den Anfang dieser Neuausgabe den Text des Festvortrags stellen, den ich am 12. Mai zur Eröffnung der Ausstellung „700 Jahre Schlacht bei Dürnkrut und Jedenspeigen" im Schloß Jedenspeigen gehalten habe. Der von Anbeginn an überraschend starke Besuch dieser Ausstellung bestärkte mich in der auch durch viele andere Erfahrungen gestützten Überzeugung, daß die vielberufene angebliche „Geschichtsmüdigkeit" unserer Zeit doch nicht so groß ist, wie oft behauptet wird.

Wien, im Mai 1978   Adam Wandruszka

Die Schlacht von Dürnkrut und Jedenspeigen am 26. August 1278

Festvortrag zur Eröffnung der Ausstellung am 12. 5. 1978

Im Herbst 1871, wenige Monate vor seinem Tod, schrieb der achtzigjährige Franz Grillparzer, der seit nahezu einem halben Jahrhundert alle wichtigeren Ereignisse und Entwicklungen der österreichischen, deutschen und europäischen Geschichte mit oft sehr bissigen, manchmal gewiß auch ungerechten, im allgemeinen aber doch bemerkenswert treffsicheren Epigrammen kommentiert hatte, sein letztes politisches Epigramm. Es lautete:

> Marchfeld! So ist dein Sieg nicht wahr
> Aus unsrer Urväter frühsten Tagen.
> König Przemisl Ottokar
> Hat den Rudolf von Habsburg geschlagen.

Anlaß dazu war das Bemühen des föderalistisch-konservativen Ministeriums Hohenwart-Schäffle, einen Ausgleich in Böhmen herbeizuführen durch Zugeständnisse an das „böhmische Staatsrecht", die dem deutsch-zentralistischen „alten Josephiner" Grillparzer zu weitgehend erschienen. Es ist in unserem Zusammenhang unerheblich, ob dieser Versuch, der ja wenige Wochen später nicht zuletzt auch an den zu weitgehenden tschechischen Forderungen scheiterte, tatsächlich, wie man heute vielfach meint, den Zerfall des habsburgischen Vielvölkerreiches hätte verhindern können, eine Hypothese, die ebenso unbeweisbar wie unwiderlegbar ist. Wesentlich hingegen erscheint die Tatsache, daß Grillparzer hier, mehr als ein halbes Jahrhundert nach der ersten Beschäftigung mit dem Thema „Rudolf und Ottokar", am Ende seines Lebens aus aktuellem Anlaß dieses Thema seines ersten großen vaterländischen Dramas wieder aufgriff. Sah er mit Recht in der Marchfeldschlacht vom 26. August 1278 die Geburtsstunde der habsburgischen Herrschaft in Österreich und damit des späteren Vielvölkerreiches an der Donau, so erschien ihm der Weiterbestand dieses seines Vaterlandes, an dem er nach eigenem Bekenntnis mit allen Fasern seines Herzens trotz aller Kritik leidenschaftlich hing, durch die sich immer mehr steigernden Ansprüche der einzelnen

Nationalitäten gefährdet. Das betraf in der konkreten Situation von 1871 die tschechischen Ansprüche, weit häufiger die eines sich steigernden deutschen Nationalismus, gegen den sich der selbstkritische österreichische Patriot Grillparzer in immer wieder neuen Einfällen und Formulierungen wandte; oder ganz allgemein, nach dem erschütternden Erlebnis der die Monarchie zerreißenden Nationalitätenkämpfe von 1848/49 die entschiedene und leider so prophetische Absage an jeglichen Nationalismus in dem lapidaren Epigramm von 1849:

> Der Weg der neuern Bildung geht
> Von Humanität
> Durch Nationalität
> Zur Bestialität.

Gewiß kann man bei nüchtern-kritischer historischer Betrachtung mit gutem Grund eine andere, fast zweieinhalb Jahrhunderte später stattfindende Schlacht als Geburtsstunde der späteren Donaumonarchie ansehen, nämlich den Türkensieg von Mohács im Jahre 1526, der mit dem Tod des letzten Jagellonenkönigs von Ungarn und Böhmen den Weg frei machte für die Erwerbung der Länder der Stephans- und jener der Wenzelskrone durch das „Haus Österreich"; wobei man die Ausbildung der „Österreichischen Monarchie" auch noch viel später, mit den theresianisch-josephinischen Reformen, staatsrechtlich mit der Annahme des österreichischen Kaisertitels 1804, also bereits zu Lebzeiten Grillparzers, oder gar erst mit dem Ausscheiden des „Kaisertums Österreich" aus dem Deutschen Bund 1866 ansetzen kann. Aber die Marchfeldschlacht von 1278 hat doch einen besonderen, auf die ganze spätere Entwicklung hinweisenden, sie zugleich vorwegnehmenden und bestimmenden Charakter. Das gilt für den Ort der Schlacht, für die an dem Kampf beteiligten Völker und schließlich und vor allem für den Sieger und sein Haus, das den Namen des durch diese Schlacht erworbenen Landes, den Namen Österreich als „Haus Österreich", als „Domus Austriae", „Maison d'Autriche" und „Casa d'Austria" um den Erdball trug.

Zunächst der Ort der Schlacht: im Herzogtum Österreich, der Keimzelle schon des babenbergischen und dann erst recht des habsburgischen Herrschaftskomplexes, im Marchfeld, wo der Alpen-, der Sudeten- und der Karpathenraum wie die drei Blätter eines Kleeblatts zusammentreffen, auf dem Boden des babenbergischen Österreich, aber in nächster Nähe, geradezu in Sichtweite, der Grenze der Länder der Stephans- wie jener der Wenzelskrone.

Dann die Teilnehmer: Angehörige aller diese Räume bewohnenden Völker und damit vor allem auch der zahlenmäßig größten und daher bestimmenden Völker der späteren Habsburgermonarchie, Deutsche aus den Alpenländern, dem deutschen Süden, Alemannen, Schwaben, Franken und Bajuwaren, Tiroler, Steirer, Kärntner und „Österreicher" im Heer des Siegers, Deutsche aus Böhmen und Mähren, aus Schlesien, Brandenburg, Meißen, Thüringen und Baiern auf der Seite des Böhmenkönigs, Tschechen und Polen im Heere Ottokars, während auf Rudolfs Seite die ungarischen und kumanischen Verbündeten des Deutschen Königs wesentlich zum Sieg beitrugen. Von dem nahen, damals zum Herzogtum Österreich, seit dem Untergang der Donaumonarchie zur Tschechoslowakei gehörenden Feldsberg aus hat Rudolf über seinen Sieg nicht nur an den Papst Nikolaus III. und an den Erzbischof Friedrich von Salzburg, sondern auch an den Dogen von Venedig und an die Stadt Florenz Berichte gesandt, und italienische Chronisten haben ausführlich über die Marchfeldschlacht berichtet, da man Rudolfs Sieg als eine Voraussetzung für den erwarteten Romzug und seine Krönung zum Kaiser durch den Papst in Rom – wozu es dann nicht mehr gekommen ist – ansah.

Die unmittelbare, entscheidende und weltgeschichtlich bedeutsamste Folge der Marchfeldschlacht aber war die Festsetzung des südwestdeutsch-alemannischen Herrschergeschlechts der Habsburger in den ehemals babenbergischen Ländern Österreich und Steiermark. Mit der schon Rudolf I. auszeichnenden und dann auf die meisten seiner Nachkommen vererbten Beharrlichkeit und Zähigkeit haben die Habsburger dann in den folgenden Jahrhunderten an der Brücke zwischen diesen beiden Herrschaftskomplexen im Südwesten und Südosten des Reiches gebaut: zwischen ihren althabsburgischen Stammlanden am Oberrhein, im Gebiet der heutigen Schweiz, am Bodensee und an der oberen Donau auf der einen Seite, dem neuerworbenen ehemals babenbergischen Länderkomplex auf der anderen Seite. Die Erwerbung Kärntens 1335, jene Tirols 1363, daneben zahlreiche kleinere Erwerbungen durch Erb-, Kauf- und Pfandverträge, führten dazu, daß schließlich 1500 mit der Erwerbung des Gebietes um Lienz diese „Landbrücke" zwischen Ost und West vollendet war. Dabei ergab sich eine kontinuierliche Gewichtsverlagerung: Verlusten im Westen, in den „Stammlanden", die schließlich zu „Vorlanden" wurden – im Spätmittelalter die Besitzungen auf dem Gebiet der heutigen Schweiz, im Westfälischen Frieden die linksrheinischen Besitzungen auf dem Boden des heutigen Frankreich, in den napoleonischen Kriegen das restliche, rechtsrheinische „Vorderösterreich", das in die

Rheinbundstaaten Baden, Württemberg und Bayern eingegliedert wurde –, standen die großräumigen Erwerbungen im
Osten und Südosten – Böhmen und Ungarn mit ihren Nebenländern, Galizien und die Bukowina, schließlich das venezia-
nische Istrien und Dalmatien und ganz zum Schluß noch Bosnien
und die Herzegovina – gegenüber. Eingeleitet aber wurde diese
Gewichtsverlagerung durch die Marchfeldschlacht vor siebenhundert Jahren, deren wir heute gedenken.

Doch lassen Sie mich bitte zum Schluß nochmals zu
Grillparzer und seinem Trauerspiel „König Ottokars Glück und
Ende" zurückkehren. Denn hier finden wir eine Mahnung, die
vor allem uns Heutige anspricht, wenn wir, nach zwei Welt-
kriegen, einer vor siebenhundert Jahren stattgefundenen
Schlacht gedenken; eine zeitlos gültige Mahnung an alle Mächtigen dieser Erde. Es ist der großartige Monolog des Ottokar kurz
vor seinem Tod, ein Monolog, der unbegreiflicherweise bei der
letzten Burgtheater-Aufführung des „Ottokar" weggelassen
wurde, obwohl er, so glaube ich, für uns Heutige fast noch
wichtiger und „aktueller" ist als der allzu oft zitierte Monolog des
Ottokar von Hornek mit dem Preislied auf Österreich. Gestatten
Sie, bitte, daß ich aus diesem Monolog eine Stelle zitiere:

Ich hab nicht gut in deiner Welt gehaust,
Du großer Gott! Wie Sturm und Ungewitter
Bin ich gezogen über deine Fluren.
Du aber bists allein, der stürmen kann,
Denn du allein kannst heilen, großer Gott.
Und hab ich auch das Schlimme nicht gewollt,
Wer war ich, Wurm? daß ich mich unterwand,
Den Herrn der Welten frevelnd nachzuspielen,
Durchs Böse suchend einen Weg zum Guten!
Den Menschen, den du hingesetzt zur Lust,
Ein Zweck, ein Selbst, im Weltall eine Welt –
Gebaut hast du ihn als ein Wunderwerk,
Mit hoher Stirn und aufgerichtem Nacken,
Gekleidet in der Schönheit Feierkleid,
Und wunderbar mit Wundern ihn umringt.
Er hört und sieht und fühlt und freut sich.
Die Speise nimmt er auf in seinen Leib,
Da treten wirkende Gewalten auf
Und weben fort und fort mit Fasern und Gefäß
Und zimmern ihm sein Haus; kein Königsschloß
Mag sich vergleichen mit dem Menschenleib!
Ich aber hab sie hin zu Tausenden geworfen,
Um einer Torheit, eines Einfalls willen,

Wie man den Kehricht schüttet vor die Tür.
Und keiner war von den Gebliebnen allen,
Den seine Mutter nicht, als sie mit Schmerz geboren,
Mit Lust gedrückt an ihre Nährerbrust,
Der Vater nicht als seinen Stolz gesegnet
Und aufgezogen, jahrelang gehütet.
Wenn er am Finger sich verletzt die Haut,
Da liefen sie herbei und bandens ein
Und sahen zu, bis endlich es geheilt.
Und's war ein Finger nur, die Haut am Finger!
Ich aber hab sie schockweis hingeschleudert
Und starrem Eisen einen Weg gebahnt
In ihren warmen Leib.–

Gerade an dieser Stelle wird deutlich, was Grillparzer selbst ja auch, so etwa vor allem in seiner Selbstbiographie, offen ausgesprochen hat, daß ihm die Gestalt und das Schicksal Ottokars dazu dienten, sein gewaltiges Jugenderlebnis, die Gestalt und das Schicksal Napoleons, wir würden heute sagen durch „Verfremdung", zu bewältigen. Die Historiker haben längst festgestellt, daß er durch diese Übertragung dem geschichtlichen Ottokar in mancher Hinsicht ein Unrecht angetan hat. Aber die Mahnung, die gerade in diesem Monolog enthalten ist, besitzt eine zeitlose Gültigkeit, gerade auch hier und heute für uns, wenn wir dieser vor siebenhundert Jahren geschlagenen Schlacht gedenken.

Adam Wandruszka

1.

Die Habsburger und die Geschichte

Im Sommer 1868, zwei Jahre nach der Schlacht von König-grätz, schrieb Leopold von Ranke an Alfred von Arneth, „ohne Zweifel" sei das Arneths Leitung anvertraute Wiener Haus-, Hof- und Staatsarchiv „das für die deutsche Historie wichtigste Archiv".

Dieses Urteil des größten deutschen Geschichtsschreibers hat auch heute noch seine volle Gültigkeit. Ja wir können es wohl dahingehend erweitern, daß das Wiener Archiv auch eines der wichtigsten für die gesamte europäische Geschichte ist; einmal, gleichsam in logischer Ableitung aus dem zitierten Urteil Rankes, weil „das für die deutsche Geschichte wichtigste Archiv" eben, der Lage und Bedeutung des deutschen Volkes in Europa entsprechend, in die erste Reihe der für die europäische Geschichte bedeutenden Archive gehört. Zum anderen aber, weil dieses Archiv mehr ist als nur das Reichsarchiv des Heiligen Römischen Reiches, des Kaisers und der obersten Reichsbehör-den, mehr auch als das Archiv eines Staates, der österreichi-schen Herzogtümer, der werdenden und schließlich vollendeten österreichischen Großmacht, des Kaisertums Österreich, der Österreichisch-Ungarischen Monarchie und dann der Republik Österreich; weil es dies alles, aber darüber hinaus und zuerst, wie aus dem alten Namen „Haus-, Hof- und Staatsarchiv" deutlich wird, das Archiv eines „Hauses", eines Herrschergeschlechts war und, wie es in dem am 13. September 1749 von der Kaiserin Maria Theresia genehmigten Neuordnungs-Vorschlag Rosenthals heißt, „Privilegia domus augustae, documenta genealogica, pacta familiae, Erbteilungen und Vergleiche, Heiratstractate, Verzichte, Testamente, Vormundschaftsbestellungen und andere acta domus singularia seu domestica" enthält. Dieses „erhabene Haus", das Herrschergeschlecht der Habsburger, aber ist, von den letzten Jahrzehnten des dreizehnten bis zu den ersten Jahrzehnten des zwanzigsten Jahrhunderts, also durch nahezu sechseinhalb Jahr-hunderte, eines der führenden, ja die längste Zeit das führende Herrschergeschlecht Europas gewesen.

Kein anderes europäisches Herrscherhaus war so „europäisch",

17

ist im Verlauf der geschichtlichen Entwicklung so sehr Verkörperung und Träger eines universalen, übernationalen Herrschaftsprinzips geworden. Kein anderes Herrschergeschlecht Europas hat so weit ausgegriffen über die verschiedensten europäischen Völker und Nationen wie diese Familie, deren Oberhaupt zur Zeit der größten Machtausdehnung, Kaiser Karl V., bekanntlich mit Recht sagen konnte, daß in seinem Reiche die Sonne nicht unterging. Keiner anderen Herrscherfamilie haben durch die Jahrhunderte und bis zuletzt Angehörige so vieler verschiedener europäischer Nationen gedient, Deutsche, Niederländer, Burgunder, Italiener, Spanier, Franzosen, Iren, Skandinavier, Angehörige der meisten slawischen Völker, Magyaren, Griechen und Albaner. Läßt man vor dem geistigen Auge die glanzvolle Reihe der Feldherrn, Heerführer und hohen Offiziere vorüberziehen, die unter Habsburgs Fahnen gedient und gekämpft haben, oder die nicht minder glanzvolle der Staatsmänner, Ratgeber und hohen Beamten, die dem „Erzhaus" dienten, so findet man, wie dies bei keinem anderen Staatswesen, bei keinem anderen Herrscherhaus je der Fall war, in bunter Reihe Angehörige aller europäischen Nationen, die Blüte der europäischen Adelsgeschlechter, des europäischen Bürgertums, der Künstler- und Gelehrtenwelt.

Ein anschauliches Bild von diesem Zusammenklang der europäischen Völkerschaften gewinnt auch heute noch jeder Besucher Wiens, der in der Innenstadt oder in den einstigen Vorstädten der „Kaiserstadt" an den barocken Adelspalästen vorbeigeht und ihre Namen überdenkt, die Namen deutscher, niederländischer, italienischer, spanischer, französischer, ungarischer, böhmischer und polnischer Adelsgeschlechter, der Liechtenstein, Auersperg, Kinsky, Harrach, Starhemberg, Palffy, Esterhazy, Collalto, Pallavicini, Clary, Rasumovsky, Clam-Gallas und wie sie alle heißen. Seit die Habsburger, als sie am Ende des dreizehnten Jahrhunderts aus ihrer südwestdeutschen Heimat nach Österreich kamen, ihre alemannischen Dienstmannen mitbrachten, sind mit jedem neuen Landerwerb Menschen der betreffenden Länder und Völkerschaften in ihre Dienste getreten und an ihren Hof gezogen, Menschen, deren Nachkommen auch vielfach dann noch am Kaiserhof blieben, als die betreffenden Länder der habsburgischen Herrschaft wieder verlorengingen.

Alle diese Menschen verschiedenster nationaler Herkunft, der Piemontese Gattinara, der Kanzler Karls V., der große Prinz Eugen, „Eugenio von Savoy", wie er sich selbst, zwei europäische Hauptsprachen in der Schreibung seines Namens vereinend, nannte, der lothringische Graf Mercy und der Straßburger Professorensohn Bartenstein, der Niederländer Van Swieten, der Leibarzt und Ratgeber der Kaiserin Maria Theresia sowie ihr Feldherr, der Balte Laudon, der Rheinländer Metternich und der aus irischem Geschlecht stammende Graf Taaffe, Kaiser Franz Josephs langjähriger Ministerpräsident, und alle die anderen, ob sie nun aus den österreichischen Vorlanden am Oberrhein oder aus Italien, aus den Niederlanden oder aus Spanien, aus dem „Reich", den mittleren und kleineren deutschen Fürstentümern, aus den österreichischen Alpenländern oder aus Böhmen, Mähren und Schlesien, aus Ungarn, Polen oder von der südslawischen Militärgrenze stammten, sie alle waren „Österreicher", da sie, unbeschadet ihrer nationalen Herkunft, Diener des „Hauses Österreich", der Habsburger, waren. Wenn man im „Schematismus", dem Personalstandsverzeichnis der alten kaiserlichen und königlichen Armee, die Namen der Offiziere der einzelnen Regimenter überfliegt, bietet sich dasselbe eindrucksvolle Bild einer Vielvölkergemeinschaft, und auch heute noch könnte der kundige Beobachter im Wiener Adreßbruch oder Telephonverzeichnis, wie der Geologe aus den Erdschichten die Spuren vergangener Zeitalter abliest, den Einflüssen nachspüren, welche die Erwerbung von Burgund und Spanien, die Verbindung mit Oberitalien oder jene mit Böhmen und Ungarn in der Zusammensetzung der Wiener Bevölkerung zurückgelassen hat.

Noch bis zu ihrem letzten Waffengang im ersten Weltkrieg hat die Armee, die dem habsburgischen Kaiser durch ein ganz persönlich aufgefaßtes Treueverhältnis verbunden war, als einzige Armee Europas in einem Erdteil der Nationalstaaten und Nationalarmeen auch Ausländer der verschiedensten Nationalitäten zu ihren Offizieren gezählt — nicht in einer „Fremdenlegion", sondern als letzten Nachhall jener übernationalen Buntheit, welche schon die Armee Wallensteins kennzeichnete und die Schiller in seiner Wallenstein-Trilogie so eindrucksvoll gestaltet hat. So gab es noch im Weltkrieg 1914 – 1918 in den Reihen der österreichischen Armee dänische, schwedische, ja selbst französische Offiziere, die den ganzen Krieg über dem Kaiser die geschworene Treue hielten — obwohl man es ihnen bei Kriegsausbruch freistellte, in ihre Heimatländer zurückzukehren.

Eine Geschichte der Habsburger müßte also eigentlich eine Geschichte Europas werden; und hier liegt eine erste Hauptschwierigkeit für unseren Versuch. Es ist ja bezeichnend, daß die letzte umfassende Geschichte dieses Geschlechts vor mehr als hundert Jahren erschienen ist, die große „Geschichte des Hauses Habsburg" von Eduard Maria Fürst von Lichnowsky, ein Werk, zu dem Metternich die Anregung gegeben haben soll und dessen acht in den Jahren 1836 – 1844 erschienene Bände doch nur von den Anfängen bis zu Maximilian I. reichen. Es ist ein schon

dem Umfang nach imponierendes Werk, eine Frucht des Auf-
blühens der historischen Wissenschaften im Gefolge der „Entstehung des Historismus" und der Romantik und erfüllt von der
„christlich-germanischen"Vorstellungswelt der Spätromantik. Zugleich aber stellt es auch einen Endpunkt und Abschluß dar, als
das letzte Werk in einer langen Reihe höfisch-genealogischer
Historiographie, die von den spätmittelalterlichen Chronisten
und Geschichtschreibern, von Mathias von Neuenburg und Heinrich von Gundelfingen, über den Humanistenkreis um Kaiser
Maximilian I., über Mennel, Cuspinian, Lazius, Sunthaym und
Gerard von Roo bis zu der blühenden Barockgeschichtsschreibung
der Guillimann, Gans, Kirchmayer, Eccard, Schönleben, Marquard Herrgott, Beer und schließlich über Hormayrs „Österreichischen Plutarch" eben bis zur Mitte des vorigen Jahrhunderts und damit zu jener Wende in der Geschichtswissenschaft
reicht, die durch die Entwicklung und Verfeinerung der quellenkritischen Methoden der Geschichtsforschung herbeigeführt
wurde.

Diese Wende wurde im Habsburgerreich bestimmt durch die
1854 erfolgte Gründung des „Instituts für Österreichische Geschichtsforschung" und die Richtung, die dieses Institut dann vor
allem unter der Leitung Theodor Sickels einschlug. Denn unter
dem Einfluß der vornehmlich auf die Urkundenforschung und
hier wieder vor allem auf jene des Hochmittelalters gerichteten
Sickel-Schule und wohl auch mitbestimmt durch die in jenen
Jahrzehnten immer deutlicher zutage tretende innere Problematik des Habsburgerreiches, dessen Aufbau und Herrschaftsidee
als mit den „Zeittendenzen" in Widerspruch stehend empfunden wurde, hat die ernste Geschichtswissenschaft in Österreich
in der zweiten Hälfte des neunzehnten Jahrhunderts die Geschichte
des Habsburgerreiches und des Habsburgergeschlechts zwar nicht
gerade vernachlässigt, größere zusammenfassende Darstellungen
aber doch meist der populär-patriotischen Literatur überlassen.
Es mag als symptomatisch gelten, daß einer der originellsten,
interessantesten, zugleich aber auch umstrittensten und wider-
spruchsvollsten österreichischen Historiker der zweiten Jahr-
hunderthälfte, Ottokar Lorenz, der als junger Gelehrter eine im
Geiste der Erneuerungsbestrebungen der ersten Regierungsjahre
des jungen Kaisers Franz Joseph geschriebene Biographien-
sammlung „Die Österreichische Regentenhalle" (Wien 1857)
verfaßt hatte, ebenso wie vor ihm in der ersten Jahrhundert-
hälfte der Freiherr von Hormayr, aus einem Bewunderer der
Habsburger zu ihrem leidenschaftlichen Hasser wurde und schließlich als ein überzeugter Parteigänger des preußisch-kleindeutschen
Kaisertums Österreich verließ.

Ein neuerlicher Wandel trat erst um die Wende zum zwanzigsten Jahrhundert ein, vor allem durch das Verdienst Oswald Redlichs, unter dessen Leitung das große, bis heute noch nicht abgeschlossene Unternehmen der „Regesta Habsburgica" in Angriff genommen wurde, das Verzeichnis aller von den Habsburgern ausgestellten Urkunden in Regestenform, das heißt mit kurzer Inhaltsangabe, ein Unternehmen, das die weiten, nahezu ganz Europa umfassenden Beziehungen auch schon der frühen Habsburger eindrucksvoll offenbarte. Vor allem aber hat sich Redlich von seinem 1889 erschienenen Aufsatz über „Die Anfänge Rudolfs I." an mit zahlreichen Spezialarbeiten der Geschichte des ersten Habsburgers auf dem deutschen Königsthron zugewandt, bis er dann mit dem monumentalen Werk „Rudolf von Habsburg, Das Deutsche Reich nach dem Untergang des alten Kaiserreiches" die Hinwendung zur großen Geschichtsschreibung vollzog, einer Historiographie, die aber nunmehr auf der festen, gesicherten Grundlage quellenkritischer Forschung beruhte. Die durch Redlich herbeigeführte Wandlung war aber zugleich gewiß auch ein Symptom dafür, daß die große Krise des Habsburgerreiches, die 1866/67 mit dem Verlust der deutschen und italienischen Stellung und dem „Ausgleich" mit Ungarn ihren Höhepunkt erreicht hatte, nunmehr um die Jahrhundertwende überwunden und geistig verarbeitet erschien und der Glaube an die Lebensfähigkeit des habsburgischen Staatsverbandes sich wieder kräftigte.

Redlichs Werk, das übrigens auch die Geschichte der älteren Habsburger vor König Rudolf einbezog, bedeutete einen Wendepunkt auch in der Geschichtsschreibung des Hauses Habsburg. In dem seither vergangenen halben Jahrhundert sind ungezählte Spezialuntersuchungen, Biographien einzelner Herrscherpersönlichkeiten, Darstellungen einzelner Epochen, aber auch große zusammenfassende Werke über die österreichische Geschichte entstanden; wobei das Ende der habsburgischen Herrschaft im Jahre 1918 das Interesse an Erforschung und Darstellung der habsburgischen Geschichte keineswegs dämpfte, sondern eher noch förderte. Ein Versuch wie jener Lichnowskys ist nicht mehr unternommen worden, und es ist die Frage, ob ein in ähnlicher Breite der Anlage unternommener Versuch, schon allein angesichts des mächtig angeschwollenen Stroms der Spezialliteratur nicht überhaupt die Kräfte eines einzelnen übersteigt. Auch ist hinsichtlich verschiedener Herrscherpersönlichkeiten und Epochen der Stand der Literatur höchst unterschiedlich. Während über einzelne Herrscher hervorragende, dem neuesten Stand der Forschung entsprechende Werke vorliegen — hier sei nur das ehrfurchtgebietende zweibändige Werk von Karl Brandi über Karl V.

21

genannt —, wären bei anderen Herrschern, wie etwa bei Friedrich III., noch die entscheidenden Vorarbeiten zu leisten. Eine solche umfassende, breitangelegte Darstellung der Geschichte des „Hauses Österreich" würde sich zudem wohl weitgehend mit den vorhandenen Darstellungen der Geschichte Österreichs — so vor allem mit dem großen zweibändigen Werk von Hugo Hantsch — überschneiden, wenn auch keineswegs völlig mit ihnen decken, da sie einerseits durch die Einbeziehung der älteren Habsburger vor Rudolf I. und jene der spanischen Habsburger und der habsburgischen Nebenlinien in Italien ein weiteres, durch die Weglassung aller nicht unmittelbar auf die Geschichte des Herrscherhauses bezüglichen Themen sowie der Behandlung der Babenbergerzeit ein engeres Gebiet umfassen müßte. Vor allem aber würde sie sich durch die Wahl des Blickpunkts und damit wohl auch in der Beurteilung und Wertung wesentlich von jeder Darstellung der österreichischen Geschichte unterscheiden.

Das gilt auch für den vorliegenden Versuch, in großen übersichtlichen Zügen die Schicksale dieses hervorragenden und für die europäische Geschichte so bedeutenden Geschlechts darzustellen, wobei, was eine Selbstverständlichkeit scheint und doch, wie die Erfahrung lehrt, keineswegs selbstverständlich ist, der Begriff des „Hauses", der Familie, stets im Mittelpunkt stehen muß. Dabei sei noch kurz auf einige besondere Schwierigkeiten und Probleme hingewiesen.

Jede Familie und damit auch jedes Herrschergeschlecht ist eine biologische Gemeinschaft, deren Zusammengehörigkeit dem Außenstehenden zunächst erkennbar wird durch die Gemeinsamkeit gewisser vererbbarer körperlicher, geistiger und charakterlicher Eigenschaften; sie ist aber zugleich — und das gilt ganz besonders von den Dynastien — ein Traditionsverband, in dem Erinnerungen und Überlieferungen, Familienmythen und Legenden eine auch die angeheirateten Mitglieder verpflichtende und in ihren Bann ziehende Kraft entwickeln. Wenn es schon bei jeder bürgerlichen Familie schwer ist, die einzelnen Komponenten in Erscheinungsbild und Wesen eines Menschen so säuberlich aufzuteilen, wie dies Goethe, halb scherzhaft, halb ernst, in seinem Spruch „Vom Vater hab' ich die Statur . . ." von sich selbst versucht hat, so gilt dies noch ganz besonders von einem europäischen Herrschergeschlecht wie den Habsburgern, die schon früh und nicht zu Unrecht die Ansicht vertraten, daß sie „alles edle Blut" Europas in ihrem Stammbaum vereinten und die andrerseits zu den Stammbäumen nahezu aller anderen europäischen Herrschergeschlechter ihren blutsmäßigen Beitrag leisteten. Den Versuchen, den Anteil einer durch eine bestimmte Heirat

in den habsburgischen Stammbaum gebrachten Erbmasse zu bestimmen oder, umgekehrt, die Spuren der habsburgischen Abstammung in anderen Herrscherfamilien zu verfolgen, haftet ein
letztes Element der Unsicherheit an. Gewiß haben sich gerade bei
den Habsburgern äußere Erscheinungsmerkmale wie die bekannte
Habsburgernase und Habsburger-Unterlippe mit einer erstaun-
lichen Beharrlichkeit durch Jahrhunderte vererbt und sind
schließlich bei den spanischen Habsburgern durch die vielen
Verwandtenheiraten bis ins Groteske degeneriert. Auch fühlt
man sich immer wieder verleitet, selbst über Generationen
hinweg Charaktervergleiche vorzunehmen und das ja auch nach
den Vererbungsgesetzen durchaus einleuchtende Wiederauftau-
chen gewisser Eigenschaften festzustellen, etwa unleugbare Gemeinsamkeiten zwischen Friedrich III. und Franz I., zwischen
Joseph I. und Joseph II. usw.

Ja schließlich mag sogar der Versuch naheliegen, aus der
langen Reihe der habsburgischen Herrschergestalten zwei oder drei
,,Idealtypen" abzuleiten und diese von den Ursprüngen des
Geschlechts bis in unser Jahrhundert herauf zu verfolgen; so
etwa den kühn planenden und ausgreifenden, mit den hoch-
fliegendenden und weitgespannten Plänen aber immer wieder
an der Realität scheiternden Typ (Rudolf IV., der Stifter,
Maximilian I., Joseph II., vielleicht auch noch Maximilian
von Mexiko und Franz Ferdinand), dagegen den anderen, zau-
dernden und zäh bewahrenden, in der Unbeweglichkeit Sicherheit suchenden und oft auch findenden (Friedrich III., Rudolf II.,
Leopold I., Franz I.), schließlich in der Mitte zwischen
beiden jenen Herrschertyp, in dem, sei es durch glückliche
Veranlagung, sei es durch die Erfahrung eines langen Lebens,
zwischen beiden Tendenzen, der bewegenden und der beharren-
den, zwischen Reform des Überlebten und Bewahrung des Er-
haltenswerten ein gewisses Gleichgewicht hergestellt erscheint
(Rudolf I., Ferdinand I., Maria Theresia, Franz Joseph I.).
Aber abgesehen von der Vergröberung und dem Verwischen der
individuellen Unterschiede, die jeder solche Versuch einer Klassi-
fizierung und Typisierung mit sich bringen müßte, käme man
dabei schließlich doch nur zu dem Ergebnis, daß hier eben Grund-
typen des Herrschers, ja ganz allgemein des politisch Handeln-
den und Verantwortlichen vorliegen und daß es daher nur selbstverständlich ist, daß sie sich auch bei den Habsburgern feststellen lassen.

Gerade das in der habsburgischen Familiengeschichte so häufige
Auftreten höchst ungleicher Brüder (Friedrich der Schöne und
seine Brüder, Rudolf der Stifter und seine Brüder, die Söhne
Ernsts des Eisernen Friedrich III. und Albrecht VI., Karl V.

und Ferdinand I., Rudolf II. und Matthias, Joseph I. und Karl VI., Joseph II. und Leopold II., Franz I. und seine Brüder, Franz Joseph I. und seine Brüder) muß zur Vorsicht mahnen. Auch die Anwendung der von der modernen Biologie erarbeiteten Vererbungsgesetze vermag hier nicht alles zu erklären. Hatten die Hofhistoriographen früherer Jahrhunderte das Fortleben aller Tugenden und edlen Eigenschaften vom „erlauchten Ahnherrn" Rudolf (beziehungsweise von dessen Vorfahren bis zu den Römern, Trojanern und den biblischen Stammvätern des Menschengeschlechts) in der Vererbung durch alle habsburgischen Geschlechterfolgen hindurch gesucht und gepriesen, so wurde es später Mode, in dem Geschlecht, das bis zur Gegenwart eine Reihe geistig und charakterlich bedeutender Menschen hervorgebracht hat, nur eine Beispielsammlung für die Vererbung psychischer Krankheiten, von geistiger Umnachtung, krankhaftem Mißtrauen, pathologischer Schwermut zu sehen und einen kühnen Bogen zu spannen von der wahnsinnigen Johanna über Don Carlos und Rudolf II., die unleugbaren Degenerationserscheinungen bei den späten spanischen Habsburgern und wohl auch bei Karl VI., bis zum geistigen Ungenügen von Franz Josephs Oheim und Vorgänger Ferdinand I. und der Tragödie des Kronprinzen Rudolf — eine Betrachtungsweise, die ebenso einseitig und daher verzerrend ist wie jene der früheren Hofhistoriographen und Panegyriker.

Eine rein genealogisch-biologische Betrachtung allein vermag einer für die europäische Geschichte so wichtigen Erscheinung wie dem Haus Habsburg keineswegs gerecht zu werden; sie muß ergänzt und überhöht sein durch die Betrachtung der Herrscherfamilie als eines Traditionsverbands, innerhalb dessen die Überlieferung von Taten, Leistungen, Fehlern und Mißgriffen, Glücks- und Unglücksfällen der Vorfahren eine überaus starke stil- und charakterbildende Kraft besitzt.

Die Betrachtung der fast tausendjährigen habsburgischen Geschichte unter dem Begriff des „Hauses", der Familie, bietet sich aber auch vom Thema selbst her als die fruchtbarste und dem Gegenstand angemessenste an. Denn dieser Begriff stand, zumindest bis tief ins 18. Jahrhundert im Mittelpunkt des Planens, Wollens und Handelns der habsburgischen Herrscher; und auch noch in den darauffolgenden anderthalb Jahrhunderten spielte neben dem Gedanken an das Wohl des Staates und der Untertanen — Gedanken, die auch den früheren Herrschern keineswegs so fremd waren, wie man gemeinhin annimmt — die Verpflichtung gegenüber der Familie, gegenüber der Familientradition, dem Familienoberhaupt und den Familiengesetzen eine entscheidende Rolle. Wie der erste entscheidende Vorstoß zur

24

beständigen, erblichen Königsherrschaft — der, wie uns heute erscheinen will, zur Ausbildung eines starken, dem französischen und englischen ähnlichen deutschen Königtums hätte führen können — durch eine blutige Familientragödie, die Ermordung König Albrechts I. durch seinen Neffen Johann und dessen Mitverschworene infolge eines haus- und familienrechtlichen Streits, unterbrochen wurde, so gehen dem Ende der habsburg-lothringischen Herrschaft die bekannten Familienkonflikte voraus, die sich aus der Auflehnung einzelner Mitglieder des Erzhauses gegen das Familienstatut und das die Strenge dieser patriarchalischen Ordnung verkörpernde Familienoberhaupt ergaben. Der letzte Habsburgerkaiser aber hat im Exil die Frage nach den Gründen für sein freiwilliges Verlassen Österreichs mit einer menschlich schlichten Feststellung beantwortet, „daß er, was vielleicht ein politischer Fehler war, um seiner Kinder willen getan habe, die er bedroht erachtete". Es war eine Antwort, die, wenngleich gewiß unbeabsichtigt, doch durchaus in die Tradition einer Familie paßte, deren größte, gewinnendste Gestalt die mütterliche Maria Theresia war und die sich selbst zu einer Zeit, da dies bei den europäischen Herrscherhäusern keineswegs zum „guten Ton" gehörte, meist durch ein vorbildliches Familienleben und einen starken Familienzusammenhalt auszeichnete; wie denn in der Geschichte der Habsburger etwa auch Mätressenwirtschaft und außereheliche Verhältnisse eine viel geringere Rolle spielen als in jener der meisten anderen europäischen Herrscherhäuser.

Gewiß ist der Gedanke an das „Haus", an Herrschaft, Macht, Ansehen und Reichtum der Familie, nicht die einzige treibende Kraft der habsburgischen Geschichte gewesen. Die Herrschaft in Österreich, dem Land, dessen Name dann auch zu dem der Familie in dem Begriff der „Casa d'Austria", des „Haus Österreich", wurde, ist im Laufe der Jahrhunderte in ständig wachsendem Ausmaß zum prägenden und mitbestimmenden Faktor der habsburgischen Politik geworden. Aber auch der ebenfalls durch die Jahrhunderte schließlich fast zu einem Gewohnheitsrecht gewordene Besitz der Krone des Heiligen Römischen Reiches, der deutschen Kaiserkrone, die dem habsburgischen Geschlecht seit Rudolf I. den Glanz höchster sakraler Weihe gegeben hat (die deutsche Geschichte zählt zwanzig Kaiser oder Könige aus habsburgischem Haus), trug entscheidend dazu bei, die hohe Auffassung der Habsburger und ihrer Untertanen von der Auserwähltheit und Majestät dieses Geschlechts, seiner Berufung zum höchsten Herrscheramt in der Christenheit zu wecken und zu kräftigen. „Wenn man erwägt", heißt es in einem Gutachten der Räte Ferdinands II., „aus welchem Brunnquell Ober- und Unter-, Vorder- und Inner-Österreichische Länder, die Königreich Ungarn und Böheimb, das Herzogtumb Mailand und viel andere ansehnliche Länder auf dieses hochlöbliche Haus kommen, wird sichs befinden, daß, obzwar matrimonia mit darzue administriert, jedoch principaliter vom Römischen Kaisertum und Römischen Reich solche stattliche accessiones hergeflossen und wider alle nemicos und deren machinationes nit weniger durch Kaiserliche Autorität, dann eigne und der Länder Macht beschützt werden." Fast anderthalb Jahrhunderte später aber betont der Staatsminister Graf Johann Anton Pergen in einer auf Anforderung Josephs II. verfaßten Denkschrift, es seien „die wichtigste Beweggründe beyhanden, durch welche überzeigend dargethan werden kann, daß die Kaysercrone die Quelle des Flor- und Aufnahms des Durchl. Erzhausses ursprünglich gewessen, die Stütze dessen Gröse, Macht und Ansehen bishero abgegeben habe, und die Beybehaltung derselben dermalen unentbehrlich geworden seye; die Geschichte belehrt jedermänniglich, wie die Macht des Durchl. Erzhauses stuffenweise angewachsen, und zeiget, daß die Zierde der Kaysercrone solche von Zeit zu Zeit befestiget habe."

Die Habsburger waren in den Ländern, die ihnen durch Wahl, Erbschaft, Heiraten oder kriegerischen Erwerb zufielen, stets bemüht, sich dem Landesbrauch anzupassen, die Landessprache zu lernen, den heimischen Adel in ihren Dienst und an ihren Hof zu ziehen, und sie sind so mit einer Seite ihres Wesens gleichsam zu Angehörigen der von ihnen beherrschten Länder und Nationen geworden. Der „deutsche" Maximilian I., der „burgundische" Karl V., der „spanische" Philipp II., die „tirolischen", „steirischen", „ungarischen" Erzherzöge, die Angehörigen der „italienischen" Nebenlinien fühlten sich gewiß auch, die einen mehr, die anderen weniger, als „Söhne" dieser Länder und in einem weiteren Sinn auch als Angehörige der betreffenden Völker, zugleich und vor allem jedoch als Mitglieder eines übernationalen, über den ihnen gehörenden Ländern und Herrschaften stehenden Hauses, und es ist den Habsburgern in diesem Sinne sogar noch im Zeitalter des vollentwickelten „integralen" Nationalismus gelungen, dieses Gefühl des Stehens über den Nationen auf die ganze Kategorie der „Diener" des Kaiserhauses, auf die Angehörigen von Heer und Bürokratie zu übertragen.

Daher muß eine Geschichte der Habsburger, die Leistung und Versagen des Geschlechts nur von dem Gesichtspunkt eines Landes oder einer Ländergruppe — etwa von der Donaumonarchie von 1867 bis 1918 — aus betrachtet oder nur nach nationalen Maßstäben mißt, notgedrungen einseitig sein. Sowenig etwa die Bedeutung der habsburgischen Geschichte für die deutsche Geschichte — und umgekehrt — übersehen werden kann und so legitim es für den Verfasser einer „Geschichte des deutschen Volkes" sein mag, wenn er Leistung und Versagen der Habsburger nach solchen Maßstäben mißt, so wenig adäquat ist ein solcher Standpunkt für den Versuch einer Darstellung der Geschichte des Hauses selbst. Das zeigt selbst eine so verdienstvolle Zusammenstellung wie die von Gustav Roloff „Das Habsburger-Reich, von seiner Entstehung bis zu seinem Untergang" (Sammlung Göschen, Berlin 1936) oder in extremer polemischer Verzerrung das im gleichen Jahr erschienene Buch von Alfred Rapp „Die Habsburger, Die Tragödie eines halben Jahrtausends deutscher Geschichte". Da die deutsche Geschichte und die Geschichte des Hauses Habsburg zwei große Themenkreise darstellen, die einander wohl weitgehend überschneiden, aber eben doch nicht völlig decken, erfordert die Behandlung jedes der beiden Themen notgedrungen einen anderen Blickpunkt und dementsprechend andere Wertungen. Wird dies nicht beachtet, so verfängt sich der Historiker unweigerlich in dem Netz oberflächlicher Verurteilungen der „undeutschen Hausmachtpolitik", Urteilen, denen unschwer die entgegengesetzten Vorwürfe italienischer, ungarischer oder slawischer Historiker über die allzu „deutsche Politik" desselben Geschlechts entgegengestellt werden können. Will man daher dem geschichtlichen Phänomen des Hauses Habsburg näherkommen und — wenn schon nicht die auch dem scharfsichtigsten und gewissenhaftesten Historiker verschlossenen letzten Gründe — so doch die Voraussetzungen und Bedingungen für den Aufstieg und die jahrhundertelange Blüte dieses Herrschergeschlechts, für Erwerb und Verlust ihrer Länder und Herrschaften, verstehen lernen, so muß man wohl auch immer danach fragen, wie die Habsburger selbst die Geschichte ihres Geschlechtes sahen oder wie sie diese von anderen, von ihren Untertanen und Freunden, aber auch von ihren Feinden und Gegnern, gesehen wissen wollten. Man wird das weite Feld der Abstammungssagen und Herkunftstheorien ebensowenig vernachlässigen dürfen wie das andere noch kaum behandelte der habsburgischen Frömmigkeit, des Herrschaftsstils, der Prinzipien, die bei der Erziehung des künftigen Herrschers angewandt wurden. Damit kommt man wieder zu dem bereits erwähnten Begriff der Herrscherfamilie als eines Traditionsverbands, einer Generationenfolge, die über die blutsmäßige biologische Zusammengehörigkeit hinaus durch eine gemeinsame, im Laufe der Jahrhunderte gewiß nicht stabil bleibende, sondern sich auch ständig wandelnde, neue Elemente aufnehmende, alte abstoßende Tradition verbunden ist. Die Ausbildung dieser Tradition und ihre Auseinandersetzung mit den jeweiligen realpolitischen Gegebenheiten, den machtpolitischen Konstellationen der europäischen Politik und den großen Zeittendenzen in den verschiedenen Jahrhunderten und Epochen soll das eigentliche Thema des vorliegenden Versuchs sein.

2.
Römer, Trojaner oder Alemannen?

Von Kaiser Ferdinand II. wird berichtet, daß er einst, als der Streit der Genealogen um die „origines serenissimae ac potentissimae Domus Habsburgo-Austriacae", um die Herkunft des habsburgischen „Erzhauses", wieder einmal besonders heftig entbrannt war, voll Unmut geäußert habe, er fürchte, wenn die Herren sich noch angelegentlicher um die Herkunft seiner Ahnen bemühten, könnten sie am Ende auf Schafhirten gelangen. Von anderen, früheren und späteren Habsburgern sind ähnliche Äußerungen überliefert, die erkennen lassen, daß sich die betreffenden Herrscher trotz ihrer Überzeugung von einer besonderen Auserwähltheit und Mission ihres Hauses doch immer wieder der Verwandtschaft aller Menschen, „der gemeinsamen Abkunft von Adam her" bewußt blieben.

Dennoch wäre es falsch, wollte man die Bemühungen um die Erforschung der Herkunft der Habsburger, die Bestrebungen, den Stammbaum des Geschlechts über stadtrömische Familien bis aus Julius Caesar und von da zurück über Aeneas zu den Trojanern oder über die Karolinger oder Merowinger und von da über die Abstammungssage der Franken direkt zu den Trojanern oder gar über Osiris und Jupiter zu Cham und Noah zurückzuverfolgen, bloß als krause und müßige Spielereien pseudogelehrter und lohngieriger Genealogen und Hofhistoriographen abtun. In der über sechs Jahrhunderte fortgeführten Kontroverse um die Herkunft der Habsburger, in die im Lauf der Zeit Gelehrte und Schriftsteller fast aller europäischen Nationen eingriffen, kann man doch einerseits einen Widerhall der Bedeutung des Hauses, andererseits jeweils die Spuren realer politischer Aspirationen, Ansprüche und weitgespannter Konzepte erkennen.

Die Bestrebungen, die vornehme und herrscherliche Abkunft des habsburgischen Hauses hervorzuheben und durch Abstammungslegenden, Sagen, pseudogelehrte Konstruktionen und Stammbäume zu untermauern, setzten daher bereits in dem Augenblick ein, da das Geschlecht am Ausgang des 13. Jahrhunderts mit Rudolf von Habsburg, dem Begründer der europäischen Stellung seines Hauses und Stammvater der habsburgischen Weltmacht, zum erstenmal auf den deutschen Königsthron gelangte. Gegenüber der Propaganda der Feinde Habsburgs, die die Legende vom „armen Grafen" in die Welt setzten, mußte die erhabene Abkunft betont werden; eine Herleitung von den Staufern oder Saliern war unmöglich und wäre, angesichts der Notwendigkeit eines guten Einvernehmens mit dem Papst, auch politisch unzweckmäßig gewesen. Was den Historikern des 19. und 20. Jahrhunderts als eindrucksvollstes Faktum einer ideell-politischen Verbindung zwischen Staufern und Habsburgern, einer „translatio Imperii", einer Übertragung des Kaisertums über das Interregnum hinweg, erschien — die treuen Dienste, die Rudolf und sein Vater und Großvater den letzten Staufern geleistet und, noch symbolkräftiger, die Tatsache, daß Rudolf von dem letzten großen Kaiser des Hochmittelalters, dem gewaltigen Friedrich II., aus der Taufe gehoben worden war —, konnte in den Augen der Zeitgenossen nicht als wirkungsvolles Argument zur Stützung der Ansprüche auf das Königs- und Kaiseramt gelten.

So entstand schon um die Wende zum 14. Jahrhundert, vermutlich im Kreis der vorländischen, schweizerischen Gefolgsleute der ersten königlichen Habsburger, Rudolfs I. und seines Sohnes Albrecht I., die Legende von der Abstammung der Habsburger aus stadtrömischem Geschlecht, und zwar von der Familie Colonna, die ihrerseits ihre Abkunft über die Tuskulaner Grafen auf die Gens Iulia und damit auf Iulius Caesar zurückführte. Die Habsburger des 14. und zum Teil noch des 15. Jahrhunderts haben an diese Abstammung geglaubt und darin, auch in der Zeit, da die Möglichkeit einer Wiedererlangung der Königswürde nicht in unmittelbarer Nähe erschien, eine Stütze für ihren unwandelbaren Glauben an die königliche Bestimmung ihres Geschlechts erblickt. Es war eine Theorie, die der humanistischen Gelehrsamkeit und Geistigkeit des Spätmittelalters ebenso entsprach wie der besonderen Form, die Rom-Idee und Renovatio-Mythos, der Glaube an die Erneuerung des Römischen Reichs, seit dem Untergang der Staufer und seit Dante genommen hatte. Zugleich aber paßte diese Legende auch zu der Stellung, welche die Päpste (und damit der das Papsttum beherrschende stadtrömische Adel) seit dem Interregnum gegenüber den Bewerbern um den deutschen Königsthron einnahmen und besonders zu dem Verhältnis zwischen den Habsburgern und den Trägern der Tiara.

Neben die Colonna-Legende aber tritt dann, im 15. Jahrhundert, zu einer Zeit, da auch andere minderbedeutende Geschlechter, wie die tirolischen Herren von Völs und jene von

Matsch, schließlich aber auch die Hohenzollern, ihre Abkunft von den Colonna behaupteten, die Theorie der habsburgischen Abstammung von einem anderen stadtrömischen Geschlecht; von den Pierleoni, den „Grafen vom Aventin" und von diesen zurück zu den altrömischen Aniciern. Diese Theorie, die um 1476 zum erstenmal auftaucht, ist, da aus dem Geschlecht der Anicier die Päpste Felix III. (492–496) und Gregor I., der Große (590–604), aber auch der heilige Benedikt, der Begründer des abendländischen Mönchstums, stammten, im Sinne der „Heiligkeit der Habsburger" vor allem im Zeitalter der Gegenreformation herangezogen und von ihren Verfechtern, den „Pierleonisten", mit Zähigkeit gegenüber den Anhängern der fränkisch-trojanischen Abstammungstheorie vertreten worden. Auch hier ist gewiß wieder kein Zufall, daß das neuerliche Hervortreten einer römischen Abstammungshypothese in eine Epoche fällt, in der das durch die katholische Reform erneuerte Papsttum wieder ein stärkeres politisches und geistiges Gewicht erlangt hat. Um die Mitte des 17. Jahrhunderts, zu einer Zeit, da dieser neuerliche Höhepunkt der Geltung Roms in der europäischen Politik bereits wieder überschritten war, kam die historische Forschung zu dem Ergebnis, daß die Pierleoni ursprünglich Juden waren und aus dem mittelalterlichen Ghetto Roms stammten, worauf die Pierleoni-These fallengelassen wurde. Mitten im 20. Jahrhundert ist dann diese im 15. Jahrhundert von Heinrich von Gundelfingen geschaffene Theorie unter dem Nationalsozialismus im Sinne anti-habsburgischer Polemik wieder kurz ans Licht gezogen worden, in der Absicht, das verhaßte Geschlecht mit der Behauptung „nichtarischer Abstammung" zu diffamieren.

Neben die Römertheorie tritt früh eine andere, deren Verbindung mit politischen Aspirationen ebenso offenkundig ist; die Frankentheorie, welche die Abstammung der Habsburger über die Franken, gelegentlich über die Karolinger, meist aber über das legitime Geschlecht der Merowinger direkt zu den Trojanern verfolgte — unter Umgehung der Römer, wie denn bei der Propagierung dieser These oft eine unverkennbare anti-römische und anti-italienische Note mitschwingt. Zielt die stadtrömische Abstammungstheorie nach Rom, zur „Urbs aeterna", zur „Hauptstadt der Welt", nach Süden, so weist die fränkisch-trojanische Theorie auf die Verbindung mit dem Westen, auf das Bestreben der Habsburger, sich gegenüber dem französischen Königshaus als die wahren Erben des Karolinger- und Merowingerreichs zu legitimieren. So ist denn auch der entschiedenste Vertreter und Förderer der Frankentheorie eben jener Maximilian I. gewesen, der durch die Heirat mit Maria von Burgund die neuerliche Westwärts-Wendung seines Hauses begründet und als Erbe der

31

Burgunderherzöge auch die Erbschaft des burgundisch-französischen Gegensatzes übernommen hat. Gewiß spielten bei Maximilian, der sich von allen Habsburgern am intensivsten mit der Frage der Abstammung seines Hauses beschäftigte, zahlreiche Werke darüber angeregt und gefördert und die bildhafte Verewigung dieser Theorien in Bildhandschriften, Wappenbüchern, gemalten Stammbäumen und schließlich in dem nur teilweise verwirklichten großartigen Programm seines Grabmals betrieben hat, noch eine Reihe anderer Motive mit. Der Herrscher, der an der Wende von Mittelalter und Neuzeit, Gotik und Renaissance die getrennten Linien seines Hauses in seiner Person vereinigt und damit auch deren nach allen Himmelsrichtungen ausgreifende politische Aspirationen und Traditionen geerbt hat, der die Erwerbung Burgunds und Spaniens für sein Haus durchgeführt, die der ungarischen und der böhmischen Krone vorbereitet hat und der selbst mit dem Gedanken spielte, sich die päpstliche Tiara aufs Haupt zu setzen — dieser Herrscher, bei dem kühne Phantastik und nüchterne Realpolitik in so enger, reizvoller und unentwirrbarer Verbindung miteinander verschlungen sind, hat bei seinen genealogischen Interessen die verschiedensten Motive aufklingen lassen. Die erwähnte anti-römische und anti-italienische Note ist, verbunden mit national-deutschen Motiven, ebenso zu finden wie eine gleicherweise von gelehrt-humanistischen, wie von historisch-politischen Überlegungen gespeiste Hinwendung zum Griechentum, zur Übernahme des geistigen und politischen Erbes von Ostrom, ein Anspruch, der ja gerade durch die fränkisch-trojanische Abstammungstheorie untermauert werden sollte. Die wichtige Rolle, die bei Maximilian und seinen Nachfolgern der Gegensatz zum französischen Königtum spielte, ist gleichwohl offenkundig und findet auch in den genealogischen Bestrebungen immer wieder ihren Niederschlag.

Der Gegensatz zum französischen Königtum ist durch nahezu drei Jahrhunderte, von der burgundischen Heirat des Jahres 1477 bis zu dem österreichisch-französischen Bündnis von 1756, ein bestimmender Faktor der habsburgischen Politik geblieben. Als jener alte Gegensatz von einem neuen, jenem zwischen den beiden deutschen Großmächten, zwischen Österreich und Preußen, abgelöst wurde, war auch von der politischen Aspiration her den von der Geschichtswissenschaft längst überholten Abstammungsspekulationen der Boden entzogen. Doch blieb ein wichtiger Rest, der in dem neuen, über ein Jahrhundert währenden Ringen um die Vorherrschaft in Deutschland eingesetzt werden konnte; die habsburgische Abstammung von den Etichonen, den alemannischen Herzögen in Schwaben und im Elsaß, den, wie man annahm, gemeinsamen Stammvätern der Habsburger und Lothringer. Diese Theorie ist zuerst 1649 von dem Franzosen Jérome Vignier im Sinne einer gemeinsamen Abstammung von Habsburgern und Lothringern aus einem „Haus Elsaß" — das er wieder auf einen Archinoald, Hausmeier Chlodevechs II., zurückführt — vertreten, 1721 von dem hannoveranischen Bibliothekar Johann Georg Eccard von Eticho zu den alemannischen Herzögen zurückverfolgt, am entschiedensten dann von dem durch den letzten männlichen Alt-Habsburger, Kaiser Karl VI., mit der Abfassung seines großen Werkes über die habsburgische Familiengeschichte beauftragten gelehrten Pater von St. Blasien, Marquard Herrgott (1694–1762), im Sinne der gemeinsamen Abstammung der Habsburger und Lothringer von Eticho vertreten worden. Das Ergebnis der mit den quellenkritischen Methoden des 17. und 18. Jahrhunderts durchgeführten, vor allem durch die im 12. Jahrhundert entstandenen, 1618 bekanntgewordenen Acta Murensia, die Annalen des von den Habsburgern gegründeten Klosters Muri im Aargau, gestützten Forschungen deckte sich so mit den familien-politischen und staatspolitischen Bestrebungen der Habsburger im 18. und 19. Jahrhundert. Durch die über die gemeinsame Abstammung mit den Etichonen abgeleitete Verwandtschaft mit dem lothringischen Herzogshaus erhielt diese neue Familienverbindung, aus der durch die Ehe der letzten Habsburgerin Maria Theresia mit Franz Stephan von Lothringen das neue Haus Habsburg-Lothringen hervorging, die Weihe der geschichtlichen Tradition und göttlichen Vorausbestimmung. Die Abstammung von dem alten alemannischen Herzogsgeschlecht aber legitimierte die Habsburger dann wieder besonders zur Herrschaft in Deutschland im Sinne der „christlich-germanischen" Ideologie und der romantischen Volksgeistlehre des 19. Jahrhunderts. So blieb, während die heiligen und sagenhaften Vorfahren, der im Spätmittelalter als habsburgischer Ahnherr verehrte heilige Morandus ebenso wie die Heiligen aus dem Pierleoni-Geschlecht und der im Barockzeitalter gefeierte sagenhafte „habsburgische Ottobert, Graf von Altenburg" dem kritischen Rationalismus der Zeit ebenso zum Opfer fielen wie die zahlreichen barocken Heiligenkulte und Feiertage den Zeitströmungen von Aufklärung und Josephinismus, von dem entblätterten, von Heiligen, Erzvätern, germanischen, antiken und biblischen Königen und Helden entblößten habsburgischen Stammbaum eben nur mehr jener sagenhafte „Herzog Eticho" oder „Graf Eticho" übrig, der noch an der Decke eines der Zimmer in dem von Franz, dem letzten römischen und ersten österreichischen Kaiser, im romantischen Stil einer „altdeutschen Ritterburg" errichteten Schloß Laxenburg bei Wien, zusammen mit dem königlichen Ahnherrn Rudolf die Reihe der großen Vorfahren eröffnet. Fürst Lichnowsky aber zieht — auch in dieser Hinsicht der letzte Nachfahre in der Reihe der habsburgischen Hofhistoriographen — 1836 einen Schlußstrich unter die genealogischen Konstruktionen seiner Vorgänger mit den Worten: „Als dies Geschlecht die ersten Throne der Welt bestieg, suchten viele die Ahnherren desselben unter den berühmtesten Stämmen und Nationen auf, als ob der allgemein anerkannte Adel des Hauses nicht genüge. Denn es hat kein Geschlecht jemals in Macht oder in Reichtum geglänzt, dessen Ursprung durch lohngierige Genealogen und Historiographen nicht bis zu der ältesten Zeit zurückgeleitet worden wäre." Nachdem er so den mittelalterlichen Historiographen getadelt, weil er „keck und alle Geschichtsberechnung verschmähend, in den Juliern und Scipionen oder Aniciern oder kaum bekannten aventinischen Pierleonen den bereitwilligen Stammvater des ihn belohnenden oder nährenden Fürsten" gefunden, während andere, damit noch nicht zufrieden, „als ob die Geschichte des entferntesten Jahrtausends gleich einer Chronik der Zeitgenossen vor ihnen läge, bis Hektor, ja bis Japhet in hergezählter Folge der Namen" gingen und nachdem er auf das noch von der eigenen Generation erlebte Beispiel Napoleons verwiesen, der Genealogen gefunden, „welche den korsischen Sohn der Revolution zu einem Abkommen der ältesten Geschlechter der Ewigen Stadt oder der Aboriginer Italiens machen wollten", zieht Lichnowsky die Konsequenz: „Für den gewissenhaften Geschichtschreiber mag soviel genug sein: War ein Geschlecht bereits im zehnten und elften Jahrhundert erwiesen unter die Befehlenden und Hochangesehenen gereiht, so ist es unter die Alleredelsten zu rechnen und für gewiß anzunehmen, daß der Ahn in den Jahrhunderten vorher unter denen gestanden habe, die den Thron der Karolinger umgaben, sowie daß er den Enkelinnen der großen Hausmeier und ihrer Verwandten ebenbürtig gewesen sei. Sicher ein ehrenwerter und genügender Standpunkt. Das Mehr ist überflüssig; hochedel war der Mann, und dies kann wohl genug sein."

Ist hier noch der, fast möchte man sagen, schüchterne Versuch unternommen, die Ursprünge des Herrscherhauses als eines Geschlechts der „Befehlenden und Hochangesehenen" auf die Karolingerzeit und damit auf die Anfänge der deutschen Geschichte zurückzuführen, so läßt ein halbes Jahrhundert später — in der Blütezeit des wissenschaftlichen Positivismus und nachdem mit der Gründung des Hohenzollernreiches die Geschichte gegen den habsburgischen Führungsanspruch in Deutschland entschieden hatte — Franz Ritter von Krones in seinem „Grundriß der österreichischen Geschichte" (Wien 1889, S. 302 ff.) auch diese wissenschaftlich sehr wohl zu rechtfertigende und bis heute jedenfalls nicht eindeutig widerlegbare Hypothese fallen. In der Einleitung zu dem ersten Versuch einer kritischen literaturgeschichtlichen Übersicht über die Abstammungslegenden erklärt Krones entschieden: „In der alemannischen Schweiz stand die Wiege der Habsburger; Name und geschichtliche Geltung knüpfen an das elfte Jahrhundert ... Der Machtaufschwung der Habsburger seit dem 13. Jahrhundert und da das Haus Träger der deutschen Königskrone und immer ländergewaltiger wurde — veranlaßte, wie dies bei jedem anderen großen Fürstenhause zutage tritt, eine Fülle genealogischer Grübeleien, welche sich sehr oft ebenso gekünstelt als nichtig in die graueste Vorzeit verloren.“

Entsprechend dieser auch von der gesamten übrigen ernsten Wissenschaft geteilten Auffassung hat, wie Alphons Lhotsky in seiner bahnbrechenden Studie „Apis Colonna, Fabeln und Theorien über die Abkunft der Habsburger“ feststellte, die neuere Forschung „die nähere Beschäftigung mit den künstlichen Abstammungslehren abgelehnt“. Mit Recht aber fährt Lhotsky fort: „Dennoch scheinen diese, auch um ihrer selbst willen, näherer Betrachtung wert — nicht weil sich etwa aus dem trüben Strome verworrener Entlehnungen aus dichterischen und Geschichtswerken, nicht immer geistreicher Erfindungen und vieler wunderlicher Mißverständnisse auch nur der geringste Gewinn für die Erkenntnis der Wahrheit erhoffen ließe, wohl aber wegen der bedeutenden Anregungen, die davon auf Künstler und Kunstwerke ausgegangen sind. Auch Haltung und Entschließungen der habsburgischen Herrscher selbst mögen oft genug durch die Rücksicht auf die jeweils anerkannte Abwandlung ihrer Abstammungssage bestimmt worden sein. Ansichten dieser Art, die von den Erziehern der Prinzen vorgetragen, von den einflußreichsten Ratgebern geteilt und mitunter auch zurechtgerichtet wurden, können für die Kunstgeschichte wie für die Geschichtsforschung nicht ganz gleichgültig sein.“ Inzwischen erschienene Untersuchungen, vor allem jene Anna Coreths über die dynastisch-politischen Ideen Kaiser Maximilians I., haben die Richtigkeit und wissenschaftliche Fruchtbarkeit des von Lhotsky vorgetragenen Standpunktes erwiesen.

Darüber hinaus aber drängt sich eine Beobachtung auf. Die Versuche, die herrscherliche Bestimmung und Sonderstellung der Habsburger durch Abstammungssagen zu erweisen, begleiten das politische Planen und Wirken des Hauses von Rudolf, dem ersten König, über den Höhepunkt unter Maximilian I. bis zur Maria-Theresia, der letzten Alt-Habsburgerin; aber auch noch in der Folgezeit, unter den Habsburg-Lothringern ist, wenn auch geschwächt durch die übermächtige Einwirkung von Aufklärung und Rationalismus, die seit Joseph II. die Geisteshaltung der Mitglieder des Hauses selbst entscheidend bestimmen, noch ein Nachhall feststellbar. Noch der Thronfolger Franz Ferdinand, dessen Ermordung in Sarajewo im Sommer 1914 den ersten Weltkrieg und damit das Ende der Habsburgermonarchie auslöste, hat sich angelegentlich mit den Fragen der Genealogie und der Herkunft seines Hauses beschäftigt — wie bei ihm ja überhaupt die Tendenz offenkundig war, im bewußten Gegensatz zur josephinischen Tradition zu einer Erneuerung einer religiös-metaphysischen Auffassung des Herrscheramts und der Mission und Auserwähltheit des Hauses Habsburg zu gelangen.

Wie es kein Zufall ist, daß gerade Maximilian I., der Schöpfer der Weltmacht seines Hauses und Erbe der nach allen Himmelsrichtungen ausgreifenden Aspirationen der in ihm zum erstenmal wiedervereinigten habsburgischen Linien, sich von allen Habsburgern am intensivsten mit den Abstammungstheorien und Sagen beschäftigte; so ist es gewiß ebensowenig ein Zufall, daß unter dem Einfluß von Rationalismus und Aufklärung und der durch beide geförderten kritischen Geschichtsschreibung und Geschichtsforschung sich der habsburgische Ahnenhimmel zur selben Zeit immer mehr entvölkerte, da im Zeichen derselben großen geistigen Strömungen auch der Gedanke vom göttlichen Recht der Herrscher und der sakralen Funktion der Krone, in Rückzugsgefechte mit den Ideen des Vaterlandes, des Staates und schließlich der Volkssouveränität verstrickt, immer mehr verblaßte.

3.
Am Kreuzweg des Abendlandes

Am Beginn der habsburgischen Familiengeschichte steht eine bis heute nicht eindeutig geklärte Frage: ob jener „Guntram der Reiche", der als Ahnherr des Geschlechts gilt und der um die Mitte des 10. Jahrhunderts gelebt haben muß, identisch ist mit jenem Guntram, Graf im elsässischen Nordgau, der von Otto I., dem großen Sachsenkaiser und späteren Wiederhersteller des Heiligen Römischen Reiches, im Jahre 952, drei Jahre vor der Lechfeldschlacht, wegen Treulosigkeit seines Besitzes verlustig erklärt wurde. Für die Annahme der Identität spricht vor allem die Tatsache, daß ein großer Teil der dem Nordgaugrafen Guntram damals abgesprochenen Güter später im habsburgischen Besitz feststellbar ist, was sich so erklären ließe, daß entweder Guntram selbst oder seine Nachkommen später Verzeihung erlangt und ihre Güter. wieder zurückerhalten haben. Das sogenannte „Eigen", das Gebiet am Zusammenfluß von Aare und Reuß im heutigen schweizerischen Kanton Aargau, wo die dem Geschlecht dann den Namen gebende Habsburg (Habichtsburg) um das Jahr 1020 erbaut wurde, könnte, da es in Burgund, außerhalb des ottonischen Reiches lag, im Besitz Guntrams geblieben sein. Die Erwerbung dieses „Eigens" durch Heirat wäre denkbar. Guntrams Sohn hieß Lanzelin (er wird in einer Überlieferung als „Graf von Altenburg" bezeichnet) und in jener Gegend an der Aare war vorher ein thurgauisches Geschlecht begütert, in dem der Name Landolt — dessen Koseform Lanzelin darstellt — vorkommt. Nimmt man die Identität Guntrams des Reichen mit dem von Otto I. bestraften Grafen Guntram an, so stammen die Habsburger tatsächlich von den Herzögen des Elsaß, den Etichonen, ab und sind ein elsässisches Geschlecht. Die Annahme der Identität Guntrams des Reichen und des Nordgaugrafen Guntram erfolgte übrigens nicht nur im habsburgfreundlichen Sinn, um die Abstammung von dem alten elsässischen Herzogsgeschlecht und damit von den Lothringern und Merowingern nachzuweisen, sondern auch durch leidenschaftliche Habsburg-Hasser der jüngsten Zeit, die in der Abstammung von dem „Hochverräter" Guntram ein Omen für die „volksverräterische" Tradition der

Habsburger bis zur Affäre der Sixtus-Briefe im ersten Weltkrieg sehen wollten.

Fest steht jedenfalls, daß in dem Augenblick, da wir nicht mehr auf Vermutungen und Kombinationen angewiesen sind, sondern die unbestreitbaren Ahnen König Rudolfs I. vor uns haben, dieses Geschlecht bereits ansehnliche Ämter und Besitzungen (auch der Beiname des „Reichen", der sich in jener Zeit ja nur auf Landbesitz bezieht, deutet dies an) sowohl im Elsaß wie auf der anderen Seite des Rheins im Breisgau und schließlich in den „oberen Landen", im Gebiet der heutigen Schweiz, und zwar im Aargau, innehat. Es sitzt also bereits am Beginn seiner Geschichte im Gebiet des einstigen lotharingischen Zwischenreichs, im Herzen Europas und der damaligen Christenheit in der europäischen Kernlandschaft am Oberlauf des Rheins und an den Übergängen über die Alpen; in einer Gegend also, wo damals wie in der Folgezeit alle politischen, geistigen und kulturellen Strömungen aufeinandertrafen, am Kreuzweg Europas, von dem aus sich wie von selbst jene zahlreichen Beziehungen zu den herrschenden Geschlechtern in Deutschland, Burgund, Frankreich und Oberitalien ergaben, die wir bei den Habsburgern dann auch schon bald feststellen können.

So heiratet von den Söhnen Lanzelins einer, Radbot, die lothringische Herzogstochter Ita — über die also die Habsburger auf alle Fälle, abgesehen von der unsicheren Herkunft über Guntram, von den Lothringerherzögen abstammen und mit dem schwäbischen Herzogshaus wie mit dem kapetingischen Königshaus in Frankreich verwandt sind. Ein anderer Sohn Lanzelins, Rudolf, ist mit einer Kunigunde vermählt, die mit großer Wahrscheinlichkeit aus dem Hause Zollern stammt. Nur über den ältesten Sohn Lanzelins, der denselben Namen führte wie sein Vater, wissen wir nichts Genaueres, doch ist die nicht unbegründete Vermutung geäußert worden, daß eine Tochter dieses zweiten Lanzelin die Gemahlin des Grafen Berthold von Villingen und damit die Stammutter der Herzöge von Zähringen gewesen sei. So finden wir jedenfalls die Habsburger in der ersten Generation, von der wir etwas mehr als den bloßen Namen wissen, bereits mit den führenden Geschlechtern am Oberrhein durch enge verwandtschaftliche Beziehungen verbunden.

Die bedeutendste Gestalt in jener Generation am Beginn des elften Jahrhunderts war wohl Bischof Werner von Straßburg. Nach einer Überlieferung, der die Genealogen und Geschichtsschreiber bis zum Beginn unseres Jahrhunderts fast allgemein folgten, war auch er ein Sohn Lanzelin des Älteren und damit ein Bruder Lanzelins II., Radbots und Rudolfs. Nach einer anderen Überlieferung, für deren Richtigkeit gewichtige Gründe sprechen, war er jedoch der Bruder der lothringischen Ita, demnach der Schwager Radbots und Rudolfs und also kein Habsburger, sondern ein Lothringer. Für die habsburgische Familiengeschichte aber ist er auf alle Fälle bedeutsam, da er, ein Jugendfreund Kaiser Heinrichs II. und eifriger Förderer von dessen Wahl zum König, wesentlichen Anteil an der weiteren Machtentfaltung der Habsburger hatte. Ja wenn man annimmt, daß Guntram der Reiche der von Otto I. bestrafte Graf gewesen sei, so liegt der Gedanke nahe, daß Bischof Werner es war, der die Verzeihung des letzten Kaisers aus dem sächsischen Hause für die Enkel Guntrams erwirkte — was sich mit der Annahme, daß er der Schwager und nicht der Bruder des Grafen Radbot war, sogar noch besser in Einklang bringen ließe.

Bischof Werner war ein Vertreter der nach Burgund ausgreifenden Politik, wobei das Interesse seines kaiserlichen Freundes und des Reichs sich offenbar mit dem der Habsburger begegnete. Im Rahmen der Kämpfe mit Burgund erfolgte auch um 1020 die Erbauung der Habsburg in dem an der burgundischen Grenze gelegenen habsburgischen „Eigen".

An die Erbauung der Stammburg knüpft sich eine Sage, die wir, abgesehen von den im vorigen Abschnitt behandelten, einander so oft widersprechenden Abstammungstheorien als die älteste jener lehrhaften Habsburgersagen und -legenden betrachten können, die durch die Jahrhunderte hindurch für die Erziehung der künftigen Regenten, für die Belehrung auch der anderen Familienmitglieder und nicht zuletzt auch für die Gewinnung und Bewahrung von Sympathien bei Untertanen, Verbündeten und der jeweiligen „öffentlichen Meinung" eine Art pragmatisch-pädagogischen Hausschatz bildeten. Diese Sage erzählt, daß Graf Radbot die Burg ohne Wälle, Schutzmauern und Wehrtürme aufgeführt habe und darob von dem streitbaren Bischof Werner gescholten worden sei. Radbot habe daraufhin versprochen, in einer Nacht eine feste Schutzwehr um die Burg aufzuführen. Am nächsten Morgen wies Radbot dann aus dem Fenster auf seine um die Burg aufgestellten Mannen, aus deren Schar, wie Wehrtürme aus der Mauer, in regelmäßigem Abstand gepanzerte Reiter emporragten.

„Da sprach der Bischof: ‚Sicherlich
An solche Mauern halte Dich:
Nichts ist so fest
Als Treue, die nicht von Dir läßt.
So schütze Habsburg fort und fort
Lebend'ger Mauern starker Hort,
Und herrlich schau'n
Wird's über alle deutschen Gau'n.'"

heißt es in einem im 19. Jahrhundert entstandenen Lesebuchgedicht von Karl Simrock.

Die Sage ist, wie die Forschung festgestellt hat, eine Wandersage, die etwa auch auf Kaiser Friedrich I. und den Landgrafen von Thüringen bezogen wurde. Ihre Fixierung auf die Habsburger verdankt sie wohl auch der Tatsache, daß sie in dem baulichen Charakter der Habsburg, eines gewaltigen viereckigen Wehrturms mit angebautem Pallas, eine anschauliche Stütze fand. Darüber hinaus erfolgte die Übertragung auf die Habsburger, soweit wir sehen können, zu einer Zeit, da eine habsburgische Partei in den Stammlanden am Oberrhein wie im ganzen Reich in schärfstem Kampf mit der antihabsburgischen Partei lag. In jener ältesten, von Mathias von Neuenburg überlieferten Form ist sie allerdings noch nicht auf Radbot und Werner, sondern auf ein sagenhaftes, aus Rom über die Alpen gekommenes Stammherrn-Brüderpaar bezogen. Daß die Treue und Zuneigung der Untertanen der beste Schutz der Regenten sei, wurde dann an Hand dieser Legende allen Habsburgerprinzen anschaulich gemacht, und groß ist ja in der Tat, von Rudolf I. bis zu den Habsburg-Lothringern des 19. und 20. Jahrhunderts, die Zahl der habsburgischen Herrscher, die getreu dieser Herrschafts- und Regierungsmaxime, bei allem Bewußtsein der Majestät, Auserwähltheit und Distanz, mit Erfolg bemüht waren, die Zuneigung der Untertanen und echte Volkstümlichkeit zu erwerben.

Die bedeutende Stellung des Geschlechts in seinen Stammlanden zu beiden Seiten des Oberrheins, im Elsaß, Breisgau und im Gebiet der heutigen Schweiz, erweisen schon in der ersten Hälfte des 11. Jahrhunderts auch die Klostergründungen eben jener Generation der Söhne Lanzelins. Das Benediktiner-Kloster Muri im Aargau, das von Radbot und Ita, wohl auch unter dem Einfluß des Bischofs Werner, etwa um die Zeit der Erbauung der Habsburg gegründet wurde, ist als habsburgisches Hauskloster die Stätte der ältesten und wichtigsten Aufzeichnungen über die frühe Geschichte des Geschlechts und in der nächsten Generation, unter Radbots und Itas Sohn Werner, zur Zeit des Investiturstreits und der Klosterreform zu einem Stützpunkt der von Cluny und Hirsau ausgehenden Reformbestrebungen geworden. Im elsässischen Machtgebiet der Habsburger aber gründete Radbots Bruder Rudolf das Nonnenkloster Othmarsheim, in der Nähe des Rheins, am Ostrand des Hardtwalds. Die Kirche von Othmarsheim erinnert an die Pfalzkapelle Karls des Großen in Aachen, die ihrerseits in Übernahme byzantinischer Formen Ausdruck des Herrschaftsanspruchs gewesen war; so zeugt auch die Kirche von Othmarsheim für Bedeutung und Selbstbewußtsein des Geschlechts schon am Beginn des 11. Jahrhunderts. Die beiden folgenden Jahrhunderte bringen einen langsamen, aber ständigen Zuwachs an Gütern und Herrschaftsrechten. Noch im 11. Jahrhundert erfolgt eine weitere Klostergründung, die eines Frauenklosters des Benediktinerordens in Hermetswyl. Otto, der Enkel Radbots, der im Jahre 1090 als erster in der Geschlechterreihe als Graf von Habsburg bezeichnet wird, macht als Gefolgsmann Kaiser Heinrichs V. dessen Feldzug gegen den Ungarnkönig Koloman mit und wird in einer Urkunde Kaiser Heinrichs aus Preßburg vom 29. September 1108 als „Graf Otto de Havichsburg" genannt — der erste geschichtlich nachweisbare Aufenthalt eines Habsburgers in den Donauländern.

Immer enger werden dann im Lauf des 12. Jahrhunderts die Beziehungen der Habsburger zu den staufischen Kaisern, immer öfter erscheinen sie am Hofe und begleiten die Kaiser auf ihren Heerzügen. Der hohe Blutzoll, den der deutsche Hochadel bei den Zügen nach Burgund, Italien und schließlich ins Heilige Land leisten mußte, forderte wohl auch unter den Habsburgern seine Opfer. So ist noch Graf Albrecht (IV.), der Vater des Königs Rudolf I., auf dem Kreuzzug im Heiligen Land gestorben. Aber da das Geschlecht selbst jene Dezimierung des Hochadels überlebte, hat es dank seiner Verwandtschaftsbeziehungen zu den aussterbenden Familien deren Güter und Rechte geerbt, was auch wiederum durch die guten Beziehungen der Habsburger zum Kaiserhaus und die wichtigen Dienste, die sie als Wächter der Alpenpässe den letzten Staufern leisteten, erleichtert wurde. So rundete sich der habsburgische Besitz in Elsaß und Breisgau einerseits, in den „oberen Landen", dem Gebiet der späteren Schweiz, andrerseits immer mehr ab, und eine Verbindung beider Herrschaftskomplexe und damit die Ausbildung eines großen habsburgischen Territoriums in Südwestdeutschland zeichnete sich als Möglichkeit ab.

Der Habsburger, der als erster diesem Ziel nahe schien, war Graf Rudolf (II.), „der Alte". Nachdem er in dem welfisch-staufischen Thronstreit, der der Doppelwahl von 1198 folgte, von der welfischen Partei Ottos zur staufischen Philipps übergewechselt war, gehörte er zu jenen südwestdeutschen Großen, die sich dem jungen Friedrich II. bei dessen Erscheinen in Deutschland sofort anschlossen. In der Patenschaft Kaiser Friedrichs II. für Rudolfs Enkel, den späteren König Rudolf I., hat diese Bindung sichtbaren Ausdruck gefunden. Ihr politischer Wert lag in der Förderung, die der große Staufenkaiser dem Habsburgergrafen als Lohn für die geleisteten Dienste bei dessen Landerwerbs- und Erbschaftsplänen, so etwa bei der Verteilung des Zähringer-Erbes, zuteil werden ließ. Als Rudolf der Alte 1232 starb, waren die Habsburger in den „oberen Landen" neben den Kiburgern, im Elsaß und Breisgau neben den Staufern das mächtigste Geschlecht. Es gibt ein Bild von Reichtum und Bedeutung der angeblich „armen Grafen", wenn man erfährt, daß Rudolf der Alte im Jahre 1212 dem jungen König Friedrich II. gegenüber dem Herzog von Lothringen für 1000 Mark von 3200 Bürgschaft leistete (während sich der Erzbischof von Mainz, der Bischof von Worms und vier weltliche Herren zusammen für 700 Mark verbürgten).

Rudolfs des Alten Enkel, eben jener am 1. Mai 1218 geborene und von Kaiser Friedrich II. aus der Taufe gehobene Rudolf, der spätere König, hat ja dann auch zuerst die Kiburger beerbt und ist schließlich im Reich der Erbe, Nachfolger, in mancher Hinsicht freilich auch der Liquidator der staufischen Machtpositionen, Pläne und Ideen geworden. Bevor aber das habsburgische Geschlecht mit Rudolf diese letzte Stufe des Aufstiegs in die große Politik und in die oberste Schicht der europäischen Herrschergeschlechter erklomm, trat mit der Teilung zwischen den beiden Söhnen Rudolfs des Alten, Albrecht (IV.) und Rudolf (III.), noch einmal ein retardierendes Element in der Entwicklung zur habsburgischen Machtabrundung und Machterweiterung ein.

Sofort nach Rudolfs des Alten Tod im Jahre 1232 haben die Söhne, von denen der Ältere, Albrecht, bereits zu Lebzeiten des Vaters im Elsaß selbständig handelnd aufgetreten war, eine Teilung ihrer Güter und Rechte vorgenommen, aus der, wenngleich dies zunächst wohl nicht beabsichtigt war, schließlich eine völlige Trennung in zwei Linien, die ältere, später königliche, und eine jüngere, nach ihrem Herrschaftszentrum Laufenburg benannte, wurde. Da es über diese Teilung zu Streitigkeiten kam, unterwarfen sich die Brüder einem Schiedsgericht, das dann 1238/39 die endgültige Teilung durchführte. Allein aus diesem Vorgang sowie aus der Tatsache, daß in dem Endkampf zwischen den Päpsten und den Staufern die ältere Linie mit Albrecht und seinem Sohn Rudolf auf seiten der Staufer, die jüngere mit Rudolf III. und dessen Söhnen Gottfried und Eberhard hingegen auf päpstlicher Seite stand und daß es daher zum Kampf zwischen den beiden Linien kam, zeigt, daß wohl persönliche Gegensätze für die Teilung maßgebend waren. Tatsächlich ist es auch bald nach dem 1249 erfolgten Tod Rudolfs III. zu einer Aussöhnung zwischen den beiden Linien gekommen, und König Rudolf hat sich, soviel wir sehen können, mit seinem Vetter Gottfried zeitlebens gut vertragen, wenngleich die laufenburgische oder „gräfliche" Linie in der Folgezeit das Übergewicht der königlichen, später herzoglichen oder „österreichischen" Linie, in deren Schatten sie stand, wohl stets als drückend empfand.

Daß die Teilung von 1232/39 nicht aus verwaltungstechnisch-praktischen Gründen erfolgte, an die der schon bedeutende Umfang und die weite Ausdehnung und Streulage der habsburgischen Besitzungen denken ließe, geht allein daraus hervor, daß die Teilung nicht nach Herrschaftskomplexen durchgeführt wurde, also nicht etwa zwischen dem Gut im Elsaß und dem in den „oberen Landen". Beide Linien erhielten vielmehr Güter und Rechte in beiden Gebieten und beließen daneben auch noch einige wichtige Rechte, so vor allem das ranghöchste Reichslehen, die Landgrafschaft im Elsaß, zunächst im gemeinsamen Besitz. Das Prinzip der Erbschaft und Belehnung zur gesamten Hand, also das gemeinsame Erbrecht aller Söhne im Gegensatz zum Grundsatz der Primogenitur, dem alleinigen Erbrecht des Ältesten, ist, wie die jüngsten Forschungen zum habsburgischen Hausrecht hervorhoben, gerade bei den Habsburgern mit besonderer Zähigkeit festgehalten worden. Erst im 18. Jahrhundert, in der Pragmatischen Sanktion des letzten Althabsburgers, Karls VI., ist das Prinzip der Primogenitur durchgesetzt. Wenn die habsburgischen Erbteilungen vom 11. bis zum 17. Jahrhundert doch, im Großen gesehen, nicht zur völligen Aufsplitterung des Besitzes geführt und die Ausbildung großer Herrschaftskomplexe wohl manchmal gehemmt, aber nicht endgültig verhindert haben, so ist dies eben im Charakter des Prinzips der Gesamthand begründet, das sowohl eine trennende und aufteilende, andererseits aber auch, in dem Gedanken des Erbrechts des gesamten Hauses, eine vereinigende und zusammenhaltende Kraft besitzt. Tatsächlich sind die meisten Teilungen nach einiger Zeit durch Rückfall an die einzige überlebende Linie wieder aufgehoben worden, und selbst die große Trennung der früh-neuzeitlichen Jahrhunderte in die spanisch-habsburgische und deutsch-habsburgische Linie wäre, wie die enge Verbundenheit der Höfe von Wien und Madrid noch im 17. Jahrhundert zeigt, zweifellos ohne das Eingreifen auswärtiger Mächte in jenem letzten Althabsburger Karl VI. wieder aufgehoben worden. Die starke Bedeutung des „Haus"-Begriffs in der ganzen habsburgischen Geschichte hat so eine sehr reale erbrechtliche Grundlage; wie sich die Habsburger auch in dieser Hinsicht als die zähesten Bewahrer der Traditionen des europäischen Uradels und seines familien- und sippenrechtlichen Denkens gegenüber dem antik-modernen Prinzip des „öffentlichen Rechts" erweisen.

Unmittelbar nach der endgültigen, schiedsgerichtlichen Festlegung jener Teilung zwischen den beiden Söhnen Rudolfs des Alten ist der Ältere, Graf Albrecht (IV.), ins Heilige Land gezogen, wo ihn der Tod ereilte. Mit seinem Sohn, Rudolf IV., dem späteren König Rudolf I., der als „Rudolf von Habsburg" in Geschichte, Legende und Literatur einging und der, als der Begründer der europäischen Geltung seines Hauses, mit Recht von allen folgenden Habsburgern als der eigentliche Ahnherr angesehen wurde, beginnt ein neuer Abschnitt habsburgischer und zugleich deutscher, österreichischer und europäischer Geschichte.

4.
König Rudolf I., der Ahnherr

Er war groß von Gestalt, mit langen Beinen, feingliedrig, mit kleinem Kopf, blassem Gesicht und langer Nase, hatte nur wenige Haare, schmale und lange Hände, ein Mann, maßvoll in Speise und Trank und anderen Dingen, ein weiser und kluger Mann ...", so schildert ein zeitgenössischer Chronist Erscheinung und Wesen Rudolfs von Habsburg. „Er war von Jugend auf kriegerisch, ein kluger und mächtiger und doch auch vom Glück begünstigter Mann, von hohem Wuchs, mit gebogener Nase, mit ernstem Gesicht, dessen Würde die Stärke des Charakters erkennen ließ", berichtet ein anderer. Mit diesen Beschreibungen stimmt das Bild der Grabplatte im Dom zu Speyer völlig überein. Es zeigt uns ein hageres Gesicht mit scharf geschnittener, kühn geschwungener Nase, hochgezogenen Augenbrauen und einem schmallippigen, in den Winkeln etwas herabgezogenen Mund. Energie und Zielstrebigkeit, wohl auch eine gewisse Härte, die mit der in zahlreichen Anekdoten und Erzählungen überlieferten Fähigkeit zu leutseligem Humor durchaus vereinbar scheint, mag man in diesem Gesicht erkennen. Der Befund der Öffnung der Kaisergräber im Jahre 1900 bestätigte die Angaben der Zeitgenossen von der hohen, schlanken und feingliedrigen Gestalt Rudolfs.

Wie seiner Nachfahren Maximilians I. und Josephs II. hat sich auch der Gestalt des Ahnherrn die Legende bemächtigt und das Bild eines klugen, gütigen, volkstümlichen, humorvollen, schlichten, frommen und demutsvollen Ritters gezeichnet, während die Härte und Zielbewußtheit, das rastlose Streben nach Erweiterung von Macht und Besitz, die den historischen Rudolf zweifellos auch auszeichneten, verwischt und vergessen wurden. Rudolfs Bundesgenossenschaft mit den Bürgern der aufstrebenden Städte im Südwesten des Reichs, voran mit den Zürchern und Straßburgern, hat über seinen Tod hinaus für Ruf und Andenken des volkstümlichen Königs reiche Zinsen getragen. So erstand das Bild des „frommen Grafen", das zu einem Leitbild in der Tradition des habsburgischen Frömmigkeitsstils wurde, das Schiller in seiner herrlichen Ballade „Der Graf von Habsburg" verklärte und Grillparzer in „König Ottokars Glück und Ende" dramatisch gestaltete. Treffend hat der erste Darsteller des Rudolf im „Ottokar", der Burgschauspieler Heurteur, auf Grillparzers Frage, wie er den Rudolf spielen wolle, geantwortet: „Halb Kaiser Franz und halb heiliger Florian", und mit dieser Auffassung den Beifall des Dichters gefunden.

Hält man das von der volkstümlichen Überlieferung gezeichnete, von der habsburgischen Propaganda verbreitete Bild Rudolfs mit den Ergebnissen der kritischen Geschichtsforschung zusammen, so erweist sich — wie dies ja stets bei der Verarbeitung der geschichtlichen Wirklichkeit durch die Legendenbildung der Fall ist —, daß im Original vorhandene Züge durch die spätere Umgestaltung gesteigert und vergröbert werden. Die beiden Bilder gleichen einander in der Art wie etwa die volkstümliche Nachbildung eines berühmten Gemäldes — von Leonardos Abendmahl oder einer Madonna von Raffael — dem Original. Die Zwischentöne sind weggelassen, die Plastik der Gestalten ist verlorengegangen, die dominierenden Farben sind plump und kräftig aufgesetzt. Die Vorlage ist gleichwohl kenntlich — der sprichwörtliche „echte Kern" fast aller volkstümlichen Überlieferung.

Zwei Eigenschaften, beide auch von großer politischer Bedeutung, hebt die Tradition an Rudolf vor allem hervor: seine Leutseligkeit und seine Frömmigkeit. Zwischen beiden besteht eine enge Beziehung, beide enthalten unausgesprochen einen wertenden Vergleich gegenüber den Kaisern des Hochmittelalters, besonders gegenüber den Staufern — zugleich aber auch gegenüber dem Böhmenkönig Ottokar, Rudolfs, großem Gegenspieler. Schließlich diente auch Rudolfs Sohn, der harte König Albrecht, dessen schreckliches Ende als nicht ganz unverdient empfunden wurde, als dunkle Folie für die lichte Gestalt des Vaters.

Rudolfs Leutseligkeit, sein Humor und Mutterwitz sind bereits ein Menschenalter nach des Königs Tod in einer Sammlung heiterer Anekdoten verewigt worden. Neben dem Bündnis mit den Bürgern von Zürich und Straßburg fand dabei ihren Niederschlag auch die Dankbarkeit des niederen Volkes für den Herrscher, der „die kaiserlose, die schreckliche Zeit" beendet hatte. Die alemannische Nüchternheit, die Beschränkung auf das Mögliche, die kluge, bedächtige Wahrung des eigenen Vorteils — all das hat Rudolf in den Augen der bürgerlichen Mit- und Nachwelt als Ideal des redlichen Hausvaters erscheinen lassen. Von dem König, der einem Straßburger Kaufmann riet, wie er unter Beachtung der Marktlage reichen Gewinn ernten könne (er solle Fische von Straßburg nach Köln, dafür Wein von Köln nach Straßburg liefern, da in Straßburg gerade Überfluß an Fischen, aber Mangel an Wein, in Köln Überfluß an Wein, aber Mangel an Fischen herrschte), glaubte man schließlich sogar, daß das Unterlassen des Romzugs — um dessen Zustandekommen er sich doch in Wahrheit so bemüht hat — das Ergebnis kluger Selbstbeschränkung und Vorsicht gewesen sei.

Die Gegner Habsburgs und alle jene, die Rudolfs Politik an den weltumspannenden Plänen der Staufer maßen, werteten das gleiche Bild negativ mit dem Schlagwort vom „Krämerkönig". Die Kritik des großen zornigen Herolds der Kaiserherrlichkeit, Dantes Vorwurf gegenüber Rudolf und Albrecht, daß sie aus Habsucht, um ihrer territorialen Gewinne willen, jenseits der Alpen geblieben, den Romzug versäumt und dadurch die Verwilderung von „des Reiches Garten", Italien, mitverschuldet hätten, ist die berühmteste Formulierung dieser Anklage.

Das führt zum zweiten Leitmotiv des Rudolf-Bildes: zu seiner Frömmigkeit. Zwei Legenden sind es hier vor allem, die durch die Jahrhunderte in verschiedensten Fassungen überliefert, aufgezeichnet und erzählt wurden und die wesentlich dazu beitrugen, das religiös fundierte Sendungsbewußtsein der Habsburger zu stärken. Die eine ist die berühmte Erzählung der Begegnung Rudolfs mit dem auf einem Versehgang befindlichen Priester, dem Rudolf sein Pferd zur Überquerung eines Wildbachs angeboten und schließlich geschenkt habe, weil er das Pferd, das den Heiland getragen, nicht mehr zu Kampf und Jagd verwenden wolle. Die älteste, einfachste Fassung dieser Erzählung ist etwa ein halbes Jahrhundert nach Rudolfs Tod aufgezeichnet worden. Später kam dann die kausale Verbindung mit der Königswahl, die Erhebung zum höchsten Herrscheramt der Christenheit als Belohnung für die dem Allerheiligsten erwiesene Ehrfurcht hinzu, und in dieser Fassung hat die Legende die besondere Verehrung der Habsburger für das Altarsakrament verstärkt. Auch die Beziehung zur gleichzeitigen Einsetzung des Fronleichnamsfestes (1264 durch Papst Urban IV.) ist so offenkundig, daß man im Zeitalter der Gegenreformation, als diese Verbindung der Habsburger mit dem Altarsakrament eine eminente programmatische Bedeutung erhielt, die Legende in das Jahr 1264 verlegte und daran verschiedene politisch-theologische Spekulationen knüpfte. In dem Verzicht auf das Jagd- und Streitroß, das durch höheren Dienst geweiht wurde, klingt als Motiv wohl an, daß Rudolf selbst, nach seiner Erhöhung zum sakralen Herrscheramt, nicht mehr der fehdelustige, kriegerische Dynast geblieben, sondern der Bringer und Wahrer von Frieden und Recht geworden sei; wobei, wie ja sonst auch im mittelalterlichen Sagen- und Mythenbereich, die Jagd als Symbol für das verwandte Kriegshandwerk steht.

Ein ähnliches Motiv kehrt in der zweiten berühmten Erzählung wieder. Als Rudolf nach seiner Wahl und Krönung die

Belehnung der Reichsfürsten vornehmen sollte, habe das Szepter gefehlt. Da habe Rudolf um sich geblickt, ein Kruzifix von der Wand genommen, es geküßt und gesagt: „Hier ist das Zeichen, das uns und die ganze Welt erlöst hat; es soll unser Szepter sein." Daß so der erste Herrscherakt der habsburgischen Dynastie im Zeichen des Kreuzes erfolgte, ist später auch als symbolisches Faktum von richtungweisender und prophetischer Bedeutung ausgelegt worden. Die Zeitgenossen, denen die Erhebung Rudolfs als ein Werk der Vorsehung erschien, berichteten, während der Krönung in Aachen sei eine weiße, von der Morgensonne rötlich beleuchtete Wolke in Kreuzesform über dem Münster geschwebt; ein Zeichen, das zunächst mit den Romzug- und Kreuzzugplänen Rudolfs in Zusammenhang gebracht, später jedoch auch in dem Sinne gedeutet wurde, daß das habsburgische Herrschertum von Anbeginn unter dem Zeichen des siegreichen Kreuzes gestanden und daß die Habsburger derart legitime Nachfolger und Erben des ersten christlichen Kaisers, des großen Konstantin, und seiner Devise „In hoc signo vinces" seien. (Diese Devise kehrt denn auch in den bildlichen Habsburger-Apotheosen des Barockzeitalters immer wieder, wobei hier die aktuelle Beziehung zum eben errungenen Sieg über die ungläubigen Türken gegeben war.)

Neben dem bereits erwähnten Glauben der Zeitgenossen an das Wirken der Vorsehung bei der Beendigung des Interregnums und der Wahl des außerhalb Schwabens doch wenig bekannten Habsburgergrafen liegt diesen Erzählungen und Vorstellungen ein wesentliches historisches Faktum zugrunde: Rudolfs eigene Worte nach seiner unerwarteten Erhöhung. In den ersten Tagen seines Königtums sagte er vor versammeltem Volke: „Heute will ich allen denen jegliche Schuld nachsehen, die mir geschadet haben. Alle Gefangenen sollen frei sein, die in meinen Kerkern schmachten, ich gelobe, von nun an Schirmer des Friedens zu sein, wie ich bisher ein unersättlicher Kriegsmann gewesen" — ein Wort, das der tiefen Friedenssehnsucht jener Zeit entsprach und das daher entscheidend beitrug zur Gestaltung des Rudolf-Bildes bei Mit- und Nachwelt.

Der Wandlung Rudolfs vom „echten Sohn der kampferfüllten Zeit des Interregnums" (Oswald Redlich) zum Friedensbringer im Augenblick der Übernahme des hohen Herrscheramtes hat Grillparzer die unvergänglich schönen Verse von der Erhabenheit und religiösen Weihe des Herrscherberufs gewidmet; klassische Formulierung des Prinzips des Gottesgnadentums, geschrieben zu einer Zeit, da dieses Gottesgnadentum keine Selbstverständlichkeit mehr war, sondern, nach dem tiefen Graben von Aufklärung und Revolution, ein aus der Vergangenheit abgeleitetes und in

1 Stammbaum der Habsburger von Rudolf I. bis Ferdinand III.

2 Die Habsburg im Aargau

3 Rudolf IV. (1358-1365)
4 Das Privilegium majus (1359)

5 Bildnis Friedrichs III. (1440–1493) als römischer König

6 Die Kaiserkrönung Friedrichs III. durch Papst Nikolaus V. (1452)
7 Devise Kaiser Friedrichs III.: A. E. I. O. U. = Austria erit in orbe ultima

8 Maximilian I. (1459–1519)

9 Totenbild Kaiser Maximilians I.

10 Habsburger auf der Sonnenleiter

die Zukunft projiziertes Programm, Erinnerung, Forderung und Hoffnung zugleich.

> „Ich bin nicht der, den ihr voreinst gekannt!
> Nicht Habsburg bin ich, selber Rudolf nicht;
> In diesen Adern rollet Deutschlands Blut.
> Und Deutschlands Pulsschlag klopft in diesem Herzen.
> Was sterblich war, ich hab es ausgezogen.
> Und bin der Kaiser nur, der niemals stirbt.
> Als mich die Stimme der Erhöhung traf,
> Als mir, dem nie von solchem Glück geträumt,
> Der Herr der Welten auf mein niedrig Haupt
> Mit eins gesetzt die Krone seines Reichs,
> Als mir das Salböl von der Stirne troff,
> Da ward ich tief des Wunders mir bewußt
> Und hab' gelernt auf Wunder zu vertraun."

(Grillparzer, König Ottokars Glück und Ende, III. Aufzug.)

„Ich bin nicht der, den ihr voreinst gekannt!" Wie weit trifft diese Gegenüberstellung des Grafen und des Königs Rudolf, des „unersättlichen Kriegsmanns" und des Friedensbringers, die in Rudolfs eigenen Worten nach der Krönung und in der Auffassung der Zeitgenossen ihre Stütze findet, mit der geschichtlichen Wirklichkeit zusammen? Wird sie der Einheit der menschlichen Persönlichkeit, dem gerade bei Rudolf feststellbaren allmählichen Entfalten der politischen Fähigkeiten, dem schrittweisen Ausgreifen und Emporsteigen ins große Spiel der europäischen Politik gerecht? Die Wahrheit liegt wohl auch hier in der Mitte.

Rudolf war 22 Jahre alt, als er das väterliche Erbe übernahm und sogleich hineingeriet in die großen Auseinandersetzungen der Zeit. Getreu der Haltung seines Vaters und Großvaters stand er trotz Interdikt und Bann fest auf staufischer Seite, zog wiederholt zu seinem Paten Friedrich II. und dann zu Konrad IV. nach Italien und begleitete auch noch den jungen Konradin auf dessen Unglückszug bis nach Verona. (Die Überlieferung von Rudolfs Teilnahme an der Schicksalsschlacht von Tagliacozzo ist wohl unrichtig.) Der Habsburgergraf, der als Landgraf im oberen Elsaß, als Graf im Frickgau, im Aargau und im nördlichen Zürichgau von Straßburg bis zu den Alpen das Geleite geben konnte, war eine wichtige Figur in diesen Kämpfen. Eng verknüpft mit den großen Auseinandersetzungen zwischen den Staufern und dem Papsttum waren zugleich die lokalen Gegensätze am Oberrhein, die sich aus dem Konflikt mit Rudolfs gleichnamigen Oheim, dem Haupt der habsburg-laufenburgischen

Linie, sowie aus Rudolfs Streben nach Erweiterung und Abrundung seines Herrschaftsbereichs ergaben. In der Aussicht auf das große Erbe der Kiburger eröffnete sich zugleich die Möglichkeit, die Schwächung, die die habsburgische Stellung durch die Linientrennung von 1232/39 erfahren hatte, mehr als wettzumachen. Hier trat Rudolf dem Grafen Peter von Savoyen entgegen, so daß mit dem Ringen um die kiburgischen Besitzungen in der heutigen Westschweiz die lange Reihe der schicksalhaften Beziehungen zwischen den beiden Häusern Habsburg und Savoyen begann, die, wie auf der anderen Seite die Beziehung zu den Hohenzollern, bis zum Ende der habsburgischen Herrschaft sieben Jahrhunderte später immer wieder in Freundschaft wie in Feindschaft für die Geschichte der beteiligten Dynastien bedeutungsvoll werden sollte. Neben der Sicherung des Kiburger-Erbes hat Rudolf aber auch in zahlreichen anderen Fehden und Auseinandersetzungen mit weltlichen und geistlichen Großen — so mit den beiden streitbaren Bischöfen, dem Straßburger Walther von Geroldseck und dem Basler Heinrich von Neuenburg — seinen Herrschaftsbereich erweitert. Nach dem Untergang der Staufer ging es dabei meist um ehemals staufischen und Reichsbesitz. Aber nicht nur in der Erwerbung, sondern auch in der Nutzung des Besitzes durch eine nach dem sizilianischen Muster Friedrichs II. errichtete Steuer- und Beamtenorganisation erwies sich Rudolf als kluger Realpolitiker; wobei er den so gewonnenen Reichtum wieder oft verwendete, um durch Mißwirtschaft und Fehden ruinierten Konkurrenten ihre Besitzungen abzukaufen.

Rudolf war 55 Jahre alt, als er zum König gewählt wurde. In dem fehdereichen Menschenalter zwischen 1240 und 1273 hatte der Graf von Habsburg jene politische und militärische Meisterschaft erworben, die er dann als König auf der Ebene der europäischen Politik wie in der Entscheidungsschlacht auf dem Marchfelde erfolgreich einsetzen konnte. Als er die Kunde von seiner bevorstehenden Wahl zum König erhielt, belagerte Rudolf eben in einer jener zahlreichen, mit der Härte und Grausamkeit der Zeit geführten Fehden den Bischof von Basel, Heinrich von Neuenburg. Da Rudolf Basel von allen Seiten eingeschlossen, zugleich aber auch durch Bestechung und Versprechungen unter den Basler Bürgern einen Anhang gewonnen hatte, war Bischof Heinrichs Lage in jenen Septembertagen des Jahres 1273 äußerst kritisch. Da traf, etwa um den 20. September, der Hohenzoller, Burggraf Friedrich von Nürnberg, als Abgesandter der rheinischen Kurfürsten im Lager vor Basel ein und bot — wie es heißt, mitten in der Nacht — im Lagerzelt dem Habsburger die deutsche Königskrone an. Rudolf akzeptierte die keineswegs bescheidenen Bedingungen der Kurfürsten und sandte den Burggrafen Friedrich nach Basel zum Bischof, um über einen Waffenstillstand zu verhandeln. Erstaunt über die unerwartete Wendung, soll Bischof Heinrich ausgerufen haben: „Herrgott im Himmel, sitze fest, sonst nimmt Dir dieser Rudolf Deinen Platz!" Ein Waffenstillstand wurde geschlossen, und die Städte, die mit Rudolf soeben noch in grimmigster Fehde gelegen, öffneten dem zum König Ausersehenen ihre Tore. Für die habsburgische Territorialpolitik am Oberrhein allerdings bedeutete die Königswahl von 1273 eine Unterbrechung, deren Auswirkungen sich erst viel später zeigen sollten. Die Territorialbildung durch den Zusammenschluß der Herrschaftskomplexe im Oberelsaß, Breisgau und den „oberen Landen" blieb unvollendet, das Gebiet des Bistums Basel trennte am Rheinknie dauernd die elsässischen von den schweizerischen Besitzungen der Habsburger, und auch der schon früher gegenüber dem Bischof von Straßburg errungene Erfolg — Rudolf hatte die Unterwerfung der Reichsstädte Kolmar, Mühlhausen und Kaisersberg durch den Straßburger Bischof verhindert — konnte nunmehr, nach Rudolfs Königswahl, nicht mehr im Sinne der habsburgischen Territorialbildung ausgenutzt werden. Die drei elsässischen Städte blieben, mitten im habsburgischen Gebiet, reichsunmittelbar und hinderten die Vollendung der Territorialbildung. Darüber hinaus aber mußte Rudolf mit dem Versprechen an seine Wähler, die rheinischen Kurfürsten, ihnen das in der Zeit des Interregnums in ihren Besitz gelangte Reichsgut und staufische Erbe zu belassen, seinem eigenen Ausdehnungsdrang in Südwestdeutschland selbst eine unüberwindliche Schranke setzen. So blieb ihm, wollte er sein Königtum auf eine feste Machtbasis stellen, fast zwangsläufig nur die Möglichkeit, nach einem Ersatz im Osten des Reichs zu suchen, wo im Kampf gegen Ottokar das Reichsinteresse und das habsburgische Streben nach dem Erwerb einer geschlossenen Territorialmacht in Einklang gebracht werden konnten. Die Schwerpunktverlagerung vom Westen nach dem Osten, ein beherrschendes Motiv in der habsburgischen Geschichte der folgenden Jahrhunderte (aber auch in der Geschichte der mit den Habsburgern dann konkurrierenden Luxemburger und Wittelsbacher), war so schon mit der Situation bei der Königswahl von 1273 gegeben.

Ist Rudolf nun durch die Erhebung zum ranghöchsten Herrscheramt der Christenheit tatsächlich ein anderer geworden? Man wird die sakrale Bedeutung der Königswürde im Bewußtsein der Zeit und damit auch in dem Rudolfs selbst nicht geringschätzen dürfen. Andrerseits reicht zur Erklärung der größeren Bedächtigkeit und Vorsicht, die Rudolf als König an den Tag legte, allein die Reife des beginnenden Alters sowie die Überlegung aus, daß nun ein wesentlich höherer Einsatz auf dem Spiele stand. Die Fähigkeit zum kühnen Entschluß hat Rudolf, wie die Auseinandersetzung mit Ottokar zeigen sollte, auch als König bewahrt, wie er umgekehrt schon als Graf dort, wo Geld und gute Worte zum Ziele führen konnten, auf den Einsatz der Waffen verzichtet und, wenn die Vielzahl der Fehden seine Kräfte zu zersplittern drohte, durch raschen Friedensschluß sich die Hände für die Auseinandersetzung mit dem wichtigsten Gegner frei gemacht hatte; wie andrerseits die von Rudolf in seinen letzten Lebensjahren mit leidenschaftlicher Heftigkeit wieder aufgenommene habsburgische Erwerbs- und Ausdehnungspolitik im Südwesten zeigt, daß er auch als König dem Gesetz verpflichtet blieb, nach dem er als junger Graf angetreten.

Das Bestreben, sich Rücken und Hände frei zu machen für die entscheidende Auseinandersetzung mit dem gefährlichsten Gegner, diese Grundmaxime aller erfolgreichen Politik, bestimmte Rudolfs Verhalten in den ersten Jahren der Sicherung seines Königtums. Das Verlangen der deutschen Fürsten nach der Wiedererrichtung einer allgemein anerkannten Königsgewalt, stark genug, ihnen den während des Interregnums erworbenen Besitz zu legitimieren, nicht stark genug, ihn zu gefährden, dazu das entschiedene Verlangen des Papstes Gregor X. nach Wiederherstellung geordneter Zustände in Deutschland hatten zu Rudolfs Wahl geführt. Die Unterstützung der Fürsten, voran der Kurfürsten, und jene des Papsttums mußte sich Rudolf daher vor allem sichern, sollte sein Königtum Bestand haben. Außer durch die Wahlversprechen, den Kurfürsten den in der Interregnumszeit erworbenen Besitz zu belassen, und dem sehr weitherzig aufgefaßten Ersatz der Kosten der Wahl verpflichtete sich Rudolf die Kurfürsten von Pfalz, Sachsen und Brandenburg durch familiäre Bindung, das Kapital nützend, das er in seinen sechs Töchtern hatte. Den Papst gewann er durch das Versprechen von Romzug und Kreuzzug sowie dadurch, daß er von allem Anfang an seine Entschlossenheit erkennen ließ, die Tradition der staufischen Italienpolitik nicht wieder aufzunehmen. Wenngleich Rudolf Italien keineswegs so sehr vernachlässigte, wie dies im Anschluß an die erwähnte Kritik Dantes oft dargestellt wurde — er war vielmehr bemüht, die Reichsrechte zumal in Oberitalien schrittweise und unauffällig wiederherzustellen —, so hat dieser Verzicht auf eine Wiederaufnahme der staufischen Italienpolitik und das Bestreben nach einem guten Verhältnis zum Papsttuum doch auf der einen Seite das Bild vom „frommen König Rudolf", auf der anderen Seite das vom „Verzichtpolitiker" (um einen modernen Ausdruck zu gebrauchen), vom

Liquidator des hochmittelalterlichen Kaisertraums, entscheidend bestimmt. Warnend stand ihm gewiß vor Augen der Untergang der Staufer, den er selbst als staufischer Parteigänger miterlebt und miterlitten hatte.

Nachdem auf dem Konzil von Lyon im Frühsommer 1274 die päpstliche Entscheidung eindeutig zugunsten Rudolfs gefallen war (der große deutsche Denker und Naturforscher Albert von Bollstädt trat damals entschieden für den Habsburger ein), hatte der König die Hand frei zu der unausweichlichen Auseinandersetzung mit dem König von Böhmen Přemysl Ottokar II. Wie der Graf von Habsburg in den engeren Verhältnissen des machtpolitisch zersplitterten Westens hatte der Böhmenkönig in den weiteren Räumen des Ostens mit ihren größeren, geschlosseneren Herrschaftsgebieten die Verhältnisse des Interregnums zum Ausbau der eigenen Herrschaft genutzt. Neben dem Untergang der Staufer war ihm hier auch das Erlöschen der babenbergischen Herzogsfamilie in Österreich zugute gekommen. Zwischen Ostsee und Adria war so ein Großreich im Entstehen, das den deutschen Fürsten und dem deutschen Königtum gefährlich zu werden drohte. Da Rudolfs Wahl Ottokars Hoffnungen auf Erwerbung der deutschen Königskrone zunichte gemacht hatte, war ein Kampf zwischen Rudolf und Ottokar, zu dem den neugewählten König auch die Bestimmungen des Reichsrechts verpflichteten, unvermeidlich.

In der sorgfältigen diplomatischen und militärischen Vorbereitung dieser großen Auseinandersetzung, in der Art, wie Ottokar trotz der ihm doch zur Verfügung stehenden ungleich reicheren Geldmittel ausmanövriert wurde, ehe es noch zu einem größeren Gefecht gekommen war, bewährte sich Rudolfs organisatorische, politische und militärische Meisterschaft nunmehr auch im Rahmen einer weltpolitischen Entscheidung. Wie vordem bei den kleineren Fehden in seinen Stammlanden siegte der Habsburger auch jetzt vor allem durch eine nüchterne und richtige Beurteilung der Kräfteverhältnisse im feindlichen wie im eigenen Lager; durch den Einsatz bewährter, verläßlicher Mitstreiter — des Pfalzgrafen Ludwig, des Grafen Meinhard von Tirol, des Burggrafen Friedrich von Nürnberg — durch das Herüberziehen der Bundesgenossen des Gegners — des Herzogs Heinrich von Niederbaiern, des österreichischen und steirischen Adels, aber auch der böhmischen Barone, voran der Rosenberge in Südböhmen. So überlegen führte Rudolf, wie ein Meister des Schachspiels, Zug um Zug, daß der in der Kriegsgeschichte seltene Idealfall einer Unterwerfung des Gegners ohne Eingehen des letzten Risikos der Schlachtentscheidung eintrat. Ottokar verzichtete auf Österreich, Steiermark, Kärnten, Krain, die Windische Mark, Eger und Pordenone, wurde mit Böhmen, Mähren und den dazugehörigen Reichslehen vom König belehnt. Eine doppelte Eheverbindung der beiden Häuser — eine Tochter Ottokars mit einem Sohne Rudolfs, eine Tochter Rudolfs mit einem Sohne Ottokars — sollte den Frieden bekräftigen. Wenn die kluge Mäßigung, die Rudolf nach dem glücklichen Verlauf des Feldzugs von 1276 in' diesem Friedensschluß erwies, den Wiederausbruch des Kampfes nicht verhindern konnte, so lag dies an einer ganzen Reihe von Umständen, von denen die Besorgnis der Reichsfürsten über Rudolfs Machtgewinn wohl der wichtigste war. Jedenfalls hatte sich Rudolfs Lage wesentlich verschlechtert, als in der ersten Hälfte des Jahres 1278 der neuerliche Ausbruch der Feindseligkeiten drohte. Wieder aber erwies sich Rudolfs politische und militärische Überlegenheit. Als Ersatz für das diesmal fehlende Reichsheer mobilisierte er jetzt seine ungarischen Bundesgenossen, König Ladislaus und die ungarischen Magnaten, sicherte durch eilig herangeholte Verstärkungen seine Stellung in dem durch eine große Zahl heimlicher Ottokar-Anhänger unsicheren Wien und zog schließlich, während Ottokar bei der Belagerung von Drosendorf und Laa im nördlichen Niederösterreich wertvolle Zeit verlor, den Ungarn entgegen nach Marchegg, wo er den Übergang des ungarischen Heeres über die March sicherte. In der folgenden großen Schlacht bei Dürnkrut und Jedenspeigen auf dem Marchfeld, in der Ottokar das Leben verlor, sicherte sich Rudolf den Sieg durch die für die damalige Zeit noch ungewohnte Taktik der Bildung einer Reserve, die erst am Höhepunkt des Ringens den Feind aus der Flanke angriff. Wenngleich in Ottokars Heer neben Polen und Schlesiern auch deutsche Verbündete des Böhmenkönigs aus Brandenburg, Meißen, Thüringen und Baiern fochten und auf Rudolfs Seite die ungarischen und kumanischen Verbündeten wesentlich zum Sieg beitrugen, wurde die Marchfeldschlacht doch von Zeitgenossen und Nachwelt mit Recht als ein Sieg des Reichs über den unbotmäßigen böhmischen Reichsvasallen gewertet. Erst Jahrhunderte später hat man den preußisch-österreichischen Gegensatz auf den Kampf zwischen dem Habsburger und dem Přemysliden zurückprojiziert und nun in dem Böhmenkönig einen Vorläufer der kleindeutsch-preußischen Reichsbildung sehen wollen.

Für die Herrschaft der Habsburger in Österreich aber ist der Tag der Marchfeldschlacht, der 26. August 1278, der eigentliche Geburtstag geworden; der Geburtstag der Dynastie, die schließlich selbst den Namen des Landes aufnehmen und als „Haus Österreich", als „Casa d'Austria" und „Maison d'Autriche" den Namen des kleinen Landes an der Donau um den ganzen Erdball tragen sollte. Hier auf dem Marchfeld, wo wie die drei Blätter eines Kleeblatts der Alpen-, der Sudeten- und der Karpathenraum zusammentreffen, kämpften damals Angehörige aller dieser Räume bewohnenden Völker, Deutsche aller Stämme, Tschechen und Mährer, Polen, Ungarn und Kumanen. „Praga, Praga" war der Schlachtruf im Heere Ottokars, „Rom, Rom" und „Christus, Christus" der im Heere des deutschen Königs. Stimmte auf Rudolfs Seite der streitbare Bischof von Basel vor dem Kampf das Schlachtlied an ‚Sant' Maria, Mutter und Magd, all unsre Not sei Dir geklagt", so antwortete von böhmischer Seite der Schlachtgesang „Hospodine pomuluy ny" (Herr erbarme Dich unser). Rudolf I. hat von der nahegelegenen Stadt Feldsberg aus Berichte über seinen Sieg nicht nur an den Papst Nikolaus III. und an den Erzbischof Friedrich von Salzburg, sondern auch an den Dogen von Venedig und an die Stadt Florenz gesandt, und italienische Chronisten haben, da man Rudolfs Sieg als eine Voraussetzung für den erwarteten Romzug und die Kaiserkrönung ansah, ausführlich über die Marchfeldschlacht berichtet.

Bei der Sicherung des neuerworbenen Territoriums für sein Haus ist König Rudolf wieder mit der gewohnten Klugheit und Umsicht vorgegangen. Es kam hier darauf an, die Ansprüche des alten Waffengefährten, des Grafen Meinhard von Görz-Tirol, auf Belohnung für die geleistete Hilfe teils zu befriedigen, teils abzuwehren. Die Zustimmung der politischen Faktoren in den betreffenden Ländern selbst gewann Rudolf durch großzügige Bestätigung der Rechte der weltlichen und geistlichen Großen und der Städte unter Widerruf der von Ottokar verfügten Maßnahmen zur Stärkung der Stellung des Landesherrn. Nach dem Sieg über Ottokar und der Regelung der Verhältnisse in Böhmen und Mähren im Sinne der einst noch mit Ottokar abgesprochenen Doppelhochzeit ist Rudolf die nächsten Jahre in Wien geblieben, hat von hier aus auch die Steiermark besucht, die Übertragung der reichen und wichtigen Länder an sein Haus vorbereitet, zugleich seine Pläne im großen Spiel der europäischen Politik weiterbetrieben; den Plan der Ehe seines Sohnes Hartmann mit der englischen Königstochter Johanna, schließlich die Ehe seiner jüngsten Tochter, Clementia, mit dem Enkel Karls von Anjou, Karl III. „Martell". Während des fünfjährigen Aufenthalts in Österreich trafen den nun schon im siebenten Lebensjahrzehnt stehenden König schwere familiäre Schicksalsschläge; der Tod zweier spätgeborener Söhne im Säuglingsalter, dann, kurz nach dem Abschied von der nach Neapel ziehenden Clementia, der Tod seiner Gemahlin Anna, die ihrem Gatten elf Kinder (einschließlich jener beiden frühverstorbenen

Söhne) geboren hatte. Knapp vor Weihnachten des gleichen Jahres 1281 (im Juni 1281 war Rudolf endlich wieder nach dem Westen des Reichs gezogen und hatte seinen ältesten Sohn Albrecht als Reichsvikar in Österreich und Steiermark zurückgelassen) ertrank sein zweitältester Sohn, jener der englischen Johanna versprochene Hartmann, ein achtzehnjähriger Jüngling, der eben von Grenzkämpfen mit dem Grafen von Savoyen zurückkehrte und mit einem Rheinkahn von Breisach nach Oppenheim zu seinem Vater wollte, da der Kahn kenterte, in den eisigen Fluten des Rheins.

Ein Jahr später waren dann endlich die Hindernisse, die der Belehnung der Söhne des Königs mit den österreichischen Ländern entgegenstanden, beseitigt, und wenige Tage vor Weihnachten 1282 erfolgte in Augsburg die Belehnung der Grafen Albrecht und Rudolf von Habsburg mit Österreich, Steiermark, Krain und der windischen Mark, formell auch mit Kärnten, auf das die Söhne des Königs jedoch zugunsten Meinhards von Tirol verzichteten. Die Belehnung erfolgte zur gesamten Hand. Als die österreichischen Herren gegen diese gemeinsame Belehnung Vorstellungen erhoben, bestimmte Rudolf am 1. Juni 1283 in der Hausordnung von Rheinfelden, daß Albrecht allein in den österreichischen Ländern regieren, Rudolf anderweitig entschädigt werden solle. Doch sollten Albrechts männliche Erben die österreichischen Länder wieder zur gesamten Hand erhalten. Das Streben nach Vermeidung von Erbteilungen — die Jugenderinnerung an die Nachteile der Linientrennung von 1232/39 war in König Rudolf wohl noch lebendig — ist hier offenbar; allerdings führte das Kompromiß, das zwischen den Wünschen der österreichischen Herren und dem habsburgischen Hausrecht getroffen wurde, durch die Benachteiligung des jüngeren Rudolf schließlich zu einem für die habsburgische und deutsche Geschichte verhängnisvollen Ereignis, zur Ermordung Albrechts durch den Sohn seines Bruders Rudolf, den jungen Johann (Parricida).

Die letzten Jahre seines Lebens hat König Rudolf vorwiegend zwei Zielen geweiht; der Sicherung der Nachfolge seines Sohnes Albrecht im Reich, was ihm nicht gelang, weil die Voraussetzung für eine Königswahl Albrechts bei Lebzeiten des Vaters, die Kaiserkrönung Rudolfs in Rom, nicht verwirklicht werden konnte, und der weiteren Abrundung und Ausdehnung des habsburgischen Hausbesitzes im Südwesten des Reichs. Auch diese Unternehmungen sollten, wie die immer wieder aufgenommenen Versuche zur Erwerbung von Böhmen und Ungarn, der Stärkung der Königsmacht gegenüber den Kurfürsten und damit letzten Endes der Sicherung der habsburgischen Erbfolge im Reich dienen. So kam er zuletzt, vom Königtum her, wieder zu den Anfängen seiner Erwerbspolitik in den habsburgischen Stammlanden zurück. Durch Kauf wie durch Geltendmachung aller ihm aus dem Königsamt oder durch Erbrecht zustehenden Ansprüche hat Rudolf hier noch bedeutende Erwerbungen gemacht, vor allem im Gebiet der heutigen Schweiz. Die fast fieberhafte Erwerbs- und Ausdehnungspolitik der letzen Jahre hat allerdings den Widerstand und Zusammenschluß der Gegner gefördert, in den „oberen Landen" wie im Reich. Die Entstehung der Eidgenossenschaft und die Wahl Adolfs von Nassau zum deutschen König erwiesen dann nach Rudolfs Tod die Stärke der durch die habsburgischen Erfolge auf den Plan gerufenen Gegenkräfte.

Nach erfolgreicher Wahrung der Reichsrechte im Westen gegenüber Frankreich und Burgund ist Rudolf im letzten Jahr seines Lebens auch noch im deutschen Norden als Friedensbringer und Friedenswahrer aufgetreten. Sein Ritt nach Speyer in Vorausahnung des nahen Todes („Wohlauf nach Speyer, wo mehrere meiner Vorfahren sind, die auch Könige waren") zeigt noch einmal sein Bewußtsein von Größe und Bedeutung seines Hauses und der Majestät seines Königsamts.

„Ich bin der Rudolf von Habsburg meiner Familie", hat Napoleon, der korsische Emporkömmling, der doch selbst durch die Ehe mit der Habsburgerin nach der „Ebenbürtigkeit" mit den europäischen Herrscherfamilien strebte, einmal gesagt. Der Vergleich hinkt in doppelter Hinsicht; nicht nur, weil Rudolfs Vorfahren seit drei Jahrhunderten mächtige Herren am Oberrhein gewesen waren, sondern vor allem, weil Rudolf in dem halben Jahrhundert seines politischen Wirkens, Erwerbens und Herrschens im Kleinen wie im Großen sich, bei aller Kühnheit einzelner Entschlüsse, doch stets als nüchterner Realpolitiker und Meister in der „Kunst des Möglichen" erwies, die die Politik, nach Bismarcks treffender Definition, nun einmal ist.

5.

Scheitern und Verzicht

König Rudolf, der so erfolgreich den Besitz seines Hauses gemehrt und es zur Höhe geführt hatte, vermochte doch die letzte Vollendung seines politischen Strebens, die eigene Kaiserkrönung und die Sicherung der Nachfolge seines Sohnes im Reich, sosehr er sich auch besonders in seinen letzten Lebensjahren darum bemühte, nicht zu erreichen. Gewiß war es ein reiches und bedeutendes Erbe, das er Albrecht hinterließ. Der habsburgische Herrschaftsbereich im Westen war gewaltig ausgedehnt worden, im Osten war ein großer Länderkomplex, die Herzogtümer Österreich und Steiermark, formell auch das an Kärnten verpfändete Krain, an das Haus gekommen, und die Möglichkeit zur Erwerbung von Böhmen und Ungarn schien ebenso gegeben wie jene der Schaffung einer Länderbrücke zwischen dem westlichen und dem östlichen Herrschaftsbereich. War doch Albrechts Gemahlin eine Tochter Meinhards von Tirol, und tatsächlich haben die Habsburger dann noch im Laufe des 14. Jahrhunderts erst Kärnten, dann Tirol erworben und diese beiden Länder dauernd ihrem Herrschaftsbereich eingefügt. Die Herrschaft über Böhmen allerdings, die nach dem Ende der Přemysliden noch zu Albrechts Lebzeiten Wirklichkeit wurde, blieb vorläufig nur eine kurze Episode, und auch die Hoffnung auf die Erwerbung Ungarns verwirklichte sich zunächst noch nicht.

Neben den Herrschaften, Aussichten und Ansprüchen, die Rudolf seinem Sohn hinterließ, gab er ihm aber noch eine unschätzbare Erbschaft mit: die politische Begabung, wobei Vererbung und Erziehung hier wohl zusammentrafen und einander ergänzten. Albrecht stand gerade an der für die Charakterbildung entscheidenden Schwelle des Übergangs vom Jünglings- zum Mannesalter, als sein Vater zum König gewählt wurde. Den Eintritt des Hauses Habsburg in die große europäische Politik, den Aufbau eines Systems der Bündnisse, Gegenschaften und Beziehungen, das von England bis Sizilien und von der Provence bis Ungarn reichte und in dem der Streit mit dem Abt von St. Gallen ebenso seinen Platz hatte wie das Verhältnis zum Papst in Rom, die große Auseinandersetzung mit Ottokar und die Erwerbung und Sicherung der österreichischen Länder: all das hat Albrecht als

Mitarbeiter, Helfer und politischer Schüler seines Vaters miterlebt. Nahezu alle Eigenschaften, die das politische Ingenium Rudolfs ausmachten, finden wir in fast noch gesteigerter Form bei Albrecht wieder: kluge Überlegung und richtige Einschätzung der Möglichkeiten, verbunden mit Willensstärke und Entschlußkraft, rücksichtslose Härte, aber auch kluge Mäßigung, wenn es die Situation erforderte, die Fähigkeit, zuzuwarten, die Situation reifen zu lassen, im entscheidenden Augenblick aber dann energisch zuzugreifen. Nur eine allerdings sehr wichtige Eigenschaft, die Rudolf besessen, scheint Albrecht gefehlt zu haben: die mit Humor gepaarte Herzlichkeit und Leutseligkeit, mit der Rudolf die Menschen zu gewinnen wußte. Um Albrechts Gestalt flocht sich nicht wie um die seines Vaters ein Kranz volkstümlicher Legenden und Anekdoten, und für die Verfasser populär-didaktischer Habsburgerbücher späterer Jahrhunderte stellte dieser politisch vielleicht bedeutendste der älteren Habsburger — ganz abgesehen von seinem schrecklichen Ende — eine Verlegenheit dar. Mochten die deutschen Fürsten ebenso wie der Böhmenkönig Ottokar Rudolf zunächst unterschätzt und ihn für ein leicht lenkbares Werkzeug oder einen nicht allzu gefährlichen Gegner gehalten haben, so war bei Albrecht — schon wegen des inzwischen erfolgten habsburgischen Machtgewinns, aber auch wegen des persönlichen Auftretens des Herrschers — keine solche Täuschung mehr möglich. Freund und Feind mußten hier von Anbeginn erkennen, mit wem sie es zu tun hatten; mit einem Mann, der, durchdrungen von der Überzeugung seines legitimen Anspruchs auf das höchste Herrscheramt, entschlossen und zielbewußt nach der Festigung und Erweiterung seiner Macht und der Begründung eines starken deutschen Königtums seines Geschlechts strebte.

Dazu kam, daß Albrecht, wie berichtet wird, kein gewinnendes Äußeres besaß. Als er dann vollends im Jahre 1295 durch die unsachgemäße Behandlung einer für eine Vergiftung gehaltenen Erkrankung ein Auge verlor — die Ärzte ließen ihn, damit das vermeintliche Gift abfließen könne, an den Füßen aufhängen, bis er ohnmächtig wurde, und der Blutandrang zerstörte ein Auge —, wirkte er sogar abstoßend und furcherregend. Die tiefe Abneigung, die ihm sein Schwager, der Böhmenkönig Wenzel, entgegenbrachte und in der der wiederauflebende politische Gegensatz zwischen Habsburgern und Přemysliden noch eine zusätzliche persönliche Note erhielt, hat Albrechts Weg zum deutschen Königsthron entscheidend verzögert, und die Abneigung, die er auch in seiner nächsten Umgebung und bei seinen Dienstmannen hervorrief, ist ihm schließlich zum Verhängnis geworden.

Persönliche und menschliche Momente stehen so in engem Zusammenhang mit der allgemeinen politischen Situation, die Albrecht als Erbe Rudolfs vorfand. Er hat sein Leben lang das habsburgische „Staatsschiff" — wenn wir dieses Wort hier im übertragenen Sinn gebrauchen dürfen —, das Schiff seiner politischen Pläne und Aspirationen gegen die widrigen Winde steuern müssen, die sich als Reaktion gegen den Aufstieg der Habsburger unter Rudolf nunmehr von allen Seiten erhoben. Das gilt sowohl für die Stammlande des Geschlechts im Südwesten wie für die habsburgischen Ansprüche auf das Königtum, schließlich aber auch für die neuerworbenen Territorien im Südosten, für Österreich und die Steiermark.

In den Stammlanden am Oberrhein und besonders im Gebiet der heutigen Schweiz hat die von König Rudolf in seinen letzten Lebensjahren mit Härte betriebene Erwerbspolitik starke Widerstände hervorgerufen. So kam es schon siebzehn Tage nach Rudolfs Tod, also unmittelbar nach Eintreffen der Nachricht vom Ableben des gefürchteten Königs, zu jenem Ewigen Bund der drei „Waldstätte" Uri, Schwyz und Unterwalden vom 1. August 1291 und damit zur Geburt der „Urschweiz". (Der 1. August gilt daher heute als offizieller Geburtstag der Schweiz und ist dementsprechend der Schweizer Nationalfeiertag.) Mochte dieses Bündnis auch im Augenblick nicht ausdrücklich gegen die Habsburger gerichtet sein, sondern in erster Linie die wechselseitige Hilfe zur Bewahrung der erworbenen Freiheiten in der nun zu erwartenden unruhigen Zeit anstreben, so war doch hier der Ansatzpunkt zu einer politischen Bildung gegeben, die schließlich im Verlauf eines sich durch mehr als zwei Jahrhunderte hinziehenden Ringens zur entscheidenden Schwächung der habsburgischen Stellung in jenem europäischen Kerngebiet führen sollte. Das noch im Oktober desselben Jahres von Uri und Schwyz mit Zürich und den traditionellen Habsburggegnern in den „oberen Landen", mit Savoyen, St. Gallen und anderen geschlossene Offensiv- und Defensivbündnis richtete sich schon ausgesprochen gegen Albrecht, dessen Bindung in diesen Kämpfen zur Schwächung seiner Position in dem nunmehr anhebenden Ringen um die Nachfolge im Reich führte.

Denn so wie in den Stammlanden bildete auch im Reich der Tod Rudolfs das Signal für den Zusammenschluß aller jener Kräfte, denen das habsburgische Königtum unter Rudolf schon zu stark geworden war. Wie einst gegen den mächtigen Böhmenkönig Ottokar, so wandten sich die Kurfürsten nunmehr gegen den für die politische Stellung der Kurfürsten kaum minder gefährlichen Herrscher über ein weites und mächtiges östliches Territorium, gegen den „Österreicher" Albrecht; und wie sie gegen den Böhmenkönig den vom Oberrhein stammenden Habsburgergrafen aufgestellt hatten, so wählten sie nunmehr den noch viel weniger mächtigen rheinischen Grafen Adolf von Nassau zum König. Adolfs Königtum, das nach einer fast zwangsläufigen politischen Gesetzlichkeit in dem Streben nach Erwerbung einer Hausmacht im Osten (Meißen und Thüringen) und dem sich daraus ergebenden Konflikt mit den Kurfürsten endete, ist als bloßer Zeitverlust und „Störung der von Rudolf erzielten Ansätze" bezeichnet worden, zweifellos mit Recht, wenn man die Ausbildung eines starken deutschen Königtums nach Art des englischen oder französischen, also die Ansätze zu einer Entwicklung, der dann doch keine Erfüllung beschieden war, als Maßstab anlegt. Unter dem Gesichtspunkt der Ausbildung der habsburgischen Herrschaft aber war die Episode des Königtums des Nassauers eine vielleicht nicht unwichtige Atempause, die Albrecht die Möglichkeit zur Konsolidierung seiner Herrschaft im Südwesten wie im Südosten bot — zu einer Konsolidierung, die allerdings immer auch im Hinblick auf die doch unvermeidliche Auseinandersetzung mit Adolf und auf das oberste Ziel, den Wiedererwerb der Königskrone für das Haus Habsburg, durchgeführt wurde. Gerade darin, daß Albrecht die Wahl des Nassauers, die er innerlich wohl nie als gültig anerkannte, hinnahm und dem Erwählten die Reichsinsignien auslieferte, daß er in den folgenden Jahren die habsburgische Position in seinem Herrschaftsbereich festigte und die Auseinandersetzung mit Adolf diplomatisch vorbereitete, erwies er sich als echter Sohn und Erbe des Realpolitikers Rudolf.

Galt Albrecht im Westen als der mächtige Herzog von Österreich und Steier, vor dem man sich in acht nehmen und gegen den man sich durch Bündnisse sichern müsse, so war er für den Adel und die landesfürstlichen Städte in Österreich und Steiermark der „Ausländer", der „Schwabe", der zur Stützung seiner Herrschaft Dienstmannen aus den Stammlanden am Oberrhein nach Osten brachte und sich mit diesen „Ausländern" umgab. Die große Krise einer neuen Herrschaft pflegt ja meist in der zweiten Generation auszubrechen, wenn die Hoffnungen, die die Untertanen auf den Herrschaftswechsel gesetzt haben, sich als trügerisch erweisen, wenn die Vorsicht, mit der sich der erste neue Herr die Zuneigung seiner Untergebenen zu gewinnen sucht, dem Bestreben nach einem stärkeren Anziehen der Herrschaftsrechte weicht, andererseits das neue Herrschergeschlecht aber doch noch nicht völlig als „einheimisch" und „angestammt" empfunden wird. Um die Unterstützung der Österreicher und Steirer gegen Ottokar zu gewinnen, hatte Rudolf ihnen weitgehende Zugeständnisse gemacht; Albrechts Aufgabe war es nun, diese Zugeständnisse, wo immer es ging, rückgängig zu machen und die Herrschaftsrechte des Herzogs wieder stärker zur Geltung zu bringen.

In den Konflikten, die sich aus dieser Situation in Österreich wie in Steiermark in den ersten anderthalb Jahrzehnten der habsburgischen Herrschaft ergaben, hat Albrecht einen überzeugenden Beweis für seine hohen militärischen und politischen Fähigkeiten erbracht. In der Niederwerfung des Aufstands Wiens (1287), des steirischen Aufstands (1291) und der österreichischen Adelserhebung (1295/96) sowie in der Fehde mit dem Erzbischof von Salzburg (1288/89) besiegte Albrecht die Gegner durch seine größere Schnelligkeit und Wendigkeit, so vor allem in den beiden Überraschungserfolgen, die er durch die unerwarteten Winterübergänge über den Pyrnpaß und den Semmering errang. Das rasche, energische Durchgreifen aber wurde gegenüber den besiegten Aufständischen jeweils ergänzt durch kluge Mäßigung und großzügiges Entgegenkommen, durch die es Albrecht glückte, einmal niedergeworfene Gegner von der Beteiligung an einer späteren Erhebung abzuhalten. Wie klar er die Notwendigkeit erkannte, sein Haus in Österreich „einheimisch" zu machen, zeigt allein die Tatsache, daß er bei der Namensgebung für seine Söhne neben den althabsburgischen Namen Rudolf, Albrecht und Otto auch auf die traditionellen babenbergischen Namen Friedrich, Leopold und Heinrich zurückgriff.

Von der sicheren Grundlage der befestigten Herrschaft in Österreich und Steiermark aus und mit der Rückendeckung durch ein Bündnis mit dem Ungarnkönig Andreas III., dem Albrecht eine seiner Töchter zur Frau gab, hat der Habsburger dann erneut den Kampf gegen Adolf vorgetragen, die Verschlechterung der Beziehungen zwischen dem Nassauer und den Kurfürsten ebenso geschickt ausnützend wie den großen englisch-französischen Gegensatz. Die Absetzung Adolfs durch die Kurfürsten, die Ritterschlacht bei Göllheim, in der Adolf Herrschaft und Leben einbüßte, und schließlich die Königswahl Albrechts waren der Lohn für diese klug und energisch verfolgte Politik.

Die gleiche Tatkraft hat Albrecht dann als König gezeigt, vor allem in der Brechung der Macht der rheinischen Kurfürsten, einer unerläßlichen Voraussetzung für die Errichtung einer starken deutschen Königsmacht. Auch dabei war für ihn das Bündnis mit dem französichen König Philipp IV., das durch die Ehe zwischen Albrechts Sohn Rudolf und der französischen Königstochter Blanca bekräftigt worden war, eine unerläßliche Rückendeckung. Für eben jenen Sohn Rudolf aber gewann Albrecht nach dem Ende der Přemysliden in Böhmen die Nachfolge. Wenngleich der frühe Tod Rudolfs die Hoffnung auf eine dauernde Erwerbung Böhmens wieder zunichte machte, wäre Albrecht wohl der Mann gewesen, allen Widerständen zum Trotz Böhmen an sein Haus zu bringen und auch die Erwerbung von Meißen und Thüringen durchzuführen, die er, hier der Politik des Nassauers folgend, anstrebte. Erinnern wir noch daran, daß Albrecht sich einige Jahre vorher, allerdings vergeblich, um die Erwerbung des erledigten Reichslehens Holland für sein Haus bemüht hatte, so wird das große Konzept dieses Habsburgers deutlich: Umfassung des Reichskörpers durch eine starke habsburgische Hausmacht, wie bereits im Südwesten und Südosten, so auch im Nordwesten und Nordosten, politische Entmachtung der Kurfürsten und damit Schaffung eines starken erblichen deutschen Königtums der Habsburger. Albrechts Stellungnahme in dem gleichzeitigen großen Kampf zwischen dem französischen König und Papst Bonifaz VIII., das Umschwenken von der französischen auf die päpstliche Seite, war bestimmt durch diese Pläne, zu vollenden, was Rudolf schon angestrebt, aber nicht erreicht hatte. Da sich Albrecht ebendamals im gleichen Lebensalter befand, in dem sein Vater erst den Eintritt in die europäische Politik vollzogen hatte, muß sich wohl jedem Betrachter jener Zeit der Gedanke aufdrängen, daß Albrecht, wäre er am Leben geblieben, wahrscheinlich durch die Begründung einer starken Königsgewalt der deutschen wie der europäischen Geschichte eine andere Wendung hätte geben können. Wie kaum bei einem anderen Datum der deutschen Geschichte liegt hier die Versuchung nahe, die letzten Endes doch nutzlose Frage zu stellen: „Was wäre geschehen, wenn . . .?"

Mit Recht hat man daher den 1. Mai 1308, den Tag, an dem nach der Überfahrt über die Reuß auf der Hochebene bei Windisch im Angesicht der Habsburg König Albrecht unter den Dolchen der Verschwörer — seines eigenen Neffen Johann und dreier freier Herren aus dem Gebiet der „oberen Lande" — sein Leben endete, einen „dies ater", einen schwarzen Tag, der deutschen Geschichte genannt (Hans Hirsch). In der Mordtat des eben erst großjährig gewordenen Johann, der sich durch Albrecht um sein Erbteil verkürzt betrachtete, fand die Spannung zwischen dem habsburgischen Hausrecht und der politischen Notwendigkeit einer Zusammenfassung der gesamten Macht in einer starken Hand ihren katastrophalen Ausdruck. Bestärkt wurde Johann in seinem unglücklichen Entschluß zweifellos durch die starken Widerstände, die sich von allen Seiten gegen Albrechts energische Politik erhoben — besonders eben auch in den althabsburgischen Stammlanden, aus deren Gebiet Johanns Mitverschworene stammten.

Für das habsburgische Geschlecht aber war die Mordtat von Windisch ein Wendepunkt, der erste große Rückschlag in einer

Reihe von Ereignissen, durch die unter die Epoche des ersten habsburgischen Königtums ein Schlußstrich gezogen, zugleich der Prozeß des Niedergangs der südwestdeutschen Machtstellung der Habsburger eingeleitet, durch beide Entwicklungen allerdings indirekt die habsburgische Territorialbildung im Südosten gefördert wurde, auf die das Geschlecht nunmehr zwangsläufig seine Kräfte konzentrieren mußte.

Im Reich wählten die Kurfürsten, durch Albrechts Ermordung plötzlich von einer für ihre Machtstellung tödlichen Gefahr befreit, begreiflicherweise keinen Habsburger, sondern wieder einen mindermächtigen Grafen aus dem Westen, Heinrich von Luxemburg, dem nun der Erwerb Böhmens für sein Haus gelang, so daß die habsburgische Politik im Osten durch mehr als ein Jahrhundert durch die freund-feindlichen Beziehungen zu den Luxemburgern in Böhmen mitbestimmt wurde. Im Westen hat Heinrich wie schon vor ihm Adolf von Nassau die antihabsburgischen Tendenzen, vor allem der nun rasch erstarkenden Eidgenossenschaft, gefördert. Die furchtbare Rache, die Albrechts Kinder an den Sippen der Königsmörder nahmen, hat dabei zweifellos auch zur Verstärkung der antihabsburgischen Gefühle in jenen Gebieten beigetragen, zumal die Habsburger die Tat als gemeinen Mord verfolgten, während er nach der in den „oberen Landen" herrschenden Rechtsauffassung als Totschlag galt. Sieben Jahre nach der Mordtat von Windisch sind die „oberen Lande" der Schauplatz eines neuerlichen schweren Schlags für die Stellung der Habsburger in ihren Stammlanden geworden; der ersten Niederlage eines habsburgischen Ritterheeres gegenüber den Eidgenossen in der Schlacht von Morgarten (1315).

Die Niederlage von Morgarten aber hing wieder eng zusammen mit dem neuerlichen Versuch der Habsburger, nun auch in der dritten Generation, nach Rudolf und Albrecht, für Albrechts Sohn Friedrich den Schönen die Königskrone zu erringen, da der frühe Tod König Heinrichs VII. in Italien dazu die Möglichkeiten zu eröffnen schien. Doch diesmal scheiterte das Unterfangen. Zwar konnte die luxemburgische Partei nicht hoffen, die Wahl von Heinrichs achtzehnjährigem Sohn Johann — der zudem als König von Böhmen für die Macht der Kurfürsten gefährlich werden konnte — durchzusetzen. Sie erhob daher zu ihrem Kandidaten den Wittelsbacher Ludwig von Bayern, der bereits einmal mit seinem österreichischen Vetter Friedrich (sie waren beide Enkel Rudolfs von Habsburg, da Ludwigs Mutter Mechthild eine der sechs Töchter des Grafen von Habsburg gewesen war) die Waffen gekreuzt hatte. Die Wittelsbacher, deren Land im Westen wie im Osten von habsburgischem Herrschaftsgebiet umfangen wurde, waren ja natürliche Rivalen der Habsburger.

Nach der Doppelwahl von 1314 zog sich der Kampf zwischen Ludwig und Friedrich durch acht Jahre hin. Erst am 28. September 1322 kam es bei Mühldorf am Inn in Bayern zur Entscheidungsschlacht, in der Ludwig den Habsburger besiegte und gefangennahm. Nach dreijähriger Gefangenschaft auf Burg Trausnitz in der Oberpfalz war Friedrich, dessen Brüder Leopold und Albrecht den Kampf gegen den Wittelsbacher fortführten, zu einem Vertrag bereit, in dem er auf die Königswürde verzichtete und die Wahl Ludwigs anerkannte, dafür von diesem seine Reichslehen bestätigt erhielt. Es war für Friedrich nicht leicht, seine Brüder, vor allem den kriegerischen Leopold, zur Anerkennung dieses Verzichts des Hauses Habsburg auf die Königskrone zu bewegen, und König Ludwig fand sich sogar vorübergehend in einem Vertrag bereit, dem Habsburger ein formelles Mitregierungsrecht im Reiche und die Führung des Königstitels zuzubilligen. Erst nachdem Leopold im Alter von kaum dreißig Jahren gestorben war und ein Zwist unter den überlebenden Brüdern die habsburgische Position weiter geschwächt hatte, kam es zur völligen Aussöhnung zwischen den Habsburgern und König Ludwig im gleichen Jahr 1330, in dem Friedrich auf seiner niederösterreichischen Burg Gutenstein gestorben und in der von ihm gestifteten Kartause Mauerbach im Wienerwald beigesetzt worden war.

Die Bedeutungsschwere des Verzichts der Habsburger auf die Herrschaft im Reich ist der Mit- und Nachwelt wohl bewußt gewesen, und so ist er in der Überlieferung aufgewogen worden durch die Hervorhebung der ritterlichen Treue Friedrichs, der zu seinem in der Gefangenschaft gegebenen Wort gegenüber Ludwig gestanden und, da er nicht die Zustimmung seiner Brüder dazu erreichen konnte, allen Beschwörungen zum Trotz wieder freiweillig in die Gefangenschaft zurückgekehrt sei; worauf Ludwig, gerührt von solcher Treue, ihm die Mitregierung überlassen, ihn wie einen Bruder gehalten und sogar Tisch und Bett mit ihm geteilt habe. Es war eine Darstellung, die an dem äußeren Gang der Ereignisse wohl ihre Stütze fand, allerdings die schwierige Situation König Ludwigs, die ihm die Aussöhnung mit seinem Gefangenen nahelegte, begreiflicherweise nicht in Rechnung stellte. Für die habsburgische Tradition aber hatte schließlich die Erzählung von dem Herrscher, der in Treue zu seinem beschworenen Wort — obwohl ihn selbst der Papst von dem in der Gefangenschaft geleisteten Versprechen entbindet — wieder in die Gefangenschaft seines Gegners zurückkehrt, einen letzten Endes auch politischen Wert, da das Verhältnis zwischen dem Herrscher und seinen Untertanen, zwischen Lehensherrn und Lehensträger eben auf den Prinzipien der gegenseitigen Treue und des gegenseitigen Vertrauens beruht.

Die drei Daten der Ermordung Albrechts, der Niederlage von Morgarten und jener von Mühldorf — 1308, 1315, 1322 — markieren die Vollendung jener Gewichtsverlagerung vom Westen nach dem Osten, die sich schon unter Rudolf I. abgezeichnet hatte. Der allmähliche Verlust der Stellung im Westen wie der vorläufige Verzicht auf das Streben nach der deutschen Königskrone — zwei durch die antihabsburgischen Kräfte erzwungene Entwicklungslinien der habsburgischen Geschichte, zwischen denen eine vielfältige Wechselbeziehung bestand — wiesen das Geschlecht nun erst recht auf den Ausbau und die Abrundung seiner Stellung im Südosten. Mit jener Generation der Söhne Albrechts I., in der, wie erwähnt, zum erstenmal „österreichische", nämlich babenbergische Namen auftauchen, vollzieht sich die Verwurzelung der Habsburger in Österreich. Gewiß werden die Stellungen im Südwesten nicht etwa aufgegeben oder gar kampflos geräumt, wie ja die Habsburger auch nicht etwa grundsätzlich und auf ewig das Streben nach der Herrschaft im Reich aufgegeben haben. Die Stellungen, von denen aus man bei günstiger Konstellation wieder zur Offensive zur Erreichung der höchsten Ziele antreten kann, werden gehalten, die Reichstitel und Ansprüche, die sich aus der Epoche Rudolfs und Albrechts ergeben, werden nicht fallengelassen und nicht vergessen. Die Habsburger bleiben weiterhin ein, wenn man so sagen darf, potentielles Königsgeschlecht. Aber das Schwergewicht des politischen Wirkens und Strebens hat sich nun doch nach Österreich und Steiermark, in die Herzogtümer im Südosten, verlagert. Deutlich tritt dies in den habsburgischen Familienurkunden zutage. Während früher, etwa bei Stiftungen von Seelenmessen in den Testamenten, ja überhaupt bei frommen Stiftungen, Kirchen und Klöster aus den Stammlanden und im Westen des Reichs in erster Linie bedacht wurden, finden wir nach jener Wende immer häufiger die Namen von Kirchen und Klöstern aus Österreich und Steiermark. Jetzt erst werden die Habsburger zu Stiftern, Gründern und Förderern der österrreichischen Kirchen und Ordensniederlassungen im großen Maßstab, jetzt erst tritt die Erinnerung an die „schwäbische" Herkunft des Geschlechts in den Ostalpenländern zurück, jetzt erst werden die Herzöge von Österreich im eigenen wie im Bewußtsein ihrer Untertanen zu „Österreichern"; jetzt erst waren die Voraussetzungen dafür geschaffen, daß in der Folgezeit die Begriffe „Haus Habsburg" und „Haus Österreich", der Name der Dynastie und jener des Landes, miteinander verschmolzen — so sehr, daß „Haus Österreich" zeitweise nicht nur als Bezeichnung für die Dynastie, sondern auch für die „Herrschaft", die Gesamtheit des habsburgischen Herrschaftskomplexes, verwendet wurde.

Dennoch blieb das Geschlecht auch weiterhin im Westen verankert, und hier begegnet uns zunächst als Verfechterin und Wahrerin habsburgischer Herrschertradtion eine bemerkenswerte Frau: Albrechts I. energische Tochter Agnes, verwitwete Königin von Ungarn, die mit erbarmungsloser Strenge die Königsmörder und deren Sippen verfolgte, am Ort der Bluttat von Windisch zur Sühne und Erinnerung das Kloster Königsfelden errichtete und dort den Rest ihres Lebens verbrachte als eigentliches Familienoberhaupt im Westen und Ratgeberin auch noch für die folgende Generation, so vor allem für ihren Neffen Rudolf IV. „den Stifter", bei dessen hochfliegenden Plänen gewiß auch ihr Einfluß mit wirksam war.

6.

Das „Erzhaus" und sein Mythos

Herzog Albrecht II. „der Weise", auch „der Lahme" genannt (nach einer im Jahre seines Regierungsantritts, 1330, aus nicht ganz aufgeklärter Ursache, vermutlich durch eine Vergiftung erlittenen Lähmung), zog die Konsequenzen aus Niederlage und Verzicht seines Bruders. Er war um zehn Jahre jünger als Friedrich der Schöne und zunächst, als der viertälteste der Söhne König Albrechts, für den geistlichen Stand ausersehen gewesen, vielleicht auch infolge seiner Erziehung und seiner dabei erworbenen Bildung, gewiß aber dann wegen seines Körperleidens nicht kriegerisch gesinnt. Zudem hatten die Kämpfe um die Königskrone wie die Fehde, die zuletzt noch aus der Auflehnung des jüngsten der habsburgischen Brüder, Herzog Ottos „des Fröhlichen", gegen Friedrich und Albrecht erwachsen war und in die sowohl der ungarische wie der böhmische König eingegriffen hatten, dem Lande schweren Schaden zugefügt und die aus seiner geographischen Lage herrührende Gefährdung Österreichs erneut deutlich werden lassen.

So ist Albrecht II. der erste habsburgische „Friedensfürst" geworden, geliebt von seinen Untertanen — wie zahlreiche Anekdoten erzählen — und bewundert als eine rühmliche Ausnahme unter den kriegerischen Herrschern jener fehdereichen Zeit. Durch den klugen Schachzug eines Bündnisses mit dem Luxemburger König Johann von Böhmen hatte er gleich zu Beginn seiner Regierung den deutschen König Ludwig zum Abschluß eines dauerhaften Friedens mit den österreichischen Herzögen im Vertrag von Hagenau (6. August 1330) veranlaßt, und Albrechts kluge, zurückhaltende Politik, die doch der Festigkeit nicht entbehrte und sich zunächst für den Notfall auf die stete Kriegsbereitschaft seines Bruders Otto stützen konnte, führte auch wenige Jahre später zum Erwerb von Kärnten und Krain (1335), so daß die habsburgische Herrschaft sich nunmehr von der böhmischen und mährischen Grenze bis an die Adria erstreckte. Zugleich wurde die Erwerbung Tirols vorbereitet, die dann unter Albrechts Sohn Rudolf durchgeführt werden konnte. In den offen ausbrechenden Gegensätzen zwischen Luxemburgern und Wittelsbachern bewahrte Albrecht, nach dem Tod seines Bruders Otto (1339) dem Krieg noch abgeneigter, mit viel Geschick eine vermittelnde Stellung, die es ihm ermöglichte, sich und sein Land aus den Kämpfen herauszuhalten, sich zugleich jedoch die Vorteile der Verbindung mit jeder der beiden Seiten zu sichern. Dafür wandte er den größten Teil seiner beachtlichen politischen Energien auf die Stärkung der landesfürstlichen Stellung im Innern, auf eine zielbewußte Wirtschaftspolitik zur Stärkung der landesfürstlichen Finanzen, auf die Vergrößerung des Kammerguts und die Förderung der landesfürstlichen Städte durch Zunftordnungen und die Erteilung oder Erweiterung von Stadtprivilegien. Es werden hier die Ansätze zu einer planmäßigen Wirtschafts- und Sozialpolitik im Rahmen der durch die mittelalterliche Rechts- und Sozialordnung gegebenen Möglichkeiten sichtbar, die dann von Albrechts Sohn, Rudolf IV., in solchem Ausmaß weiterentwickelt wurden, daß ein moderner Soziologe und Politiker (Ernst Karl Winter) in Rudolf IV. den Vertreter eines „österreichischen Frühsozialismus" und das Idealbild eines „sozialen Herrschers" erblicken konnte. Wenn sich aber die Wirtschafts- und Finanzpolitik des 18. Jahrhunderts in der großen Reformepoche Maria Theresias auf Albrecht II. und seine Reglementierung des Güterverkehrs berief, erkennt man hier tatsächlich eine Entwicklungslinie der landesfürstlichen Wirtschafts- und Sozialpolitik, die, jeweils angepaßt an die Zeitverhältnisse, doch fast als eine Konstante in der habsburgischen Geschichte bezeichnet werden kann.

Ist Albrecht II. so der legitime Fortsetzer der realistischen Politik des Möglichen seines Großvaters Rudolf gewesen, so wäre es doch eine unzulässige Vergröberung, wollte man in ihm lediglich den um den Ausbau der östlichen Machtposition seines Hauses bemühten Fürsten sehen, der die habsburgischen Stammlande vernachlässigt habe. Davon kann keine Rede sein, zumal da Albrecht durch seine Ehe mit Johanna, der Erbtochter der Grafen von Pfirt, eine neue, an die habsburgischen Besitzungen im Oberelsaß anschließende Grafschaft erwarb und auch, bevor er die Herrschaft in Österreich antrat, als Nachfolger seines Bruders Leopold die Verwaltung der Stammlande am Oberrhein geführt hatte. Ja das gute Verhältnis zu dem luxemburgischen Kaiser Karl IV., das durch das Verlöbnis und die Kinderehe zwischen Albrechts Sohn Rudolf und Karls Tochter Katharina bekräftigt wurde, hat Albrecht auch deshalb angestrebt, weil er nur so hoffen konnte, die Begünstigung der Eidgenossen durch nichthabsburgische und deshalb meist antihabsburgische Träger der Königskrone (Adolf von Nassau, Heinrich VII., Ludwig der Bayer) endlich abzustellen. Trotz der körperlichen

Beschwerden, welche die Heerfahrt mit sich brachte, ist der lahme Herzog zweimal mit bewaffneter Macht, von dem Knaben Rudolf begleitet, in den „oberen Landen" erschienen, ohne daß es jedoch zu größeren Kampfhandlungen gekommen wäre. Ein Schiedsspruch Karls IV. vom 13. Juli 1355 sicherte den habsburgischen Besitzstand im Gebiet der heutigen Schweiz zunächst vor weiteren Einbußen.

Am 25. November des gleichen Jahres hat Albrecht dann zu Wien jene Hausordnung erlassen, durch die, gemäß dem traditionellen habsburgischen Hausrecht, bestimmt wurde, daß seine vier Söhne Rudolf, Friedrich, Albrecht und Leopold „in brüderlicher Liebe vereint stets miteinander bleiben" sollten und daß „der Älteste von ihnen wie der Jüngste sei und der Jüngste gleich dem Ältesten, daß sie miteinander herzlich, tugendlich und brüderlich leben in allen Dingen und in keiner Sache Entzweiung, Streit und Unfreundschaft haben sollen und daß einer den andern gleich an Ehren und Würden achte". Die Landherren wurden als Bürgen dieser Hausordnung eingesetzt und mußten schwören, daß sie nie einen der Brüder gegen den anderen unterstützen würden. Die Erinnerung an das schreckliche Ende seines Vaters hat Albrecht bei dieser Maßnahme wohl ebenso geleitet wie jene andere, noch frische an die Auseinandersetzung, die er selbst zu Lebzeiten seines Bruders Friedrich an dessen Seite gegen die Ansprüche des jüngsten Bruders Otto hatte durchfechten müssen. Die schädlichen Wirkungen der Erbteilungen bei anderen Fürstenhäusern sind dem klugen Fürsten gewiß nicht entgangen; der Gedanke an das ausschließliche Erbrecht des Erstgeborenen, das allein eine wirksame Sicherung gegen die Gefahr einer Teilung bilden konnte, lag jedoch dem Denken der Zeit und der habsburgischen Familientradition noch fern.

Erst bei Albrechts ältestem Sohn, bei Rudolf IV. „dem Stifter" (auch die Zählung, die König Rudolfs frühverstorbenen jüngeren Sohn als den zweiten, König Albrechts ältesten, als König von Böhmen ebenfalls früh verstorbenen Sohn als dritten dieses Namens rechnet, da beide mit dem Herzogtum Österreich belehnt worden waren, obwohl sie dort nie zur Regierung kamen, ist Ausdruck des habsburgischen Hausrechts und des Prinzips der Belehnung zur gesamten Hand), finden wir Ansätze, die auf das Prinzip der Primogenitur hinweisen. Dieser Rudolf ist ja überhaupt die faszinierendste und in der langen Reihe der bedeutenden frühen Habsburger vielleicht genialste Gestalt gewesen. In den sieben Jahren seiner Herrschaft — er kam 1358, im Alter von 19 Jahren, zur Regierung und starb bereits 1365, noch nicht 26 Jahre alt — hat er auf den verschiedensten Gebieten Bedeutendes geleistet, mehr aber noch Pläne und Gedanken entwickelt, die erst spätere Zeiten aufgriffen und verwirklicht haben. Ein Frühvollendeter, seiner Zeit in vielfacher Hinsicht weit Vorauseilender, ist er der eigentliche Begründer des „Mythos" seines Hauses geworden.

Gleich am Beginn von Rudolfs Herrschertätigkeit standen drei Maßnahmen, die, so weit entfernt sie voneinander zu liegen scheinen, in Wahrheit Ausdruck desselben hochfliegenden Planes gewesen sind: die großen Fälschungen der österreichischen Freiheitsbriefe im Winter 1358/59, die Ungeld-Ordnung vom 21. März 1359, d. h. die Einführung einer neuen Getränke-steuer im Kammergut, in den landesfürstlichen Städten und Prälatengütern als Ablöse für den Verzicht auf die bisher übliche jährliche Münzerneuerung (Münzverschlechterung) durch den Landesfürsten, und schließlich der Umbau der Stephanskirche, zu dem Rudolf selbst am 11. März 1359 den ersten Spatenstich tat und dessentwegen er den Beinamen des „fundator", des „Stifters", erhielt.

Mit den gefälschten Privilegien und der Beanspruchung der Titel eines „Pfalzerzherzogs", eines „Herzogs von Schwaben" und eines „Erzjägermeisters", mit dem Anspruch auf das Recht zum Tragen einer königlichen Bügelkrone und anderer Herrschafts-symbole erstrebte Rudolf, da er die Übergehung seines Ge-schlechts bei der Fixierung des Kurfürstenkollegs durch die Goldene Bulle Kaiser Karls IV. nicht hinnehmen wollte, für sich und sein Haus eine noch über die Privilegien der Kur-fürsten hinausreichende Sonderstellung. Zugleich aber sollte der Herrscher in Österreich vor jedem Eingreifen der Reichsgewalt gesichert, seine Verfügungsgewalt über das Kammergut, aber auch seine Herrschaft gegenüber dem landständischen Adel in jeder Weise gestärkt, dem Herrscher und seinem Land als „Herz und Schild des Reiches" eine Ausnahmestellung zuerkannt werden. Die Reform des Steuerwesens, die Rentenablösung mit dem Ziel der Beseitigung jedes nicht-landesfürstlichen Einflusses in den Städten, die Neuordnung des Zunftwesens, auf der anderen Seite aber auch die Gründung einer Universität in Wien nach dem Vorbild der Prager Gründung seines kaiserlichen Schwieger-vaters und politischen Gegenspielers, Karls IV., den Rudolf in jeder Hinsicht einzuholen und zu überholen trachtete, der Neubau der Stephanskirche und die Bestrebungen um die Errichtung eines Wiener Bistums: alles das sind Teile eines umfassenden Planes, als dessen letztes Ziel, wie Karl IV. und die anderen Zeitgenos-sen klar erkannten, der Wiedererwerb der deutschen Königs-krone für das Haus Habsburg gelten muß.

In diese weitausgreifenden Pläne sind auch die territorialen Erwerbungen und Unternehmungen Rudolfs eingespannt; vor allem die wichtigste, die Erwerbung Tirols (1363), bei der Rudolf mit Tatkraft vollendete, was sein Vater klug vorbereitet hatte, den Gewinn eines wichtigen Verbindungsstücks zwischen den östlichen und den westlichen Besitzungen der Habsburger. Zugleich aber griff Rudolf auch nach Friaul und Trient, nach Feltre und Belluno wie nach Graubünden und trat so ein in jene oberitalienische Staatenwelt der Frührenaissance, deren Fürstengestalten er in vielfacher Hinsicht so ähnlich war. Während eines Aufenthaltes in Mailand bei Barnabò Visconti, den er zu gemeinsamem Vorgehen gegen den Patriarchen von Aquileia gewonnen hatte und dessen Tochter Viridis er mit seinem Bruder Leopold vermählte, ist der geniale junge Habsburger dann auch durch ein „hitziges Fieber" aus allen Plänen und Unternehmungen gerissen worden.

Rudolf IV. hat eine Geheimschrift erfunden und das Zimmer, in dem er geboren worden war, in eine Kapelle umwandeln lassen. Er hat den Kult eines angeblich mit den frühen Habsburgern verwandten heiligen Morandus als eines habsburgischen Familienheiligen gepflegt. In seiner Hausordnung von 1364, die sich nur als eine Ergänzung zu jener seines Vaters gab, tatsächlich aber ein Vorrecht des Ältesten begründen sollte, hat er das Prinzip der Primogenitur deutlich angestrebt. Viele Züge, die uns als typisch für die Fürsten der italienischen Frührenaissance erscheinen, die brennende, hemmungslose Ruhmsucht, das Streben nach äußerster Macht- und Prachtentfaltung und eine weitschweifende, oft sprunghaft wirkende politische Phantasie, die sich den Realitäten gegenüber in einer eigenartigen Spannungslage befindet, erkennen wir bei Rudolf IV. in höchster Steigerung.

Aus der Spannung zwischen Ideal und Wirklichkeit erwächst der Mythos; aus der Spannung zwischen dem tatsächlichen Verzicht der Habsburger auf die Königskrone nach der Schlacht bei Mühldorf und der doch noch lebendigen Erinnerung an die königliche Vergangenheit des Hauses ist der Mythos von der besonderen Sendung und Auserwähltheit des „Erzhauses" erwachsen. Tritt das Wort „Erzhaus" erst später auf, so geht es doch auf den von Rudolf IV. beanspruchten, wenn auch erst später in der Familie durchgesetzten Titel eines „Erzherzogs", eines „Archidux", zurück. Dieser Erzherzogtitel war kein reines Phantasiegebilde, sondern auf das „uralte" Herzogtum Kärnten bezogen, wobei die in altertümlichen Formen erfolgende Herzogserhebung auf dem Zollfeld (die 1335 Otto dem Fröhlichen als erstem Habsburger zuteil geworden war) als Beweis für die von keiner höheren Gewalt abhängige eigenständige Herzogswürde angesehen wurde. Dementsprechend hat dann auch im Zeitalter der Linientrennungen nur jener Zweig, der Kärnten behielt, unter Ernst dem Eisernen, dem Vater Friedrichs III., den Erzherzogtitel wiederaufgenommen. Später allerdings ist das Bewußtsein dieser Beziehung auf Kärnten verlorengegangen, zumal ja mit Maximilian jene leopoldinische Linie, die den Erzherzogtitel führte, allein übrigblieb und das habsburgische Haus fortsetzte. Aber noch im Wappenbuch Maximilians heißt es von Kärnten: „Das ist ein ertzhertzogthumb löblich unnd durch wal und übergab einer erbtochter an die loblichen fürsten von Österreich gewachsen, welich durch haydenisch fürsten und darnach cristenlich und einer gemeiner lanndtschaft altzeit gekoren und durch einen pauern auf einem perg, genannt nach seinem hof der künig zu Zol, altzeit belehent zutzaichen keiner würdigkayt dann irs aigen lanndsfürsten . . .‟

Dadurch, daß Friedrich III. — der trotz seines so grundverschiedenen Wesens viele Ideen und Bestrebungen Rudolfs IV. wiederaufnahm — fast ein Jahrhundert später als Kaiser die gefälschten Freiheitsbriefe bestätigte, sind sie geltendes Reichs- und habsburgisches Hausrecht geworden. Den Glauben an die Sendung und Auserwähltheit seines Hauses hat der kinderlos verstorbene Rudolf den späteren Habsburgern vermacht, zusammen mit der Spannweite seiner politischen Ambitionen, die auf Böhmen und Ungarn ebenso gerichtet waren wie auf Oberitalien und die Lande zu beiden Seiten des Oberrheins, vor allem aber auf die Königskrone. Zwischen Albrecht I., seinem Großvater, und Friedrich III., seinem Großneffen, steht in der Mitte der „kaiserlosen Zeit‟ des Habsburgergeschlechts Rudolf IV. als der Begründer des habsburgischen Mythos und der Vermittler des Glaubens an das Recht der Dynastie auf das königliche Amt.

7.

Das Zeitalter der Linientrennungen

Die nach Oberitalien ausgreifende Politik Rudolfs IV., bei deren
Verfolgung den genialen jungen Herrscher der Tod ereilte, hatte
auf der Voraussetzung beruht, daß Rudolf sich gegenüber seinen
mächtigeren Nachbarn im Norden und Osten, gegenüber Böhmen
und Ungarn, den Rücken gesichert hatte. Die 1364 in Brünn
abgeschlossenen Erbverträge zwischen den drei Herrscherhäusern,
die von einer späteren Entwicklung aus rückblickend oft als
erste geschichtliche Vorankündigung der habsburgischen Donaumonarchie gedeutet wurden, waren vielmehr Ausdruck einer
weitgehenden Unterordnung der Habsburger unter die mächtigeren Luxemburger, deren Aussichten auf eine Beerbung der
Habsburger in diesem geschichtlichen Augenblick günstiger lagen
als jene der Habsburger auf die Nachfolge in Böhmen oder auch
in Ungarn. So kann man die Brünner Erbverträge nur als einen
neuerlichen Beweis für die ja auch schon die Geschichte der
vorangehenden Jahrhunderte beherrschende Tatsache werten, daß
die drei Räume, der Alpen-, der Sudeten- und der Karpaten-
raum, die wie drei Blätter eines Kleeblatts durch das Wiener
Becken verkehrsgeographisch und raumpolitisch verbunden sind,
immer wieder zu Versuchen einer engeren politischen Bindung
einluden.
   Es hatte der ganzen Energie Rudolfs bedurft, den weiten,
nunmehr in der Hand der Habsburger vereinten Herrschaftskomplex der Länder Österreich ober und unter der Enns, Steiermark, Kärnten, Krain und Tirol und dazu noch der habsburgischen Stammlande am Oberrhein und der Besitzungen in
Friaul zu einer machtpolitischen Einheit zu verschmelzen und
die von diesen Ländern in alle Himmelsrichtungen weisenden
Möglichkeiten und Aspirationen in gleicher Weise zu verfolgen.
Als Rudolf 1365 in Mailand starb, waren aber seine beiden
überlebenden Brüder Albrecht und Leopold fünfzehn und vierzehn Jahre alt. So behielten gegenüber den schwachen Ver-
tretern der Dynastie die Sonderungstendenzen der Länder mit
ihrem vom landständischen Adel getragenen politischen Eigenleben schließlich die Oberhand. Da die Initiative von der ver-

schiedene Länder vereinigenden Herrschaft der Dynastie auf die das föderalistische Prinzip verkörpernden Länder überging, wurden, allen Sicherungen durch die Hausordnungen Albrechts II. und Rudolfs IV. zum Trotz, Erbteilungen unvermeidlich. Dazu kamen persönliche Gegensätze, wie sie in den tiefen charakterlichen Unterschieden zwischen dem stillen, fast scheuen Albrecht III. und seinem kriegerischen, pracht- und machtliebenden Bruder Leopold III. begründet lagen. Könnte man doch die beiden geradezu als Musterbeispiele für den Gegensatz zwischen dem ,,introvertierten" und dem ,,extravertierten" Menschentyp ansehen. Nach mehreren Versuchen, die in den Hausordnungen verfügte Gemeinsamkeit der Herrschaft doch noch zumindest formell, etwa bei Teilung der Einkünfte, aufrechtzuerhalten, kam es 1379 zur definitiven Teilung — der ersten seit der Linientrennung von 1239. Albrecht, der Ältere, erhielt Ober- und Niederösterreich, die Länder, die im Schatten des ostmitteleuropäischen Machtkomplexes der luxemburgischen Dynastie lagen, Leopold die übrigen Besitzungen, von denen aus eine ausgreifende Politik im Sinne der letzten Unternehmungen Rudolfs IV. vorgetragen werden konnte: Steiermark, Kärnten, Krain und Tirol, die Basis für einen weiteren Vorstoß nach Oberitalien, dazu auch die habsburgischen Stammlande am Oberrhein, die ihrerseits wieder, wie die bisherige Geschichte des habsburgischen Machtverlusts in den Stammlanden erwiesen hatte, dringend des Rückhalts an einem größeren Herrschaftskomplex bedurften, wofür seiner Lage nach nur Tirol in Frage kam. In diesen Gebieten sind den Habsburgern in der Generation vor und nach der Linientrennung noch einige bedeutsame Erwerbungen, meist auf friedlichem Weg, gelungen. Die Stadt Freiburg im Breisgau, die sich in ihrem Bestreben, die Herrschaft der schwerverschuldeten Grafen von Freiburg loszuwerden, schon früher mit den Habsburgern verbündet hatte, kaufte sich 1368 gegen eine sehr hohe Summe los und begab sich unter die habsburgische Herrschaft. Im Süden aber stellte sich das von Venedig bedrängte Triest 1382 endgültig unter den Schutz der Habsburger. Dazu kamen schon früher durch Erbfall nach einer Linie der Grafen von Görz Erwerbungen im Gebiet der Windischen Mark und Istriens sowie durch Kauf die Grafschaft Feldkirch im heutigen Vorarlberg.

Die Erwerbspolitik Leopolds III., die sich so ganz in den von Rudolf IV. vorgezeichneten Bahnen bewegt hatte, wurde dann aber jäh unterbrochen durch eine neuerliche Katastrophe in den Stammlanden, durch die Schlacht von Sempach 1386, in der Leopolds Ritterheer von den Eidgenossen vernichtet, Herzog Leopold selbst erschlagen wurde. In Königsfelden, dem Kloster, das an der Stelle der Mordtat von 1308 errichtet worden war, wurde Leopold beigesetzt. Wieder hatte das Leben eines tatkräftigen Habsburgers in den Stammlanden ein gewaltsames Ende gefunden, und wie der Tod des Großvaters Albrecht 1308 den Niedergang der habsburgischen Herrschaft in dem Gebiet der heutigen Schweiz eingeleitet hatte, so bedeutete nun der Tod des Enkels nicht nur einen weiteren Meilenstein auf diesem Weg, sondern auch das Schwinden der letzten Möglichkeit, diesen Prozeß aufzuhalten oder gar rückgängig zu machen. In der nächsten Generation unter Leopolds jüngstem Sohn Friedrich IV. von Tirol, dem ,,Friedel mit der leeren Tasche" der Volksüberlieferung und Begründer einer neuen leopoldinischen Seitenlinie, hat sich dann der Niedergang der stammländischen Besitzungen der Habsburger vollendet. Da Friedrich Papst Johann XXIII. zur Flucht aus der Konzilsstadt Konstanz verholfen hatte, verfiel er 1415 der Reichsacht und wurde seiner Besitzungen verlustig erklärt. Der Aargau, das Stammgebiet der Habsburger, wurde daraufhin von den Eidgenossen besetzt, im Breisgau ging die 1398 den Habsburgern verpfändete Grafschaft Badenweiler wieder verloren, und zwischen den Habsburggegnern im Breisgau und in der Schweiz entstand eine feste Verbindung, die einer neuerlichen Aufnahme der habsburgischen Erwerbspolitik in diesem Gebiet eine unüberwindliche Schranke setzte. Vergeblich hat Friedrich dann, als er nach Jahren der Gefangenschaft, Verbannung und Flucht wenigstens in Tirol seine Herrschaft wieder gefestigt hatte, 1430 das alte deutsche Reichslehen Brabant zu erwerben versucht, was uns wie eine Vorankündigung der späteren Erwerbung Burgunds durch die Habsburger anmuten mag. Die alten Stammlande am Oberrhein aber blieben seit 1415 ein ,,politisches Trümmerfeld" (Theodor Mayer), sie wurden kein selbständiges Territorium, sondern wurden als ,,Vorlande" von Innsbruck aus verwaltet, Teile davon zeitweise sogar dem Herzog von Burgund verpfändet.

Die tatsächliche Teilung in drei Linien, in die albertinische in Ober- und Niederösterreich und in die beiden leopoldinischen, bestimmte die habsburgische Geschichte im 15. Jahrhundert. Hatten doch 1411, nach dem Tod Wilhelms und Leopolds IV., der beiden älteren Söhne Leopolds III., die beiden überlebenden jüngeren Söhne, Ernst ,,der Eiserne" (der als erster wieder den von Rudolf IV. geschaffenen Titel eines ,,Erzherzogs" annahm und als erster Habsburger 1418 bei Radkersburg den Türken ein Gefecht lieferte) und jener Friedrich IV. ihre Länder neuerlich geteilt, wobei Ernst Steiermark, Kärnten und Krain, Friedrich Tirol und die Vorlande erhielt. Dem Auseinanderfallen in diese drei Ländergruppen lagen auch raumpolitische

Gegebenheiten zugrunde, da jede der Ländergruppen ihr Antlitz in Abwehr und Angriff in eine andere Richtung wandte. Die Länder der Albertiner, Ober- und Niederösterreich, blickten nach Böhmen und Ungarn, deren Machtverhältnisse das Schicksal der österreichischen Nachbarländer entscheidend mitbestimmten — wie gerade damals etwa die auch über Österreichs nördliche Grenzen herübergreifenden Hussitenkriege zeigten. Für den innerösterreichischen Herrschaftskomplex, die Länder der älteren leopoldinischen Linie, wurden hingegen die südöstlich angrenzenden Landschaften, das südliche Ungarn und die nördlichen Teile des heutigen Jugoslawien, das von der türkischen Invasion bedrohte Gebiet, immer mehr zum Schicksalsland. Waren die Expansionsbestrebungen der Leopoldiner in den letzten Jahrzehnten des 14. Jahrhunderts vorwiegend auf Oberitalien, Friaul und die Ebenen Veneziens gerichtet gewesen, so überschattete im 15. Jahrhundert die türkische Drohung aus dem Südosten alle anderen politischen Erwägungen, was schließlich wieder eine engere Verbindung zwischen dieser leopoldinischen und der albertinischen Linie nahelegte. Die jüngere leopoldinische Linie in Tirol aber blieb vor allem Trägerin der habsburgischen Westpolitik, wie dies ja eben das vergebliche Bemühen Friedrichs von Tirol um Brabant zeigt, daneben aber auch die Erbin der nach Süden, nach Italien, gerichteten Politik, die allerdings wegen der leopoldinischen Linientrennung von 1411 und der Bindung der älteren leopoldinischen Linie durch die südöstlichen Probleme und die Türkengefahr nun im 15. Jahrhundert nicht mehr so offensiv und erfolgreich geführt werden konnte wie noch im 14. Jahrhundert. Wenn in den wirren Zeiten der Linientrennungen und der höchst wechselvollen Beziehungen zwischen den Angehörigen der einzelnen Linien das Bewußtsein der Zusammengehörigkeit des habsburgischen Gesamthauses doch nicht ganz verlorenging, so lag dies nicht zuletzt an den vormundschaftlichen Regierungen, die immer wieder von Angehörigen der einen für unmündige Herrscher der anderen Linie übernommen wurden, sosehr andererseits der Kampf um die vormundschaftlichen Regierungen die jeweils auch von den Ständen der betreffenden Länder beansprucht wurden, vielfach wieder die Kräfte des Landesfürstentums schwächte.

Der Tiefpunkt der landesfürstlichen Ohnmacht gegenüber den Ständen und der Höhepunkt der inneren Anarchie wurde dann unter dem Sohn Ernsts des Eisernen und der Cymburgis von Masowien, unter jenem Friedrich erreicht, der nach der Zählung der österreichischen Herrscher der Fünfte, als deutscher Kaiser dann der Dritte oder, wenn man das umstrittene deutsche Königtum Friedrichs des Schönen anerkennt und mitzählt, der

Vierte gewesen ist. Dieser Friedrich III. gehört wohl zu den problematischsten und eigentümlichsten, wenngleich gewiß nicht zu den anziehendsten Gestalten der habsburgischen Geschichte. Kaum ein anderer Habsburger ist von der Geschichtsschreibung so schlecht behandelt worden, weitgehend zweifellos aus gutem Grund, wenngleich das ritterliche Urteil des Schweizers Jacob Burckhardt auch eine unbestreitbare Wahrheit enthält („Viel Gift über Friedrich III. ist bloß moderner Nationalliberalismus. Nach vierhundert Jahren tritt man auf einem zu seiner Zeit hilflos gewesenen Manne herum und kichert zu allem, was dem Hause Österreich in den fernsten Zeiten zu Leid und Schmach geschehen ist", Historische Fragmente, S. 77).

Vielleicht bietet einen Schlüssel zum Verständnis der eigentümlichen Persönlichkeit Friedrichs, seines Versagens und seiner Versäumnisse als österreichischer Landesfürst wie als deutscher Kaiser jene Eintragung in seinem Notizbuch, in der er im Hinblick auf die drei großen habsburgischen Niederlagen im 14. Jahrhundert: auf Morgarten, Mühldorf und Sempach, schreibt: „Das wainir von Österreich ist nit sigleich, und mein vordern habent 3 streit darunder niedergelegen" (das Panier von Österreich ist nicht siegreich, und meine Vorfahren haben darunter drei Niederlagen erlitten). Wenn rückblickend vom alten Kaiser Franz Joseph gesagt wurde, er habe Kriege nicht geliebt, denn er wußte, daß man sie verliert, so entspricht dies wohl etwa derselben Haltung, die in jener Bemerkung Friedrichs zum Ausdruck kommt und die trotz aller großen Siege, die unter Habsburgs Fahne in allen Jahrhunderten erfochten wurden, doch ein Grundelement der politischen Traditionen des habsburgischen Hauses darstellte: eine tiefe Skepsis gegenüber dem „Glück der Waffen", eine traditionelle Friedensliebe, die sich wohl der Unvermeidbarkeit von Kampf und Krieg bewußt ist, die aber doch immer nur widerstrebend das Schicksal des Hauses der Entscheidung auf dem Schlachtfeld anvertraut. Dies ist ja wohl auch der Wahrheitskern des meist so oberflächlich und gedankenlos gebrauchten Spruchs: „Bella gerant alii, tu felix Austria nube" (die anderen mögen Kriege führen, du, glückliches Österreich, heirate), eines geflügelten Wortes, das der kampferfüllten und an tragischen Entwicklungen und Entscheidungen reichen Geschichte des Hauses Österreich so offenkundig widerspricht.

Der politische Realismus der frühen Habsburger steigerte sich bei Friedrich III. bis zu einem manchmal fast pathologisch anmutenden Immobilismus, der als oberstes Ziel aller Politik das Überleben der Gegner erblickte und über dem als Motto das Rilke-Wort stehen könnte: „Wer spricht von Siegen? Übersteh'n ist alles." In den Wirren jener chaotischen Zeit des ausgehenden

Mittelalters, in den unzähligen Fehden, in die Friedrich verwickelt wurde und von denen oft die eine aus der anderen erwuchs, in den Kämpfen mit den Führern der Ständemacht, mit den aufständischen Wienern, mit den eigenen Söldnerführern, denen er den versprochenen Lohn schuldig geblieben und die ihm zur Eintreibung ihrer Forderungen die Fehde ansagten, in der kriegerischen Auseinandersetzung mit dem eigenen, ihm so ungleichen, viel energischeren Bruder Albrecht VI., ebenso aber auch als Oberhaupt des Reichs hat Friedrich bis zum Extrem jene Politik des Beharrens und Überdauerns praktiziert, die später eine Grundmaxime habsburgischer Politik geworden ist. Diese mit der Bezeichnung „Phlegma" nur unzureichend charakterisierte Haltung, die später etwa Rudolf II., Leopold I., Franz I. ebenfalls einnahmen, um die Stürme der Zeit zu überstehen, war bei Friedrich gewiß auch teilweise begründet in seiner fast zynischen Menschenverachtung, einer starken Ichbezogenheit und einer tiefeingewurzelten Überzeugung von der Auserwähltheit der eigenen Person und des eigenen Hauses, einem Glauben, der nur scheinbar in Widerspruch stand zu der Einsicht in die Problematik der eigenen Machtstellung und in die von allen Seiten drohenden Gefahren. In Wahrheit war dieser Glaube an die Auserwähltheit und Sendung des eigenen Hauses wohl die notwendige Ergänzung jener Einsichten, die Stütze, an die sich die habsburgischen Herrscher um so zäher klammern mußten, je ärger ihnen das Schicksal mitspielte, und daher auch keiner beharrlicher als eben Friedrich III. Welche Bedeutung immer man den berühmten fünf Vokalen A. E. I. O. U. unterlegt, mit denen Friedrich die ihm gehörigen Gegenstände und die von ihm errichteten Bauten kennzeichnete, so spricht aus der Verwendung dieser Devise jedenfalls ein starkes Bewußtsein für die Bedeutung der eigenen Person und des eigenen Hauses. Wurde diese Devise doch in der Deutung des „Austriae est imperare orbi universo — Alles Erdreich ist Österreich untertan" jedenfalls auch schon von Friedrich selbst in dem Sinne verstanden, daß dem Haus Österreich Rechtens das deutsche Königtum und römische Kaisertum zustehe. Auch in dieser Hinsicht ist Friedrich III. der Vollstrecker des politischen Testaments Rudolfs IV.

Man kann mit Recht Friedrich als den eigentlichen Begründer des dann durch drei Jahrhunderte nicht mehr unterbrochenen Kaisertums der Habsburger bezeichnen. Denn die kurze Episode des Königtums des vorletzten Albertiners, Albrechts V., des Schwiegersohns des letzten luxemburgischen Kaisers Sigismund, von 1437 bis 1439 stellt eigentlich mehr einen Epilog zur luxemburgischen Herrschaft als den Beginn des neuerlichen Aufstiegs der Habsburger dar, so wichtig andererseits die Ansprüche der letzten Albertiner, Albrechts V. und seines nachgeborenen Sohnes, des Ladislaus Posthumus, auf die Herrschaft in Böhmen und Ungarn für die späteren Ansprüche der Habsburger auf diese Länder wurden. Auch war immerhin mit diesem Albrecht V. (als deutscher König Albrecht II.) — mehr als ein Jahrhundert nach der Ermordnung des ersten Königs Albrecht — das Geschlecht nun wieder zum Königtum gelangt. Die Wahl Friedrichs III. im Jahr 1440 aber muß verstanden werden aus der veränderten Situation, die sich nunmehr in Mitteleuropa nach der Aushöhlung des luxemburgischen Königtums in Böhmen durch den Hussitensturm und nach dem Heraufziehen der Türkengefahr darbot. Gegen die Türkengefahr wie gegen die Gefahr der Entstehung neuer nichtdeutscher Machtzentren im ostmitteleuropäischen Raum haben die Kurfürsten den leopoldinischen Habsburger, den Herrn der südöstlichen Grenzlande, auf den Thron gerufen, in gewisser Hinsicht zu einer ähnlichen Aufgabe, wie sie einst dem Ahnherrn Rudolf im Kampf gegen Ottokar aufgetragen war. Gewiß läßt der Vergleich mit Rudolf I. Kaiser Friedrich III. in noch ungünstigerem Lichte erscheinen. Was Rudolf gegen Ottokar errungen, hat Friedrich an das ungarische Königtum des Matthias Corvinus verloren, er hat sich in Österreich wie im Reich als Herrscher nicht durchsetzen oder auch nur wirklich zu behaupten vermocht; wenngleich er andererseits von einem allerdings inzwischen längst von der Höhe seiner politischen Geltung herabgesunkenen Papsttum das erreichen konnte, was Rudolf vergeblich angestrebt hatte, die Kaiserkrönung in Rom, die ihm als letztem der deutschen Herrscher und als einzigem Habsburger in der Geschichte zuteil wurde. In Rom hat er auch jene portugiesische Prinzessin Eleonore geheiratet, die sich, im Glanz des spätmittelalterlichen Portugal aufgewachsen, in den engen und nur allzuoft kläglichen Verhältnissen des damaligen österreichischen Landesfürstentums wie eineVerbannte vorgekommen sein muß und die ihr Streben nach herrscherlichem Glanz und weltpolitischer Geltung auf ihren Sohn Maximilian übertragen hat.

Friedrich III. hat, wo immer es ging, versucht, sein eigenes politisches Interesse nicht selbst militärisch durchzusetzen, sondern es von anderen vertreten zu lassen. Seine Stärke war das beharrliche und geduldige Spinnen politischer Fäden, die, immer wieder zerrissen und doch immer wieder von neuem geknüpft, schließlich ein Netz ergaben, in dem sich mancher Gegner fing und das zugleich doch Friedrich selbst trug und vor dem Absturz ins Nichts rettete. Das Bild der geduldigen, auf ihre Beute lauernden Spinne drängt sich bei der Beschäftigung mit der Gestalt Friedrichs immer wieder auf, und da die

meisten Menschen Spinnen gegenüber Ekel und Abscheu empfinden, ist es nicht unverständlich, daß Friedrich bei der Nachwelt
wenig Fürsprecher gefunden hat. Vom Standpunkt der Geschichte
des habsburgischen Hauses ist er dennoch zweifellos eine Gestalt von richtungweisender Bedeutung; nicht zuletzt deshalb,
weil er mit unerhörter Zähigkeit an allen seinen Ansprüchen
festgehalten hat, auch wenn sie im Augenblick, angesichts der
tatsächlichen Machtverhältnisse, völlig illusorisch und wertlos
schienen. So hat er im Westen wie im Osten die Grundlagen
teils bewahrt, teils selbst geschaffen für den neuerlichen Aufstieg
seines Hauses, vielfach wohl ohne selbst die letzten Folgerungen
ahnen zu können; und er hat schließlich, da er alle seine Gegner
überlebte, noch mitansehen können, wie sein ihm so unähnlicher
Sohn Maximilian durch die Vereinigung des Erbes aller habsburgischen Linien und als Gemahl und Erbe der burgundischen
Maria das Haus Habsburg aus der Epoche der Machtlosigkeit
in eine neue Zeit weltpolitischer Geltung führte.

8.

Das „Haus Österreich und Burgund"

Bis zur Belehnung mit Österreich hatten die Habsburger die in ihrer alemannischen Heimat gebräuchlichen Namen, voran Rudolf und Albrecht, getragen. Nach 1282 kamen, in der Generation der Söhne Albrechts I., die Babenbergernamen Friedrich und Leopold hinzu. Der Name des Johann Parricida hingegen blieb naturgemäß für Jahrhunderte in der Familie verpönt. Der kriegerische und ritterliche Leopold III., die „Blume der Ritterschaft", hatte zweien seiner Söhne aus dem spätmittelalterlichen Ritterroman stammende Namen, Wilhelm und Ernst, gegeben, während Ernst selbst wieder bei der Namensgebung seiner Söhne zu den traditionellen Namen Friedrich und Albrecht zurückgekehrt war. Der völlig neue und in der damaligen Zeit recht ungebräuchliche Name von Friedrichs III. Sohn Maximilian symbolisiert so auch äußerlich den Beginn eines neuen Abschnitts in der habsburgischen Geschichte.

In der von Maximilian selbst diktierten Biographie des Kaisers wird erzählt, daß die Mutter, Eleonore von Portugal, den Namen Konstantin als den des ersten christlichen Kaisers und Herrschers über West- und Ostrom, der Vater hingegen Georg als den eines heiligen Streiters gegen die Heiden vorgeschlagen habe. Der anwesende ungarisch-kroatische Magnat Nikolaus von Ujlak, der unter Johann Hunyadi gegen die Türken gekämpft hatte und der die Patenstelle übernahm, habe aber gebeten, einen Namen zu wählen, der auf die Türkenbekämpfung Bezug habe, und den Namen des heiligen Märtyrers und Türkenbekämpfers Maximilian von Cilli vorgeschlagen. Wie sehr Maximilians Mutter übrigens in der Vorstellung lebte, ihr Sohn sei berufen, ein neuer Kaiser Konstantin zu werden, deutet ja wohl auch die Tatsache an, daß sie schon bei ihrer Eheschließung in Rom von Papst Nikolaus V. die Erlaubnis erwirkt hatte, ihren in deutschen Landen ungebräuchlichen Namen Leonora in den der Mutter Konstantins, Helena, umzuwandeln, damit sie gleich ihrem Gemahl (der seinen Namen als „reich an Frieden" deutete) einen Namen mit glückhafter Vorbedeutung trage.

90

Die Blickwendung nach dem Südosten kommt in dieser Namensgebung deutlich zum Ausdruck, zugleich auch die hochgespannten Erwartungen, die vor allem die Mutter für ihren einzigen Sohn hegte. Aber für den Knaben, der noch als dreijähriges Kind die Belagerung der kaiserlichen Familie in der Wiener Hofburg durch Albrecht VI., den Oheim Maximilians, und die aufrührerischen Wiener erlebt hatte, wurde nicht der Osten, sondern der Westen des Erdteils zum Schicksalsland. Vierzehn Jahre war er alt, als er im Gefolge seines Vaters mit dem prunkvollen Burgunderherzog Karl dem Kühnen zusammentraf, achtzehn, als er die Erbtochter Karls, Maria von Burgund, die reichste Erbin Europas, heiratete. Was die Habsburger seit zwei Jahrhunderten angestrebt, aber nie erreicht hatten — Rudolf I. durch seine Erwerbspolitik am Oberrhein vor seiner Königswahl, Albrecht I. mit der geplanten Zuwendung Hollands an sein Haus, Rudolf IV. mit dem Anspruch auf den Titel eines „Herzogs in Schwaben", Friedrich von Tirol mit dem Versuch der Erwerbung von Brabant —, die Gewinnung eines großen westeuropäischen Territoriums, ist dem jungen Maximilian in einem weit über alle früheren Pläne und auch die kühnsten Hoffnungen hinausgehenden Ausmaß zuteil geworden.

Die Erwerbung von Burgund bestimmte Schicksal und Stil der habsburgischen Dynastie für die ganze Folgezeit, was auch wieder in der Namensgebung zum Ausdruck kommt, da der Sohn Maximilians und der Maria nach dem Vater Karls des Kühnen, dem Burgunderherzog Philipp dem Guten, die Tochter nach Marias Stiefmutter, der zweiten Gemahlin Karls des Kühnen, Margarete von York, benannt wurde und Maximilians ältester Enkel schließlich den Namen Karl erhielt.

Die Gegnerschaft zum französichen Königshaus, dessen rivalisierende Nebenlinie das burgundische Herzogshaus gewesen war, ist von nun an durch nahezu drei Jahrhunderte, bis zu einer anderen Hochzeit, der Maria Antoinettes mit dem Dauphin, eine entscheidende Konstante der habsburgischen Politik. Mit der Feindschaft gegen das Haus Valois erbten die Habsburger von Burgund auch das weitgespannte, gegen das französische Königtum gerichtete Bündnissystem, die Verbindung zu den anderen Gegnern Frankreichs, zu England, zu Spanien, zu Savoyen. Im Solde Englands hat Maximilian, das eigene Interesse mit dem seiner Auftraggeber verbindend, den Kampf gegen das Haus Valois geführt, und aus der Verbindung mit dem spanischen Königtum in der Doppelheirat der Kinder Maximilians, Philipp und Margarete, mit den Kindern des spanischen Königspaares, Juan und Juana, ist dann in der Folge einer Reihe nicht vorherzusehender Ereignisse die habsburgische Weltmacht unter

Karl V. entstanden, so daß sich die Bildung des habsburgischen Weltreichs im Rahmen des von Karl dem Kühnen aufgebauten antifranzösischen Systems vollzogen hat. Die Gegnerschaft zu Frankreich hat ferner auch der habsburgischen Italienpolitik einen neuen Impuls gegeben, da Italien nunmehr neben den Niederlanden der zweite Hauptkriegsschauplatz für das Ringen mit den Franzosen wurde. Schließlich erhielt jedoch auch die Stellung der Habsburger im Reich durch die Erwerbung Burgunds und die Gegnerschaft zu Frankreich eine neue zusätzliche Bedeutung. Wie Habsburg das Reich im Osten durch die österreichischen Erblande und später auch durch die Erwerbung Ungarns gegen den Angriff der Türken schützte, so fiel den Erben von Burgund nunmehr auch im Westen der Schutz des Reiches zu, und das Bild, daß die habsburgischen Lande das Reich schützten wie der Panzer den weichen Leib der Schildkröte, kennzeichnet treffend und drastisch die neue Situation.

Für das habsburgische Haus selbst brachte die burgundische Heirat von 1477 die Rückkehr in das große politische Spiel der westeuropäischen Dynastien, aus dem die Habsburger seit dem Tod Albrechts I. als bestimmende Größe allmählich ausgeschieden waren, die Rückverlagerung des Schwerpunkts der habsburgischen Politik aus dem Osten nach dem Westen und damit die Rückgängigmachung jener West-Ost-Bewegung, die von König Rudolfs Kampf mit Ottokar an bis zu Friedrich III. und Maximilian die habsburgische Politik beherrscht hatte. Sieht man die Eheverbindungen als Wegweiser für die Richtung des politischen Interesses an, so beginnt die Rückwendung nach Westen ja bereits mit Friedrich III., der eine portugiesische Prinzessin heiratete, während vorher zuletzt in der Generation der Söhne König Albrechts I. Eheverbindungen mit westeuropäischen Herrscherhäusern stattgefunden hatten (so war die Gemahlin des unglücklichen Friedrich des Schönen eine aragonesische Prinzessin gewesen), später, von der Generation der Söhne Herzog Albrechts II. an, also seit Rudolf IV., Verbindungen mit im Osten regierenden Häusern, in erster Linie mit den Luxemburgern, vorherrschten, in der Ehe Leopolds III. mit Viridis Visconti hingegen die Verbindung mit Oberitalien zum Ausdruck kam. So war etwa Albrecht III. in erster Ehe mit einer luxemburgischen Prinzessin vermählt, bemühte sich dann, allerdings vergeblich, auch um die Hand einer Visconti und heiratete schließlich in zweiter Ehe eine Tochter des Burggrafen von Nürnberg, also eine Hohenzollern. Friedrichs III. Vater, Ernst der Eiserne, aber war in erster Ehe mit einer pommerschen Prinzessin, in zweiter mit Cymburgis von Masowien vermählt, Albrecht V. wieder mit einer luxemburgischen Prinzessin.

Mit Maximilian, diesem phantasievollen und sprunghaft-beweglichen Sohn einer portugiesischen Prinzessin (auch Karls des Kühnen Mutter war übrigens eine Portugiesin gewesen), wurzelte das Haus Habsburg aber auch geistig-kulturell in der burgundischen Welt ein. Schon Maximilian schrieb seinen Kindern in französischer Sprache (bei ihm können wir zum erstenmal jenes außerordentliche, durch ständige Übung geschärfte und lebendig erhaltene Sprachentalent der Habsburger feststellen, das sie zu einem Leben in und über mehreren Nationen befähigte), der spätmittelalterliche Ritterorden vom Goldenen Vlies war die große Ordensgemeinschaft des habsburgischen Hauses; das habsburgische Hofzeremoniell, das man später das „spanische" nennt, ist in Wahrheit burgundischer Herkunft. Der burgundische „Herbst des Mittelalters" ging ohne Bruch über in den Glanz des habsburgischen Weltreichs zu Beginn der Neuzeit. Das „Haus Österreich" wurde zur „Maison d'Autriche", zum „Haus Österreich und Burgund", wie schon Maximilian seine Familie nannte. Wie Albrecht I. seine alemannischen Dienstmannen nach Österreich gebracht hatte, so bildeten nunmehr die großen Adelsfamilien Burgunds und der Niederlande mit ihrer französisch-flämischen Mischkultur die Gefolgschaft der Habsburger. Für die ganze weitere Kulturentwicklung in den östlichen Ländern ist diese Verbindung zur westlichen, französisch-niederländischen Kultur- und Geisteswelt von unabsehbarer Bedeutung geworden; ähnlich wie später, in allerdings viel kleinerem Maßstab, für Brandenburg-Preußen die Verbindung mit dem Westen durch die Erbschaft der klevisch-märkischen Länder am Niederrhein.

Maximilian hat aber nicht nur das reiche burgundische Erbe eingebracht und in schweren Kämpfen mit den französischen Königen und dem selbstbewußten Bürgertum der flandrischen Städte behauptet. Er hat auch als erster Habsburger wieder die Länder aller Linien seines Hauses in einer Hand vereinigt. Entscheidend wurde hier für ihn, daß Sigismund „der Münzreiche" von Tirol, der keine legitimen Erben besaß und unter dessen Regierung weitere Verluste in den habsburgischen Stammlanden gegenüber der Eidgenossenschaft eingetreten waren, ihm seine Lande übertrug und daß er mit dem finanziellen Rückhalt dieser Länder, vor allem dank der beträchtlichen Einnahmen aus den Silberbergwerken Tirols, die an Ungarn verlorengegangenen östlichen Gebiete wiedergewinnen konnte. Von Sigismund hat Maximilian auch die so bedeutsame Verbindung zum Bankhaus der Fugger geerbt, ohne dessen finanzielle Unterstützung die zahlreichen Kriege und Unternehmungen des in ständigen Geldnöten steckenden Herrschers nicht hätten durchgeführt werden können. Die Vereinigung der Länder der beiden leopoldinischen Linien, deren Verbindung eben unter Maximilian durch den Erbanfall der „vorderen Grafschaft" um Lienz nach dem Erlöschen auch dieser Linie der Grafen von Görz 1500 vollendet wurde, bot Maximilian die Möglichkeit zur Wiederaufnahme einer offensiven Italienpolitik, wie sie Rudolf IV. und Leopold III. betrieben hatten, wobei diese Politik nunmehr durch den Kampf mit dem ebenfalls nach Italien ausgreifenden französischen Königtum in die große Auseinandersetzung mit Frankreich eingeordnet wurde. Maximilians zweite Ehe mit Bianca Maria Sforza von Mailand, der Krieg gegen Venedig, in dessen Verlauf Maximilian längere Zeit Verona im Besitz hielt, und schließlich die Festlegung der südlichen Reichsgrenze auf Jahrhunderte sind die wichtigsten Stationen der Italienpolitik Maximilians. Als Erbe der tirolischen Linie hat Maximilian aber auch die südwestdeutsche politische Tradition seines Hauses fortgeführt: im letzten Krieg mit den Schweizern wie durch die Rückerwerbung der 1369 an Bayern abgetretenen tirolischen Kreise Kufstein, Kitzbühel und Rattenberg (1504). Wenn es in Maximilians späterer Zeit in seinem weiten Herrschaftskomplex einen natürlichen Mittelpunkt gab, so war dies Tirol, in dessen Bergen er mit Vorliebe der Gemsenjagd huldigte (die Jagdlust blieb bis Franz Joseph und Franz Ferdinand die große Leidenschaft des habsburgischen Hauses) und in dessen Hauptstadt er sein gewaltiges, auch als Torso den Glauben an Glanz und Auserwähltheit seines Hauses eindrucksvoll dokumentierendes Grabmal (in dem er nie beigesetzt wurde) errichten ließ.

Als Erbe der Albertiner hat Maximilian schließlich die Ansprüche auf Böhmen und Ungarn, an denen schon sein Vater Friedrich so zähe festgehalten hatte, bewahrt und durch das doppelte Ehebündnis seiner Enkel Ferdinand und Maria mit den Kindern des jagiellonischen Königs Wladislaw von Böhmen und Ungarn bei dem Fürstenkongreß in Wien 1515 erneuert. Aus der zeitweisen Gegnerschaft von Wladislaws Bruder, König Sigismund von Polen, gegen diesen Eheplan ergab sich ein Kontakt Maximilians mit dem russischen Zaren, der sich mit dem Polenkönig im Krieg befand.

Umspannte so Maximilians Ehe- und Bündnispolitik ganz Europa von Spanien und England bis Ungarn und Rußland (ja er trug sich sogar einmal mit dem Gedanken, als Bewerber um die schwedische Königskrone aufzutreten), so war dies mit durch die Tatsache begründet, daß er als Erbe aller drei habsburgischen Linien auch deren in alle Himmelsrichtungen weisende Ansprüche und Aspirationen übernommen hatte. Der Weite seiner politischen Pläne entsprach das Sprunghafte, Phantasievolle und Unstete seiner Natur, wie denn auch sein bedächtiger Vater

Friedrich, als Maximilian nach dem Tod seiner ersten Gattin die Erbin der Bretagne heiraten wollte, die „liederlichen Händel" seines Sohnes tadelte, die weder Grund noch Bestand hätten. Man pflegt das Unruhige, Widerspruchsvolle, fast Launenhafte an Maximilian als Ausdruck des Zeitgeistes der „Übergangszeit" zwischen Mittelalter und Neuzeit anzusehen, getreu der klassischen Kathederblüte: „Mit einem Fuß stand Maximilian im Mittelalter, mit dem andern winkte er der aufgehenden Sonne der Neuzeit zu", und man weist gerne darauf hin, daß der „letzte Ritter" zugleich der erste Infanterist und Artillerist gewesen sei. Gewiß war die Zeit um 1500 eine Zeit der Unruhe, des großen Wandels, des Aufeinanderprallens großer geschichtlicher Gegensätze, aber welche Zeit in der Geschichte ist nicht „Übergangszeit", in der Altes abstirbt und neue Entwicklungen sich anbahnen? Daß Maximilian alle oft so widerspruchsvollen Tendenzen seiner Zeit aufgriff, für alle Pläne, Ideen, Möglichkeiten und Entwicklungen ein so hellwaches Empfinden besaß und auf jeden Anruf, wo immer er herkam, sofort reagierte, mag seinen tiefsten Grund wohl auch in der Erbanlage, in der Abstammung von zwei so grundverschiedenen Eltern und in der Tatsache haben, daß sich in Maximilians Stammbaum Angehörige der verschiedenen Völker Europas finden und daß das Erbgut, das von seinen deutschen, italienischen, polnischen und portugiesischen Vorfahren stammte, in seiner Persönlichkeit in einem nicht zu Harmonie und Ausgleich findenden Spannungsverhältnis stand.

Zu dem Spannungsreichtum, den die Zeit, und jenem, den die Abstammung Maximilian zubrachte, kam aber auch vor allem ein raumpolitischer. Maximilian erinnert in vielfacher Hinsicht an Rudolf IV. Neben dem Band der Familientradition und dem der allerdings zwischen beiden nicht mehr sehr starken Gemeinsamkeit des Erbguts wird man hier die Gemeinsamkeit der raumpolitischen Aufgaben in Rechnung stellen müssen. Rudolf IV. war der letzte Habsburger vor, Maximilian der erste nach dem Zeitalter der habsburgischen Linientrennungen; bei dem Urgroßneffen Maximilian aber bestand eine noch größere Spannung zwischen der Vielfalt und Weite der sich darbietenden, ja oft sich geradezu aufdrängenden Aufgaben und der Beschränktheit der materiellen Mittel, und das gab seiner Politik fast noch mehr als jener Rudolfs IV. gelegentlich den Charakter des Phantastischen und Unrealistischen. Beide, Rudolf wie Maximilian, haben aber doch immer wieder gezeigt, daß sie keineswegs Träumer waren, sondern auch über eine ungewöhnliche politische Begabung verfügten. Maximilian besaß vor allem ein hervorragendes Verhandlungstalent, das ihm in mancher schwierigen Lage zugute kam, daneben ein intuitives Verständnis für die Wichtigkeit politischer

Propaganda; bei beiden Fähigkeiten spielte zweifellos der Spannungsreichtum seiner Erbanlage mit, der es ihm gestattete, sich in den Verhandlungspartner oder Adressaten seiner Propaganda hineinzudenken und, ob er es nun mit deutschen Bürgern, burgundischen Edelleuten, italienischen Fürsten oder osteuropäischen Königen zu tun hatte, immer Verwandtes anzusprechen.

Als Überwinder der Linientrennung war Maximilian vor allem bestrebt, die ererbten Herrschaften enger miteinander zu verbinden. Der dann nicht ausgeführte Plan der Schaffung eines Königtums „Österreich und Burgund" zeigt dies ebenso wie die Anfänge einer habsburgischen Zentralverwaltung zwecks Verklammerung der Länder und Überwindung ihrer von den Landständen getragenen Sonderbestrebungen. Das Vorbild der burgundischen Verwaltung war hier wohl wirksam, den entscheidenden Antrieb bildete jedoch das Streben nach Zurückdrängung der Ständemacht und Zusammenfassung der finanziellen und militärischen Hilfsmittel in der Hand des Herrschers.

Unter den gleichen Gesichtspunkten erfolgten auch Maximilians Bemühungen um die Reichsreform, um die Schaffung eines starken deutschen Königtums, dem er durch die Annnahme des Titels eines „erwählten römischen Kaisers" eine höhere, vom Zustandekommen oder Nichtzustandekommen einer Krönung in Rom unabhängige Weihe zu geben suchte. Die Regierung Friedrichs III. hatte, ganz abgesehen von den im Charakter des Kaisers begründeten Umständen, gezeigt, daß ein kleines südostdeutsches Territorium keine genügende Machtbasis für eine wirklich kraftvolle und nicht bloß nominelle deutsche Königsherrschaft bot. Nun war diese Machtbasis gewaltig verbreitert und erweitert, und so konnte Maximilian als erster habsburgischer Herrscher seit König Albrechts Tod versuchen, ein starkes deutsches Königtum aufzurichten. Aber die Entwicklung von nahezu zwei Jahrhunderten ließ sich nicht rückgängig machen. Dem Kaiser trat nun bei seinem Streben nach der Reichsreform „das Reich" selbst, die Gesamtheit der Reichsstände unter der Führung des Mainzer Kurfürsten Berthold von Henneberg, gegenüber, und in diesem Dualismus von „Kaiser und Reich" blieb die deutsche Verfassungsentwicklung im Gleichgewicht, das dann nach einem anderthalb Jahrhunderte währenden Ringen zwischen dem kaiserlichen Prinzip einer „monarchischen" und dem reichsständischen einer „aristokratischen" Gestaltung der Spitze der Reichsgewalt durch den Westfälischen Frieden auch völkerrechtlich in der Mittellage fixiert wurde. Ist Maximilian so auf dem Gebiet der Reichsreform der letzte Erfolg versagt geblieben, so hat er doch mit Reichsgericht, Kreiseinteilung, Wehrverfassung und Steuerwesen die Ansätze zu einer den dringlichsten Erfordernissen entsprechenden Organisation geschaffen. Er ist der Herrscher der deutschen Renaissance, der Mäzen der deutschen Künstler, der Freund des oberdeutschen Großbürgertums, voran in Augsburg und Nürnberg, gewesen, in dieser Hinsicht ähnlich dem Ahnherrn Rudolf I., mit dem er auch die Verwurzelung in der volkstümlichen Überlieferung teilt. Als Mittelpunkt und Haupt eines deutschen Humanistenkreises hat er die nationalen, an den Germanenschilderungen Cäsars und Tacitus' ausgerichteten Tendenzen gefördert, er hat im Kampf gegen Frankreich das nationale und patriotische Motiv eingesetzt, er hat die alten deutschen Sagen und Heldenlieder sammeln lassen. Das deutsche Nationalbewußtsein, das er auf den Reichstagen und im Umgang mit dem deutschen Bürgertum in seinen Reden und in den für seine Politik werbenden Propagandaschriften zur Geltung kommen ließ, war dabei unlösbar verbunden mit dem Glauben an sein Haus, an dessen Sendung und Berufung zur Führung der Christenheit.

Seine dynastisch-politischen und genealogischen Ideen und Bestrebungen, die in dem Programm für sein großartiges Innsbrucker Grabmal wie in den von Maximilian angeregten Büchern, Stammbäumen und Bildwerken ihren Niederschlag fanden, sind daher viel mehr als müßige Spielereien eines prunkliebenden und ruhmsüchtigen Fürsten. Maximilian hat unter den verschiedenen Abstammungssagen seines Geschlechts eindeutig die fränkisch-trojanische vor den stadtrömischen bevorzugt. Die neuerliche Westwärtswendung der habsburgischen Politik, die Rivalität gegenüber dem französichen Königshaus, dem er sich durch die behauptete Abstammung von den Merowingern überlegen erweisen wollte, kamen hier zum Ausdruck, zugleich eine national-deutsche Note, die sich durch die Abstammung über Priamus von den Trojanern den über Äneas von den Trojanern abstammenden Römern ebenbürtig, ja sogar überlegen erklärte. Da Priamus von Troja auf dem Landweg über Österreich an den Rhein gezogen sein sollte, ergab sich eine providentielle Beziehung zu den habsburgischen Erbländern und schließlich, zu einer Zeit, da das Griechentum im europäischen Humanismus als höchster Adel galt, der Hinweis von Troja, der Vorläuferin Konstantinopels, auf Ostrom, ganz in dem Sinn, an den Maximilians Mutter gedacht hatte, als sie ihren Sohn Konstantin nennen wollte. Von diesen Gedanken aber ist der Weg nicht mehr weit bis zu jenen phantastischen Plänen des alten, zum zweitenmal verwitweten Kaisers, Koadjutor des Papstes und schließlich Papst zu werden und so die beiden höchsten Würden der Christenheit in seiner Person oder zumindest in seinem Haus zu vereinen. Gewiß hat Maximilian in dem berühmten Brief an seine Tochter Margarete, in dem er diesen Plan entwickelte und mitteilte, daß auch Ferdinand von Aragón dem Projekt geneigt sei, vorausgesetzt, daß Maximilian das Kaisertum dem gemeinsamen Enkel Karl übertrage, gescherzt, wenn er bemerkte, er hoffe dann auch nach seinem Tod ein Heiliger zu werden und werde sehr stolz sein, wenn sie dann in der Not zu ihm beten müsse. Daß der Gedanke an die Erwerbung der Tiara ihn aber tatsächlich beschäftigte, steht wohl außer Zweifel. Man hat gemeint, daß bei diesem Plan ausschließlich der Gedanke den Kaiser beherrscht habe, sich in den Besitz der reichen Einkünfte der Kurie zu setzen, und man wird bei dem in ständigen Geldnöten befindlichen Maximilian auch diesen Gedanken nicht völlig von der Hand weisen dürfen. Daß dabei zugleich aber auch die Überzeugung von der Auserwähltheit seines Hauses und seiner Berufung zu den höchsten Ämtern der Christenheit mitgespielt hat, beweisen die von Maximilian angeregten genealogischen Werke, die „Fürstlich Cronickh kayser Maximilians geburtsspiegel" Jakob Mennels und die dazugehörige Bilderhandschrift „Kaiser Maximilians besonder Buch genannt der Zaiger", die beide in eindrucksvoller bildlicher Darstellung die Hinordnung der habsburgischen Geschichte und Genealogie auf die höchsten Ämter der Christenheit, auf Papsttum und Kaisertum, begründen.

9.
Die habsburgische Weltmacht

Was Rudolf IV. für sein Haus erstrebt und erträumt hatte, war unter Maximilian teils erreicht, teils weit übertroffen worden. Den Aufstieg des Hauses zu einer noch größeren Machtentfaltung unter seinen Enkeln Karl V. und Ferdinand I. hat Maximilian durch seine Bündnis- und Heiratspolitik wohl vorbereitet, dabei aber selbst noch keineswegs voraussehen können, welche unerwartet reichen Früchte diese Politik seinem Hause bringen würde. So hatte für die Zeitgenossen der weitere Aufstieg der Habsburger erst recht etwas Wunderbares; zuerst der Anfall des eben durch die Entdeckung der sagenhaften Länder jenseits des Weltmeeres an Reichtum und Geltung gewaltig angewachsenen spanischen Erbes sowie dann im Osten der Anspruch auf die ungarische und böhmische Krone, in der Mitte Europas die Erwerbung Württembergs und die Kaiserwahl Karls.

Der Glaube der Habsburger an die Sendung und Auserwähltheit ihres Hauses schien glänzend bestätigt, der Segen Gottes sichtbar auf diesem Hause zu ruhen. In der großen, die gesamte Christenheit bewegenden Frage nach Reinigung und Erneuerung der Kirche und später, nachdem aus diesem Streben die Kirchenspaltung erwachsen war, bei dem Bemühen um die Beseitigung der Glaubenstrennung wie nach außen in der Verteidigung der Christenheit gegenüber den Türken kam dem solcherart erhöhten Haus Habsburg die Führerrolle zu. In dieser weltgeschichtlichen Stunde lag das Schicksal des Hauses in den Händen der beiden Söhne von Maximilians frühverstorbenem Sohn Philipp und der geisteskranken Spanierin Johanna. Karl und Ferdinand, die beiden habsburgischen Brüder, haben trotz der Schatten, die die Fragen der großen Politik und das Problem der unvermeidbaren Erbteilung manchmal zwischen ihnen aufsteigen ließen, gut zusammengearbeitet, einander wohl auch persönlich ergänzt, und sie haben damit ganz im Sinne des älteren habsburgischen Hausrechts den späteren Generationen ein allerdings von diesen nicht immer nachgeahmtes Vorbild gegeben. Diese Zusammenarbeit und die Wahrung der Form auch bei den heftigsten Auseinandersetzungen sind um so höher einzuschätzen, als die Brüder nicht nur in

Veranlagung und Wesen recht verschieden waren, sondern auch ihre Kindheit nicht gemeinsam, sondern getrennt, Karl in den Niederlanden, Ferdinand in Spanien, verbracht hatten und es in Spanien nicht an Bestrebungen gefehlt hatte, entsprechend dem einstigen Wunsch des spanischen Großvaters der Brüder, Ferdinands von Aragonien, den jüngeren Bruder Ferdinand zur Herrschaft in Spanien zu bringen. Vielleicht ist der letzte Grund für das gute Verhältnis der habsburgischen Geschwister – denn wir müssen hier auch die Schwestern, voran die Königinnen Eleonore von Portugal (und später von Frankreich) und Maria, die Witwe nach dem König Ludwig von Ungarn, einbeziehen – in der Tatsache zu suchen, daß sie durch den frühen Tod des Vaters und die geistige Umnachtung der Mutter tatsächlich als Vollwaisen aufwuchsen und in dem Bewußtsein der Auserwähltheit ihres Geschlechts und der einsamen Höhe ihrer Stellung sich besonders aufeinander angewiesen fühlten. Die vielen Kämpfe, in die Karl und Ferdinand immer wieder verwickelt wurden und die ihrer im Grunde friedliebenden Natur widersprachen, die ständige, nur allzu berechtigte Sorge der Hochgestellten vor Verrat und Betrug auch der nächsten Umgebung mögen noch dazu beigetragen haben, daß die beiden Habsburger alle Gegensätze, die vor allem in den mit Erbe, Teilung, Regierung und Nachfolge zusammenhängenden Fragen wiederholt zwischen ihnen aufbrachen, schließlich doch immer wieder gütlich beilegten.

Fragen wir nach den Personen, die den beiden jungen Prinzen die Tradition der Dynastie vermittelten, ihr Weltbild und ihren Charakter formten und sie zu Herrschern erzogen, so ist für Karl hier zuerst die Erzherzogin Margarete zu nennen, die mit vierundzwanzig Jahren schon zum zweitenmal verwitwete Tochter und Vertraute Maximilians, die, was geistige Fähigkeiten, Kunstliebe, diplomatisches Geschick und schließlich nicht zuletzt einen gesunden, auch zur Selbstironie fähigen Humor betrifft, ihrem Vater sehr nachgeriet. Wenn Maximilian über seine eigenen ständigen Geldsorgen, seine Jagdleidenschaft und auch über seine genealogischen Interessen nicht nur einen gelungenen Scherz vertrug, sondern selbst auch zu spotten fähig war, so stand ihm Margarete nicht nach, die sich als siebzehnjähriges Mädchen bei der Überfahrt nach Spanien zur Begegnung mit dem ihr durch Prokura angetrauten spanischen Infanten Juan während eines furchtbaren Sturms im Golf von Biskaya ein Säckchen mit Goldmünzen für ein fürstliches Begräbnis an die Hand binden ließ, zusammen mit einem Streifen, auf den sie die zweizeilige Inschrift für ihr Grabmal (in Anspielung an ihre Vermählung mit drei und Verstoßung mit elf Jahren durch Karl VIII., König von Frankreich) geschrieben hatte:

„Cy-gist Margot, la gentil' demoiselle
Qu' ha deux marys et encore est pucelle"
(Hier liegt Margot, die zweimal gar
vermählt und dennoch Jungfrau war).

Margarete hat übrigens auch sehr schöne, tiefempfundene französische Gedichte über den Wandel des menschlichen Glücks verfaßt und mit dem Juwel der Kirche in Bourg-en-Bresse ihrem kurzen Glück an der Seite Philiberts von Savoyen ein einzigartiges Denkmal gesetzt. Die kluge Statthalterin der Niederlande, die ihre Zeitgenossen ebenso entzückte wie alle ihre späteren Biographen aus den verschiedensten Nationen, steht auch in der langen Reihe bedeutender Frauen aus der habsburgischen Familie, die als Regentinnen über einzelne Teile des weitgespannten Herrschaftskomplexes, als kluge Ratgeberinnen der Herrscher und als geduldige Vermittlerinnen zwischen den männlichen Mitgliedern des Hauses zu verschiedenen Zeiten eine wichtige, wenn auch naturgemäß im einzelnen meist nur schwer zu erfassende Rolle spielten.

Mehr noch als sein Großvater Maximilian war Karl, der im Jahre 1500 in Gent geboren wurde und in der Taufe den Namen des letzten Burgunderherzogs, seines Urgroßvaters, erhielt, in der niederländisch-burgundischen Welt beheimatet. Zu den habsburgischen Ländern im Südosten, aus denen Maximilian in die Niederlande gekommen war, hatte Karl kaum mehr Beziehungen. Die höfisch-dynastische Vorstellungswelt, die ritterlichen Traditionen des burgundischen Spätmittelalters bestimmten zunächst sein Wesen. Dazu kam als ein anderer wichtiger Umwelteinfluß eine aus der niederländischen Überlieferung der „devotio moderna" stammende tiefe und ernst aufgefaßte Religiosität, die ihm von seinem Lehrer, Adrian von Utrecht, dem späteren Papst Hadrian VI., vermittelt wurde.

Damit ist ein neues, religiöses Element in die habsburgische Familientradition eingeflossen, bedeutsamerweise gerade in dem Augenblick, da das Haus auf so wunderbare Weise vor allen anderen Herrschergeschlechtern an die Spitze der Christenheit getreten war und da zugleich das Problem der Bewahrung der kirchlichen Einheit wie das der Reform der Kirche an Haupt und Gliedern eine ungeahnte Aktualität erhielt. Gewiß, auch die früheren Habsburger waren im herkömmlichen Sinn fromm gewesen, sie hatten, dem Beispiel des Ahnherrn Rudolf folgend, stets ein gutes Verhältnis zum Papsttum angestrebt, hatten Kirchen und Klöster gegründet, Messen gestiftet, Reliquien gesammelt. In alldem hatten sie sich jedoch kaum von den anderen europäischen Herrscherhäusern des Spätmittelalters unterschieden. Nunmehr aber wurde es bedeutsam, daß zur gleichen Zeit, da in den meisten anderen Dynastien die Säkularisierung und Staatsräson des Renaissance-Zeitalters an Boden gewannen, das in den Niederlanden eingewurzelte „Haus Österreich und Burgund" sich mit einer neuen, als strenge persönliche Verpflichtung aufgefaßten Religiosität erfüllte.

Man hat vielfach die spätere Verbindung der Habsburger mit der Gegenreformation und deren kirchlichem Exponenten und Träger, dem Jesuitenorden, auf die habsburgischen Brüder Karl und Ferdinand zurückprojiziert und dadurch die besondere Tönung der habsburgischen Religiosität und Kirchenpolitik verwischt. Denn die kirchliche und religiöse Haltung Karls und Ferdinands war in Wahrheit vor allem dem Geist des Erasmus von Rotterdam verpflichtet, des großen humanistischen Gelehrten, der auf beide Brüder, auf Karl, mehr aber noch vielleicht auf Ferdinand, einen nachhaltigen Einfluß ausgeübt hat. Karls unermüdliches Streben nach einer gütlichen Beilegung der Glaubensspaltung, sein Bemühen um ein Universalkonzil, auf der anderen Seite Ferdinands gewiß auch durch die machtpolitischen Verhältnisse erzwungenen Konzessionen gegenüber den Neuerern, schließlich die eindeutige Sympathie von Ferdinands Sohn Maximilian für den Protestantismus sind aus dieser von Erasmus bestimmten geistigen Grundhaltung erwachsen; aber auch in der Glaubenswelt Philipps II. sind die Nachwirkungen erasmianischen Geistes noch nicht erloschen, zumal ja Erasmus in Spanien starken Widerhall gefunden hatte. Das Werk des Erasmus über den christlichen Fürsten ist das Handbuch der habsburgischen Prinzenerziehung geworden. Die Schwierigkeiten, die Karl V. und nach ihm sein Sohn Philipp II. als mächtigste Herrscher in Italien mit den ihnen daher auf politischem Gebiet fast zwangsläufig immer wieder entgegentretenden Päpsten hatten, verstärkten diese selbständige Haltung der Habsburger ebenso wie die im habsburgischen Haus fortlebenden mittelalterlichen Vorstellungen von der eigenständigen sakralen Weihe des Herrschers und seines Amtes als Vogt und Beschützer der Kirche, woraus Recht und Pflicht zur Beaufsichtigung und zur Abstellung von Mißbräuchen abgeleitet wurden. Das staatskirchliche System und Denken, dem man später im Zeitalter seiner äußersten Steigerung und seiner geistigen, wenngleich noch immer nicht formellen Loslösung von der religiösen Begründung den Namen des „Josephinismus" gegeben hat, wächst bei den Habsburgern organisch aus der mittelalterlichen Tradition. Im gleichen Ausmaß, in dem die habsburgische Kaiseridee in ihrer großartigsten Ausprägung unter Karl V. sich zu einer Wiederaufnahme der staufischen Kaiseridee emporsteigerte, war auch die Wiederbelebung des Spannungsverhältnisses zum Papsttum wohl unvermeidlich.

Die Geschichte der Habsburger, dieser treuesten Söhne der katholischen Kirche und legitimen Erben der „Katholischen Könige" und Glaubensstreiter Spaniens, ist in der Neuzeit zugleich die Geschichte einer fast nicht abreißenden Kette von Konflikten mit der römischen Kurie.

Die Kaiseridee, die hohe Auffassung vom Kaiseramt als der höchsten Herrscherwürde der Christenheit, war unlöslich verbunden mit der Hausidee, die zentrale Kraft im Denken und Handeln Karls V. Von hier aus erhalten alle seine Regierungsmaßnahmen, Feldzüge, Verhandlungen, die Türkenabwehr und die Unternehmungen gegen Algier und Tunis, die Konflikte und die Zusammenarbeit mit dem Papsttum, das Ringen mit dem französischen Königshaus und der fast schon verwirklichte Plan der Erwerbung Englands für das Haus Habsburg durch die Ehe Philipps mit Mary Tudor, der Kampf mit dem deutschen protestantischen Fürstentum und schließlich auch die Abdankung ihre Erklärung und Einheit. Wie es unmöglich erscheint, bei allen diesen vielfach miteinander verflochtenen Unternehmungen, Kämpfen und Plänen das religiöse vom politischen Element zu trennen, so ist es auch im Grunde sinnlos, danach zu fragen, wo jeweils die Grenzlinie verlief zwischen Kaiseridee und habsburgischem Hausinteresse.

Zur Ausbildung der Kaiseridee Karls haben wohl seine Ratgeber entscheidend beigetragen; am stärksten gewiß der Großkanzler Mercurino Gattinara aus Vercelli, ein Piemontese, der ganz in der geistigen Welt von Dantes Monarchia lebte. Eine lebendige Vorstellung von Würde und Weihe des Kaisertums hat Karl aber schon von Haus aus als Enkel Maximilians und Zögling der Erzherzogin Margarete besessen. In der schroffen Ablehnung des Projekts einer Kandidatur seines Bruders Ferdinand für die Wahl im Reiche wie in der Auseinandersetzung mit den Spaniern, die an der Voransetzung des römischen vor dem spanischen Königstitel Anstoß nahmen, hat Karl seine Vorstellung vom Kaisertum als einer alle anderen Königs- und Herrschaftstitel überragenden und überwölbenden Würde klar formuliert. Das römische Kaisertum sei die höchste von Gott auf Erden eingesetzte Würde, und so nennt er sich nach einem in Barcelona gegebenen Erlaß vom 5. September 1519, durch den der Streit um den Titel entschieden wird: „Don Carlos, durch die Gnade Gottes erwählter König der Römer, künftiger, allzeit erhabener Kaiser, König von Kastilien, von León, der beiden Sizilien, von Jerusalem, von Granada, von Navarra, von Toledo, von Valencia. von Galicien, von Mallorca, von Sevilla, von Sardinien, von Córdoba, von Korsika, von Murcia, von Jaén, der Algarben, von Algeciras, von Gibraltar, der Kanarischen Inseln, des Landes im Ozeanischen Meer, Erzherzog von Österreich, Herzog von Burgund und von Brabant, Graf von Barcelona und von Flandern und von Tirol, Herr von Biskaya und Molina, Herzog von Athen und von Neopatria, Graf von Roussillon und von Cerdana, Marquis von Oristan und Gociano."

Für den Kaisergedanken wie für die habsburgische Familienpolitik war die Frage entscheidend, in welcher Weise der Ausgleich der Erbansprüche mit dem jüngeren Bruder Ferdinand gefunden wurde. Dem habsburgischen Prinzip der gesamten Hand, das in den habsburgischen Ländern galt, stand das in Westeuropa vorherrschende Primogenitur-Erbrecht gegenüber. Außerdem hatte sich die schon für Maximilian kaum mehr zu bewältigende Vielfalt der Aufgaben, welche die Herrschaft über das Reich, über die österreichischen Länder und über Burgund mit sich brachte, nun durch den Erbanfall der spanischen Königreiche noch weiter vermehrt. Auch diese spanischen Königreiche hatten ihrerseits, ebenso wie die habsburgischen Länder, Traditionen und Tendenzen, die in verschiedene Richtungen wiesen. Unter Ferdinand und Isabella waren diese Königreiche nur in einer Art „Matrimonialunion", durch das Ehebündnis ihrer Herrscher, der „Katholischen Könige", verbunden gewesen. Die Tochter des Königspaares, Juana, und dann eben deren Sohn Karl, der zugleich im eigenen Namen wie in dem seiner geisteskranken Mutter regierte, waren die ersten Herrscher über ein vereinigtes spanisches Reich, dessen einzelne Teile nicht nur die selbständigen Titel von Königreichen, sondern noch lange — ja bis auf den heutigen Tag — ein sehr starkes Eigenleben bewahrten. Kastilien, dem Atlantik zugewandt, Träger der überseeischen Entdeckungen und Eroberungen, war mit dem von einer vielfach verwandten und verschwägerten Dynastie beherrschten Portugal verbunden, über das Meer aber auch mit den übrigen Ländern der Atlantikküste, voran mit den Niederlanden und politisch wie wirtschaftlich auch mit England; Aragón hingegen gehörte der Staatenwelt des Mittelmeeres an, hatte erfolgreich die Hand nach Sizilien und Unteritalien ausgestreckt und begegnete in Italien der habsburgischen, auf Oberitalien gerichteten Politik. Gemeinsam war beiden spanischen Ländergruppen die Gegnerschaft gegen Frankreich, und diese Gegnerschaft war darüber hinaus das einigende Band mit den Niederlanden einerseits, der nach Oberitalien gravitierenden österreichisch-habsburgischen Politik leopoldinischer Tradition andrerseits. Da Frankreichs König, Franz I., sich auch um die Kaiserkrone bewarb, da er sich dann mit den deutschen protestantischen Territorialfürsten und schließlich auch mit den Türken gegen die Habsburger verbündete, war der Kampf zwischen den Häusern Habsburg und Valois zugleich Bestandteil des Ringens

Karls V. um die Bewahrung der religiösen Einheit, um den Schutz der Christenheit gegen innere und äußere Feinde, gegen Ungläubige und Ketzer.

Der Kampf gegen die Feinde der Christenheit und für die Ausbreitung des Glaubens, oberstes Ziel in der höfisch-ritterlichen Vorstellungswelt Karls des Kühnen und Maximilians, war für die spanischen Reiche eine jahrhundertealte Realität. Die Welt des burgundischen Ordens vom Goldenen Vlies verband sich mit jener der spanischen Ritterorden von Santiago, Alcántara und Calatrava. deren Großmeister Karl V. ebenfalls wurde, mit den Traditionen der spanischen „reconquista" und dem im Kampf mit den Mauren gestählten spanischen Sendungs- und Auserwähltheitsbewußtsein; aus dem burgundischen Hofzeremoniell wurde so das burgundisch-spanische. So ergibt sich für den gesamten riesigen Herrschaftskomplex des Hauses Habsburg am Beginn des sechzehnten Jahrhunderts ein eigenartiges Bild: überall sind alte Traditionen der beherrschten Königreiche und Länder lebendig, Traditionen, die in sämtliche Richtungen der Windrose weisen. Alle diese Tendenzen sind aber nun eingebaut in ein großes, die ganze Christenheit umspannendes System und dadurch zugleich gesteigert, überhöht und manchmal auch gebändigt. Wenn Karl in Italien kämpft, führt er die Traditionen seines Großvaters Maximilian wie die seines anderen Großvaters Ferdinand von Aragón fort und ist zugleich ein legitimer Erbe der ghibellinischen Kaiserpolitik des Hochmittelalters. Wenn er durch die englische Heirat seines Sohnes England stärker in das antifranzösische System einbeziehen will, folgt er kastilischen wie burgundischen Traditionen und den Lehren seiner Tante Margarete, die eben im Sinne jener burgundisch-englischen Traditionen als Statthalterin der Niederlande eine betont englandfreundliche Politik betrieben hat; und zugleich wäre ein Gelingen der englischen Pläne auch eine Krönung der Kaiserpolitik geworden.

In der Vielfalt und Weitgespanntheit des Herrschaftskomplexes wie der sich daraus ergebenden Aufgaben ist das alte habsburgische Problem der west-östlichen Spannung zu nicht mehr überbietbarer Größe und Weite emporgesteigert. Denn während sich das Schwergewicht der habsburgischen Herrschaft durch den Anfall der spanischen Erbschaft weiter nach Westen verlagert hat, scheint sich zugleich die Möglichkeit und die Verpflichtung zu einer aktiveren Politik im Osten zu ergeben. Ganz konkret steht aber das West-Ost-Problem in der Frage des unterschiedlichen in Westeuropa und in den ostmitteleuropäischen Ländern geltenden Erbrechts — hier Primogenitur, dort Erbrecht zur gesamten Hand — vor dem habsburgischen Brüderpaar. Die Frage der Erbteilung wird so zur Schicksalsfrage und zur großen Bewährungsprobe für den Gedanken des Hauses wie für die Kaiseridee.

Schon während des ersten Reichstags, den der junge, in Deutschland mit großen Hoffnungen begrüßte König Karl in Worms hielt — und auf dem ihm in der Gestalt Luthers die neue Lehre zum erstenmal entgegentrat —, wurde 1521 ein erster Teilungsvertrag zwischen Karl und Ferdinand geschlossen. Demnach sollte Ferdinand — dem Schmeichler und Höflinge noch vor kurzem Hoffnungen auf eine Nachfolge im spanischen Erbe, also im äußersten Westen des habsburgischen Machtbereichs, vorgegaukelt hatten — nunmehr im äußersten Osten entschädigt werden und nur die fünf österreichischen Herzogtümer, Österreich ober und unter der Enns, Steiermark, Kärnten und Krain, Karl hingegen alles übrige erhalten, also außer den spanischen Reichen das vielgestaltige burgundische Erbe, dazu die habsburgischen Stammlande am Oberrhein, Tirol und den ganzen Kranz der oberitalienisch-friaulischen Besitzungen bis nach Triest und Istrien. Der Grundgedanke dieses Teilungsplans ist klar; der Herrscher im Reich sollte sich auf ein deutsches Territorium (Tirol und die Vorlande) stützen können, in seiner Hand sollten die wichtige Brennerstraße nach Italien und alle jene Herrschaften verbleiben, die als Ausgangsstellungen für die Italienpolitik dienen konnten. Dabei ergaben sich zunächst rechtliche Schwierigkeiten, da jene Besitzungen im görzisch-friaulischen Gebiet nach historischem Recht zur östlichen Ländergruppe, zu Kärnten und Krain, gehörten. Wichtiger war wohl die Überlegung, daß eine neuerliche Teilung der österreichischen Länder die Stellung der Habsburger im Reich eher schwächen würde sowie daß Ferdinand, wenn er einst die Ansprüche auf Böhmen und Ungarn geltend machen sollte, dazu des Rückhalts aller habsburgischen Länder bedurfte. Auch besaß Ferdinand, der lebhaftere und liebenswürdigere der beiden Brüder, bei aller scheinbaren Nachgiebigkeit gegenüber Karl (über die später vor allem Ferdinands Sohn Maximilian II. klagte) eine gewisse Zähigkeit und Beharrlichkeit beim Verhandeln, vergleichbar jener seines Großvaters Maximilian, der ja auch bei aller Sprunghaftigkeit immer wieder bei günstiger Gelegenheit hartnäckig zu seinen Lieblingsideen zurückgekommen war.

So wurde schon im folgenden Jahr in Brüssel eine andere Teilung des Erbes vereinbart. Nun erhielt Ferdinand die ganze „Herrschaft zu Österreich" vom Elsaß bis zur ungarischen Grenze, während Karl außer der Kaiserkrone und den spanischen Reichen mit ihren italienischen Nebenländern nur das burgundische Erbe behielt. Allerdings sollte diese Abmachung zunächst geheim bleiben und Ferdinand in den ihm nun zugesprochenen vorderösterreichischen Ländern, in Tirol und den Vorlanden einschließlich Württembergs noch als Statthalter seines Bruders gelten. Im Elsaß, in Pfirt und Hagenau sollte Ferdinand allerdings nur auf Lebenszeit herrschen; nach seinem Tode sollten diese Gebiete an Burgund und damit an Karl oder dessen Nachkommen fallen. Ferdinand verzichtete seinerseits auf alle Erbansprüche auf die burgundischen und spanischen Länder. Der zwischen den beiden habsburgischen jungen Fürsten geschlossene Vertrag sollte durch sechs Jahre oder bis zur Kaiserkrönung Karls, der die Wahl Ferdinands zum Römischen König folgen sollte, nicht veröffentlicht werden.

Dieser Brüsseler Vertrag von 1522 hat für die habsburgische und die europäische Geschichte die größte Bedeutung erlangt. Ferdinand und seine Nachkommenschaft erhielten mit der Herrschaft über alle althabsburgischen Besitzungen die Machtgrundlage für die spätere Erwerbung Böhmens und Ungarns sowie für die Nachfolge im Kaisertum. Damit war bereits entschieden, daß sich das habsburgische Gesamthaus (vorausgesetzt, daß beide Brüder dereinst männliche Erben haben würden, was ja dann tatsächlich der Fall, bei Abschluß des Brüsseler Vertrags aber noch keineswegs sicher war) in eine spanische und eine deutsche Linie aufspalten würde und nicht in eine burgundische und eine ungarische, was wohl die letzte Folge der Durchführung des in Worms vereinbarten ersten Teilungsvertrags gewesen wäre. So trug, vom Gesamthaus aus gesehen, der Brüsseler Vertrag der Gewichtsverlagerung nach dem Westen Rechnung.

Vergeblich hat Karl mehr als zwei Jahrzehnte später die Brüsseler Entscheidung zugunsten seines eigenen, inzwischen geborenen und herangewachsenen Sohnes Philipp zu korrigieren versucht. Man sprach von der Absicht des Kaisers, seinem Sohn anstelle Ferdinands die Nachfolge im Kaisertum zukommen zu lassen. Die heftige Reaktion Ferdinands, dem solche Gerüchte hinterbracht worden waren, hat diese Pläne, falls sie überhaupt ernsthaft erwogen wurden, sofort als undurchführbar erkennen lassen — ganz abgesehen von der offenkundigen Abneigung der deutschen Fürsten gegen Philipp. Die schwere Belastung, der das gute Verhältnis zwischen den beiden Linien, Karl und Philipp einerseits, Ferdinand und dessen Sohn Maximilian andererseits, damals ausgesetzt war, konnte in langen und schwierigen Verhandlungen in Augsburg nur durch die kluge Vermittlung der Schwester Karls und Ferdinands, der Königinwitwe Maria von Ungarn, überwunden werden. Der erzielte Kompromiß sah eine alternierende Nachfolge im Kaisertum zwischen den beiden Linien vor; auf Karl sollte Ferdinand, auf diesen Philipp, auf diesen wieder Ferdinands Sohn Maximilian folgen. Deutlich wird hier das Bestreben Karls erkennbar, mit einem fast verzweifelt zu nennenden Mittel die Einheit „unseres Hauses" zu wahren. Aber Ferdinand dachte und sprach damals schon von „unseren Häusern". Ob er je ernsthaft die Absicht hatte, das Karl gegebene Versprechen zu halten, er werde sich nach der Erlangung der Kaiserkrone um die Wahl Philipps zum Römischen König und damit zu seinem designierten Nachfolger im Kaisertum bemühen, mag dahingestellt bleiben.

Der Widerstand des Bruders gegen die Sukzessionspläne Karls hat gemeinsam mit den Rückschlägen auf anderen Gebieten, im Kampf mit den protestantischen deutschen Fürsten wie in dem gegen Frankreich, mit der deutschen Entwicklung, die zu dem vom Kaiser nicht gebilligten Augsburger Religionsfrieden von 1555 führte, mit dem Scheitern der auf die Erwerbung Englands gerichteten Pläne an der Kinderlosigkeit der Königin Mary, mit dem Tod der Mutter des Kaisers, der wahnsinnigen Juana, und schließlich mit dem eigenen angegriffenen Gesundheitszustand Karl zu dem Entschluß bewogen, seine Kronen und Ämter niederzulegen und sich aus dem Kämpfen dieser Welt zurückzuziehen. In großartiger, noch den modernen Leser der Schilderungen jener Vorgänge der Jahreswende 1555/56 ergreifender Form hat Karl zuerst die Souveränität des Ordens vom Goldenen Vlies, dann die Herrschaft über die Niederlande, fast drei Monate später die Herrschaft über Kastilien, Aragón, Sizilien, die Neue Welt und die Großmeisterschaften der drei spanischen Ritterorden von Santiago, Alcántara und Calatrava niedergelegt. Der Eindruck der Abdankung dieses Kaisers, der von allen abendländischen Herrschern seit Karl dem Großen dem am spätrömischen Kaisertum ausgerichteten Ideal des Gebieters über die ganze Welt am nächsten gekommen war, auf die Mit- und Nachwelt war überaus tief und nachhaltig. So erklärt sich die Zähigkeit, mit der sich die der Wirklichkeit nicht entsprechende Vorstellung festsetzte und hielt, der Kaiser habe sich nach der Abdankung als einfacher Mönch in ein Kloster zurückgezogen. In Wahrheit hat er in einer eigens für ihn erbauten, an das Kloster San Jeronimo de Yuste angelehnten kaiserlichen Villa die letzten Jahre seines Lebens verbracht; bis zuletzt über alle wichtigen politischen Ereignisse informiert, von seinen Kindern und einstigen Gehilfen immer wieder um Rat befragt, bis zuletzt auch beschäftigt mit Familienangelegenheiten, so mit der Frage der Sicherung der habsburgischen Erbfolge in Portugal, falls der unmündige Infant Don Sebastian vorzeitig stürbe. (Tatsächlich hat ja dann Philipp II. 1580 die Herrschaft in Portugal angetreten, nachdem der kühne, phantastische Don Sebastian, der den Kreuzzugs- und Heidenbekämpfungsgedanken seiner portugiesischen, spanischen, burgundischen und habsburgischen Vorfahren leidenschaftlich aufnahm, bei einem Zug nach Nordafrika sein Leben verloren hatte.)

Im Reich und in der Gestalt Karls V. ist das habsburgische Haus zu einer weder vorher noch später je erreichten Höhe aufgestiegen. Der Weite der beherrschten Länder, der Großartigkeit der weltgeschichtlichen Auseinandersetzungen, Unternehmungen und Pläne entsprach der majestätische und vornehme, zugleich aber schlichte und von jedem hohlen Pomp meilenweit entfernte Lebensstil des Kaisers, die hoheitsvolle Würde seiner gewiß nicht im landläufigen Sinn anziehenden, aber tief beeindruckenden äußeren Erscheinung, die uns der Pinsel Tizians in seiner unvergänglichen Leucht- und Lebenskraft überliefert hat. Bei allem Glanz der äußeren Triumphe und dem Reichtum seiner Länder und Kronen liegt eine tiefe Tragik und Wehmut über der Gestalt und der Geschichte dieses Herrschers, von der elternlosen Kindheit bis zu dem gefaßt und nach gründlicher Vorbereitung erwarteten Sterben, eine Tragik, zu der sehr gut das Schwarz der Kleidung paßt, das sich vom Bild des alternden Kaisers her in der Vorstellung der Nachwelt durchgesetzt hat. Der Gedanke der Vergänglichkeit alles Irdischen und des Todes hat Karl sein Leben lang begleitet und wohl dazu beigetragen, ihn im Glück vor Übermut, im Unglück vor Verzweiflung zu bewahren. Der Herrscher, dem das hochmittelalterliche Ideal der Weltmonarchie vor Augen stand und der damit entschieden den seit dem Ahnherrn Rudolf abgesteckten Rahmen der Aspirationen seines Hauses im Sinne einer Erneuerung der staufischen Traditionen überschritt, war kein Träumer, Romantiker oder Phantast. Aus seinen Briefen und Anweisungen, vor allem an seinen Sohn und Nachfolger Philipp, weht uns die kühle, klare Luft des staatspolitischen Denkens der Hochrenaissance, die Bändigung der menschlichen Leidenschaften durch die Ratio an. Das Gefühl der ungeheuren Verantwortung gegenüber Gott für das Wohl und das Seelenheil der beherrschten Völker ist das bestimmende Element, aus dieser Verantwortung erwächst die Pflicht zu gewissenhaftester Führung der Regierungsgeschäfte. Die nüchterne Beurteilung der Vorzüge und Schwächen der einzelnen Diener, Ratgeber und Heerführer wird ergänzt durch den Rat zu einem stets wachen Mißtrauen gegenüber Beratern, Schmeichlern und Günstlingen sowie durch den entsprechenden Rat, die eigenen Gefühle und Gemütsbewegungen zu verbergen und niemandem, außer Gott und dem Beichtvater, Einblick in das eigene Seelenleben zu gewähren. Es mag einem manchmal frösteln vor der Eiseskälte, mit der hier die voraussichtliche Dauer der weiteren Brauchbarkeit alter, verdienter Diener vorausberechnet wird — wobei dem Nachfolger

allerdings immer empfohlen wird, diese alt gewordenen Staatsmänner und Heerführer zu ehren und entsprechend zu belohnen
nen —, aber man wird noch mehr als drei Jahrhunderte später
bei anderen Habsburgern, etwa beim Feldmarschall Erzherzog
Albrecht oder auch bei Kaiser Franz Joseph, eine ganz ähnliche
Haltung finden. Daß eine solche Haltung in den mit den Staatsgeschäften zusammenhängenden Angelegenheiten und Schriftstük-
ken durchaus vereinbar ist mit der Fähigkeit zu echter menschlicher Freundschaft und Herzenswärme, zeigt gerade das Beispiel
Franz Josephs, und auch Karl V. war, wie wir aus vielen
kleinen, uns überlieferten Zügen wissen, keineswegs gefühlskalt
oder gefühlsarm. Dasselbe gilt ja dann auch von Karls Sohn
Philipp, ja von den meisten Habsburgern nach Karl V.

So ist Karl V., wenngleich er den von Rudolf I. abgesteckten
Rahmen habsburgischen Herrschertums in jeder Richtung so entschieden überschritt, doch zugleich ein echter Habsburger in dem
kühlen, abwägenden Berechnen der Kräfte, in der gewissenhaften, bedächtigen Erwägung der möglichen Folgen jedes Schritts
und — wenn man den Begriff weit genug faßt — durchaus auch
ein Realpolitiker gewesen. Der Leitstern war die große, erhabene
Idee des Kaisertums, verbunden mit dem Glauben an die Berufung des eigenen Hauses, der „Maison d'Autriche". Am Ende
des Lebens dieser großartigsten Gestalt der habsburgischen Geschichte aber stehen — und auch hier lenkt die Linie wieder
zurück zur habsburgischen Familientradition — Verzicht und
Resignation, Selbstbescheidung im Bewußtsein der erfüllten Pflicht.

10.
Madrid und Wien

Man hat Karl V. mit Kolumbus verglichen, der einen kürzeren Weg nach Indien suchte und eine neue Welt entdeckte; und mit Luther, der die Reinheit des alten Glaubens wiederherstellen wollte und dann doch einen neuen Glauben begründete. Ähnlich habe Karl die hochmittelalterliche Idee der Weltmonarchie erneuern wollen und sei in Wirklichkeit der Begründer des spanischen Imperiums und der spanischen Hegemonie in Europa geworden.

Karl und sein Sohn Philipp II. haben das spanische Zeitalter Europas herbeigeführt, das dann im folgenden Jahrhundert vom französischen abgelöst wurde. Philipp II. ist der Ludwig XIV. des 16. Jahrhunderts, sein gewaltiges Bauwerk, der Escorial, das spanische Versailles — oder, besser, Versailles der französische Escorial — genannt worden. Mit dem Verzicht Karls auf die Verwirklichung seines Kaisergedankens beginnt aber nicht nur für Europa, seine Kultur und Politik, eine Epoche spanischer Vorherrschaft, sondern auch die spanische Epoche des habsburgischen Hauses. Fragt man nach Jahreszahlen für diese Periodisierung, so bieten sich der Augsburger Religionsfriede von 1555 und der Sieg der Spanier bei Saint-Quentin über die Franzosen am 10. August 1557, am Tag des spanischen Heiligen Laurentius, an. Zwischen beiden Ereignissen liegt die Abdankung Karls V., die Loslösung des der ewigen Kämpfe müde gewordenen Kaisers von der Entwicklung im Reich, die er aus politischen wie aus religiösen Gründen nicht billigen konnte.

Der Augsburger Religionsfriede zerstörte die habsburgische Hoffnung auf Wiederherstellung der kirchlichen Einheit in Deutschland und damit zugleich die nach der Niederwerfung des Schmalkaldischen Bundes wiederaufgetauchte Möglichkeit der Umwandlung des Reichs in ein Erbreich und der Aufrichtung einer starken Herrschergewalt. Der Sukzessionsplan Karls war an dem vereinten Widerstand der jüngeren Linie des Hauses Habsburg und der deutschen Fürsten gescheitert; der Augsburger Religionsfriede war das Ergebnis des Zusammenwirkens dieser beiden politischen Kräfte, Ferdinands und der deutschen Territorial-

111

fürsten. Für das Haus Habsburg aber bedeutete diese Kompromißlösung im deutschen Kampfabschnitt zusammen mit dem Regierungsantritt Philipps II. und dem Sieg bei Saint-Quentin, daß innerhalb des habsburgischen Hauses die Führung in der Folgezeit eindeutig der in Spanien herrschenden Linie zufiel, die in den deutschen Erblanden residierende Linie Ferdinands und seiner Nachfolger, obwohl ihr die Kaiserkrone verblieb, zur Nebenlinie herabsank. Die „Maison d'Autriche" Maximilians und Karls wurde zur „Casa de Austria" Philipps und seiner Nachfolger. Hatte Ferdinand in der Behauptung von seiner und seines Sohnes Nachfolge im Reich einen Sieg über Karl und Philipp errungen, so fiel doch der spanischen Linie — nicht zuletzt dank ihrer stärkeren fianziellen und militärischen Mittel — in der Folgezeit auf allen Gebieten, im Kampf gegen die Ungläubigen wie in dem mit Frankreich, in den Auseinandersetzungen mit dem Papst wie in dem weltweiten Kampf zwischen Katholizismus und Protestantismus, die Führung zu. Der für die ganze Mittelmeerwelt entscheidende Sieg von Lepanto über die türkische Flotte (1571) wurde unter spanischer Führung und unter dem Kommando des Don Juan de Austria, des unehelichen Sohnes Karls V. und der Barbara Blomberg, errungen, den Kampf gegen die Hugenotten in Frankreich, gegen die aufständischen Niederländer und schließlich gegen den großen, erfolgreichen Rivalen zur See, gegen das aufstrebende elisabethanische England, führte die spanische Linie allein. Aber auch in Italien vertraten die Spanier als Herren von Mailand und Neapel das Gesamthaus, und die Stimme des spanischen Königs hatte daher, sei es in Freundschaft oder Feindschaft, auch an der römischen Kurie mehr Gewicht als die des in Deutschland, aber auch in seinen eigenen österreichischen Erblanden dem Vordringen des Protestantismus gegenüber machtlosen, im Osten von der ständigen Türkengefahr bedrohten deutsch-habsburgischen Kaisers. Das Zeitalter der Entdeckungen und überseeischen Eroberungen, der großen Seeschlachten, des Kampfes um die Vorherrschaft zur See und um den Überseehandel war ein Zeitalter der Seefahrernationen, der Portugiesen, Spanier, Italiener, Niederländer, Engländer und Franzosen, mit denen selbst die einst so stolze Hanse nicht mehr konkurrieren konnte. Die Länder der deutsch-habsburgischen Linie lagen außerhalb des Bereichs der großen Entscheidungen, für eine weltgeschichtliche Stunde gleichsam im Hinterhof des Geschehens. Als dann nach Ferdinands I. Tod (1564) unter dessen Söhnen entsprechend dem althabsburgischen Erbrecht wieder eine Teilung der Länder vorgenommen wurde, der älteste, Maximilian II., außer der Kaiserkrone die einstigen albertinischen Länder Ober- und Niederösterreich und dazu noch die Länder der böhmischen

Krone erhielt, Ferdinand eine neue vorderösterreichisch-tirolische, Karl eine innerösterreichisch-steirische Linie begründete, schien es, als sei für die österreichischen Habsburger ein neues Zeitalter der Linientrennungen und der Übermacht der Landstände — deren Widerstand gegen das Landesfürstentum nun auch noch durch den religiösen Gegensatz verstärkt wurde — angebrochen. Rechnet man dazu die ständige Türkennot, die nur durch verzweifelte Anstrengungen, dann wieder durch drückende Tributzahlungen einigermaßen eingedämmt werden konnte, so versteht man die Schwäche der österreichischen Habsburger in der zweiten Hälfte des 16. Jahrhunderts, ihre wenig beneidenswerte Stellung als arme Vettern gegenüber den eben auf der Höhe ihrer Macht, Weltgeltung und europäischen Hegenomie stehenden spanischen Habsburgern. Man braucht nur die Bautätigkeit in Spanien und Österreich in jener Zeit zu vergleichen, das fast völlige Fehlen bedeutender Bauwerke aus jener Epoche in den österreichischen Alpenländern, aber auch etwa in Wien, um zu erkennen, welcher Zweig des habsburgischen Hauses damals die Führung hatte. So bestand ein auffälliges Mißverhältnis zwischen dem protokollarischen Vorrang des Kaisers und seiner Vertreter und der tatsächlichen spanischen Hegemonie, ein Gegensatz, aus dem ja jener leidige Zwist um den Vortritt zwischen dem französischen und dem spanischen Gesandten beim Konzil von Trient im Jahre 1562 erwuchs, da sich der Spanier als Vertreter des mächtigsten Herrschers Europas nicht mit dem dritten Platz, nach dem kaiserlichen und französischen Gesandten, abfinden wollte. Philipp II. hat als Folge dieses Zwischenfalls an den Papst das Ansuchen gestellt, ihm den Titel eines „Emperador de las Indias“, eines Kaisers der Neuen Welt jenseits des Ozeans, zu verleihen, aber der Papst, der ohnedies schwer unter dem spanischen Übergewicht in Italien wie in ganz Europa litt, hat diesem Wunsch nicht entsprochen.

Der Erbfall von 1526 nach dem Tod des jungen Königs Ludwig von Ungarn und Böhmen in der Schlacht von Mohács, der von einer späteren, die Schaffung der Donaumonarchie als providentielles Endziel der habsburgischen Geschichte betrachtenden Geschichtauffassung als epochales Ereignis gewertet wurde, brachte, was Ungarn betrifft, eine ständige Belastung durch die Kämpfe mit den Türken und den ungarischen Magnaten und neben einem nicht allzu bedeutenden Grenzstreifen nur einen problematischen Anspruch und Titel, hinsichtlich Böhmens einen etwas gesicherten, allerdings auch durch die Macht der Stände geschmälerten Gewinn. Nach der erwähnten Teilung unter den Söhnen Ferdinands I. verlagerte sich innerhalb der Maximilian II. zugesprochenen, Österreich ob und unter der Enns und die Länder der Wenzelskrone umfassenden Längergruppe das Schwergewicht naturgemäß nach Böhmen, das ja zudem der Türkengefahr nicht so ausgesetzt war wie Wien und Niederösterreich. Maximilians II. Sohn, Kaiser Rudolf II., hat ja dann auch nicht in Wien, sondern in Prag, auf dem Hradschin, residiert, so daß das luxemburgisch-albertinische Konzept eine kurze Auferstehung zu erleben schien.

In der kritischen Situation nach dem Augsburger Religionsfrieden und dem Regierungsantritt Philipps II. in Spanien war an die deutsch-habsburgische Linie die Möglichkeit und Versuchung zu einer radikalen Kursänderung herangetreten, die das völlige Zerbrechen der Gemeinschaft des Gesamthauses, die Abwendung von der spanischen Linie bedeutet hätte. Maximilian, der innerlich dem Protestantismus nahestand, der die spanische Verwandtschaft haßte und der sich auch mit seinem Vater Ferdinand nicht vertrug, hatte mit dem Gedanken gespielt, sich mit Hilfe der protestantischen deutschen Territorialfürsten gegen seinen Vater zu erheben und dem Luthertum im Reich zum Sieg zu verhelfen. Eine Verwirklichung des Planes eines solchen Bündnisses zwischen den deutschen Habsburgern und dem Protestantismus hätte jedenfalls den ganzen Verlauf der habsburgischen, der deutschen und der europäischen Geschichte grundlegend geändert. Da sich jedoch die deutschen protestantischen Fürsten dem Ansinnen Maximilians gegenüber mißtrauisch verhielten und die guten Beziehungen zu Kaiser Ferdinand nicht einer so gewagten Verschwörung mit dem Sohn opfern wollten, verlor dieser den Glauben an die Möglichkeit eines radikalen Kurswechsels mit Hilfe der lutherischen Territorialfürsten und näherte sich, wohl weniger aus religiösen als aus politischen Gründen, wieder dem Katholizismus und schließlich auch seinem Vetter und Schwager Philipp II., der ja dann auch noch sein Schwiegersohn wurde. Die Gefahr eines offenen, durch das verschiedene Bekenntnis unheilbar werdenden Bruchs zwischen Wien und Madrid wurde durch die neuerliche Familienverbindung gebannt. Da Maximilians II. zweimal unternommener Versuch der Erwerbung der polnischen Königskrone scheiterte, blieb das Verhältnis zwischen beiden habsburgischen Linien im Sinne einer eindeutigen gewaltigen Überlegenheit der spanischen Linie über die deutsche während der ganzen zweiten Hälfte des 16. und bis tief hinein in das folgende Jahrhundert unverändert. Der durch das unterschiedliche Gewicht und die Verschiedenheit der Aufgaben bedingten unvermeidlichen Lockerung der Bande wirkte man dabei stets mit dem bewährten Mittel der wechselseitigen Verheiratung entgegen.

Es mag den Menschen unserer Zeit schwerfallen, sich in eine Mentalität hineinzudenken, die jene vom Standpunkt der Biologie und Erbhygiene geradezu ungeheuerlichen Familienverbindungen möglich machte. Die Inzucht hatte ja allerdings schon früher, bei den Verbindungen der spanischen mit der portugiesischen Dynastie, begonnen. Das zeigt uns den iberischen Hintergrund jener Verwandtenheiraten, den Gedanken der Erhaltung der Rassenreinheit im Gegensatz zur Vermischung mit den Mauren, der Bewahrung des reinen königlichen Bluts. Von der portugiesischen Dynastie war allerdings auch, über die mütterliche Großmutter der wahnsinningen Johanna, wahrscheinlich die Geisteskrankheit in den habsburgischen Blutstrom gekommen. Erinnern wir noch daran, daß sowohl Maximilians I. Mutter wie die Mutter Karls des Kühnen von Burgund portugiesische Prinzessinnen gewesen waren, daß die Gemahlin Karls V., Isabella von Portugal, über ihre Mutter Maria ebenfalls wie ihr Gemahl ein Enkelkind der „Katholischen Könige" Ferdinand und Isabella war und daß schließlich Philipp II. in erster, von beiden Seiten noch im frühesten Jugendalter geschlossener Ehe nun wieder mit einer portugiesischen Prinzessin, der Tochter des Bruders seiner Mutter, vermählt wurde, so ergab sich schon hier ein solcher Grad von Inzucht, daß die verderblichen Folgen, die geistige und körperliche Insuffizienz des Kindes aus dieser ersten Ehe Philipps II., des unglückseligen Don Carlos, nicht weiter verwunderlich erscheinen können.

Das gleiche Prinzip der vielfachen wechselseitigen Verwandtenheiraten kam nun auch zwischen den beiden habsburgischen Linien zur Anwendung. Maximilian II. war der Gemahl der Infantin Maria, einer Tochter seines Oheims Karl V., die Tochter aus dieser Ehe, Anna, wurde 1570 die vierte Gemahlin Philipps II. und gebar diesem, der also der Bruder ihrer Mutter und der Vetter ihres Vaters war, den ersten regierungsfähigen Sohn, den späteren König Philipp III. Man muß sich fast darüber wundern, daß die negativen Folgen dieser Verwandtenheiraten nicht früher und nicht in noch ärgerem Ausmaß eintrafen. Ein ähnlich krasser Fall von Heirat zwischen engsten Verwandten stand ja dann auch am Ende der Beziehungen zwischen den beiden habsburgischen Linien; Ferdinand III. heiratete Maria, die Tochter Philipps III. und Schwester Philipps IV.; eine Tochter aus dieser Ehe, die Erzherzogin Maria Anna, die zuerst den Sohn ihres Oheims, den Kronprinzen Baltasar Carlos, hätte heiraten sollen, wurde nach dessen frühzeitigem Tod mit dem verwitweten Philipp IV. selbst vermählt. Leopold I. aber, der Sohn Ferdinands III., heiratete, um die Ansprüche der österreichischen Habsburger auf das spanische Erbe zu stärken, die Infantin Margarete, die Tochter seiner Schwester Maria Anna und seines Oheims Philipp IV.

Nicht zuletzt infolge dieser Verwandtenheiraten zwischen Madrid und Wien — denen die Wiener Museen und Sammlungen zahlreiche einzigartige Kunstschätze, darunter die Reihe der wundervollen Habsburger-Bildnisse von Velázquez verdanken — wurde das habsburgische Haus in dem Jahrhundert nach der Abdankung Karls V. trotz der Teilung in die beiden Linien und trotz der unvermeidlichen Spannungen innerhalb der Familie doch weitgehend von Freund und Feind als eine Einheit aufgefaßt. Ja der Ausgleich zwischen dem Streben nach Bewahrung der Familieneinheit und den Sonderungstendenzen, die sich aus den verschiedenartigen Interessen der beherrschten Länder und den Rivalitäten der beiden Höfe doch immer wieder ergeben mußten, bildete das Hauptthema der habsburgischen Familiengeschichte in diesem Jahrhundert.

Da war es nun von Bedeutung, daß das Haupt der spanischen Linie, Karls V. Sohn und Erbe, König Philipp II., durch mehr als vier Jahrzehnte (von 1556–1598), also während fast der ganzen zweiten Hälfte des Jahrhunderts, regierte und als bedeutendster und mächtigster Fürst im damaligen Europa nach dem Tod Kaiser Ferdinands I. (1564) und erst recht natürlich, nachdem dessen Sohn, Maximilian II., 1576 gestorben war, als die unbestrittene oberste Autorität und als Haupt des Gesamthauses galt. Der von Karl V. entwickelte Lebens-und Regierungsstil ist von Philipp II. weitergebildet und für das Gesamthaus zum verbindlichen Vorbild ausgeprägt worden; gewiß nicht in dem Sinne, daß alle folgenden Habsburger ihr Leben und Herrschen ganz nach den hohen Prinzipien und Forderungen Karls und Philipps gestaltet hätten — das war schon bei Philipps Sohn und Enkel, dem dritten und dem vierten Habsburger dieses Namens, keineswegs mehr der Fall —, wohl aber so, daß dieser Stil in die spezifische Familientradition des Hauses einfloß und als leitendes und prägendes Wertsystem weit über den rein biologischen Zusammenhang hinaus auf die besten Regenten des Hauses weiterwirkte und auch die mittelmäßigeren und schwächeren Charaktere nicht ganz unberührt ließ.

Die scharf beobachtenden venezianischen Botschafter am Kaiserhofe berichten uns höchst anschaulich von dem Unterschied des Herrschaftsstils der beiden habsburgischen Linien, und wie mit den am Hofe Philipps II. erzogenen Söhnen Maximilians II. das „spanische" Beispiel auch für die Deutsch-Habsburger verbindlich wurde. So stellte etwa Giovanni Corraro im Jahre 1574 dem liebenswürdigen, gewinnenden, leutseligen, gewandten und sprachbegabten Maximilian II. (der außer Latein, Deutsch, den romanischen Sprachen Italienisch, Französisch und Spanisch auch noch Tschechisch und Ungarisch beherrschte) seine aus Spanien zurückgekehrten Söhne Rudolf und Ernst gegenüber: „Es haben auch diese Fürsten von ihrer Erziehung in Spanien etwas, was ihnen ebenso schädlich, wie das andere (die streng katholische Einstellung) ihnen nützlich sein kann, und zwar einen gewissen Stolz, sei es im Schreiten, sei es in jeder anderen ihrer Gebärden, der sie, ich möchte nicht verhaßt sagen, um dieses unerfreuliche Wort zu vermeiden, aber jedenfalls viel weniger beliebt macht, als sie sein könnten. Denn das widerspricht in jeder Hinsicht dem hiesigen Landesbrauch, der beim Fürsten eine gewisse familiäre Redeweise verlangt, und es gilt als eine aus Spanien mitgebrachte Eigenschaft, die gewiß als schlecht und verabscheuungswürdig angesehen wird; und als sie aus Spanien gekommen waren, bemerkte dies Seine Majestät (Maximilian II.) und machte sie darauf aufmerksam und befahl ihnen, ihr Verhalten zu ändern (‚che mutassero stile‘). Er hat das dann mehrmals getan, wie man weiß, und da es nichts oder nur wenig half, mußte er eines Tages, um ihr Ansehen zu retten, lachend sagen, daß sie es auch mit ihm so machten, wobei er darlegen wollte, daß sie es nicht aus Hochmut täten, sondern aus einer so tief eingewurzelten Gewohnheit, daß sie sie kaum ändern könnten, und gewiß werden sie von denjenigen, die ihnen dienen oder näheren Umgang mit ihnen haben, als Fürsten mit guter Veranlagung und als sehr höflich bezeichnet, aber die Menge, die nicht so weit eindringt und sich auf den äußeren Schein verläßt, nimmt Anstoß und deutet das als Hochmut, und das um so mehr, als sie von Natur aus nicht sehr gesprächig sind. Was ihr Ansehen aber am meisten schädigt, ist der Vergleich mit ihrem Vater, der so leutselig und höflich mit jedermann ist, und kaum einer oder niemand, sei er auch noch so gewandt und wohlerzogen, vermag sich so wie er der Worte, der Blicke oder jeder Gebärde des Körpers zu bedienen, und niemand hat von Natur aus einen so liebenswürdigen Ausdruck, daß er sich völlig der Zuneigung seiner Umgebung bemächtigt wie eben Seine Majestät; und selbst das armseligste Weiblein kann ihn, wenn er aus der Messe kommt oder sonst irgendwohin geht, aufhalten und ihm frei ihr Anliegen vortragen."

Ganz ähnlich hatte man nördlich der Alpen einst den leutseligen Maximilian I. und den verschlosseneren Karl V. verglichen oder dann den beliebten Ferdinand I. mit dem unbeliebten Infanten Philipp II. Der von Karl V. und seinem Sohn verkörperte Herrschertyp ist von den am Hofe Philipps II. erzogenen Söhnen Maximilians II. an auch für die deutsch-habsburgische Linie bis zu Leopold I. und Karl VI. vorbildlich geblieben. In dem zitierten venezianischen Botschafterbericht wird für das abweisende Wesen der Prinzen das Wort „stile" gebraucht, und es ist tatsächlich ein anderer Herrschaftsstil, der hier durch die deutsch-habsburgische von der mächtigeren spanisch-habsburgischen Linie übernommen wurde. Erst nach dem Niedergang und Erlöschen der spanischen Linie entwickelte die Wiener Linie, in erster Ankündigung bei Joseph I., dann aber vor allem bei Maria Theresia und Josph II., einen neuen Herrschaftsstil, der wieder an jenen Maximilians II. erinnerte; wenngleich auch noch in der Folgezeit, etwa bei Kaiser Franz oder bei Kaiser Franz Joseph wieder Erinnerungen an den von Philipp II. entwickelten Stil nachklangen. Von den Feinden des Hauses Habsburg sind diese Bezüge sehr deutlich erkannt worden, und es lag bei aller gehässigen Übertreibung doch ein Kern geschichtlicher Wahrheit darin, wenn man in der Zeit des italienischen „Risorgimento", etwa in Verdis „Don Carlos", in der Gestalt Philipps Kaiser Franz Joseph sehen und treffen wollte.

Philipps II. Bild ist von der gegnerischen Publizistik, von Geschichtsschreibung und Dichtung der Jahrhunderte der Aufklärung und des Liberalismus in den schwärzesten Farben gezeichnet worden, und erst in der letzten Zeit hat sich in der Beurteilung dieses Herrschers ein Wandel angebahnt, wobei es wohl unvermeidlich war, daß man im Eifer der Ehrenrettung nun gelegentlich nach der anderen Seite des Guten etwas zuviel tat.

Philipp war kein Genie, kein Reformer und Neuerer, er hat keine grundsätzlich neuen Wege beschritten. An den Ratschlägen und Lehren, die ihm sein geliebter und bewunderter Vater immer wieder in so reichlichem Ausmaß in Briefen, Denkschriften und politischen Testamenten hatte zukommen lassen, hat der für sein ganzes Leben von der väterlichen Autorität geprägte Herrscher beharrlich festgehalten. Das Bewußtsein der Verantwortung für das ihm durch Gottes Gnade zur Herrschaft anvertraute Volk, die Pflicht, dafür zu sorgen, „daß es in Ruhe und Frieden, in Gerechtigkeit und Ordnung zu leben vermöge", und der Glaube an die Rechenschaft, die der Herrscher dereinst vor Gott ablegen müsse, bestimmten, ganz im Sinne des von Erasmus entworfenen Idealbilds des christlichen Fürsten, als oberste Richtlinien sein Leben und Herrschen, das dadurch den Charakter einer imponierenden Geschlossenheit erhielt. Das Verantwortungs- und Pflichtgefühl, ein gründliches Überlegen und gewissenhaftes Erwägen vor jeder Entscheidung, das manchmal fast bis zur Entschlußlosigkeit führte, Gründlichkeit in der Behandlung der Staatsgeschäfte und in der Erledigung von Akten mit bürokratischer Genauigkeit waren eine Frucht der väterlichen Lehren und fügten sich zugleich in die Traditionen der Familie und in die ererbten Charakteranlagen. Das universale Motiv, das im Denken des Vaters eine so wichtige Rolle gespielt hatte, trat in dem Sohn, der nicht mehr Träger der Kaiserkrone war, zurück gegenüber den Tendenzen spanischer Hegemonie; dem Gedanken, daß der „Katholische König" von Spanien zur Führung in der Christenheit berufen und ihm von Gott die Sorge um die Bewahrung der Glaubensreinheit, die Verteidigung des wahren Glaubens und des Volkes Christi gegen äußere und innere Feinde, gegen Ungläubige und Ketzer aufgetragen sei. Mit dem Gedanken der Bewahrung der Glaubensreinheit waren eng verknüpft der iberische Gedanke der Bewahrung der Blutsreinheit, die Gegnerschaft gegen die Vermischung mit maurischem und jüdischem Blut und damit schließlich der Glaube an die Auserwähltheit des königlichen Geblüts, an die über alle anderen Sterblichen erhobene Stellung und besondere Weihe des königlichen Hauses und der geheiligten Person des Monarchen. Diese Absonderung des Herrschergeschlechts von der übrigen Welt und der geweihten Person des Monarchen auch von der höfischen Umgebung wurde erreicht durch die Weiterbildung und Steigerung des Hofzeremoniells; ihr entsprachen die Erhebung des bisher unbedeutenden, abseits des Hauptstroms des nationalen Lebens, Handels und Wandels liegenden Madrid zur Hauptstadt und schließlich der Grundgedanke, der bei der Errichtung des Escorials, bei der Wahl des Ortes wie bei der Gestaltung des Gebäudes maßgebend war. Ein Zeitgenosse, Baltasar Porreño, hat in seiner Sammlung „Worte und Taten des Königs Don Philipp II." die Existenz dieses Sperrkreises um die königliche Person sehr anschaulich und drastisch beschrieben: „Es gab da einen gewissen Grenzstrich, über den auch der Vertrauteste nicht hinauskam, weil er, sobald er an ihn geriet, auf die Nase fiel."

Die Errichtung eines solchen Sperrkreises um die Person des Monarchen entsprach der Ermahnung Karls V. an seinen Sohn, er solle auch gegenüber den vertrautesten Ratgebern seine Gefühle zu verbergen suchen, sie entsprach wohl auch der im Grunde scheuen, gehemmten und introvertierten Natur Philipps, sie diente aber zugleich der Erzeugung einer heiligen Scheu vor dem Herrscher, der Stärkung seiner Autorität gegenüber der engeren Umgebung wie gegenüber dem gesamten Volk. Philipp ist wiederholt seinen erfolgreichen Feldherren in den Arm gefallen, wenn sie einen einmal errungenen Sieg bis zur Vernichtung des Gegners ausnützen wollten — am auffälligsten seinem Halbbruder, dem Seehelden Don Juan de Austria nach dem Sieg bei Lepanto. Man hat für dieses Phänomen verschiedene Erklärungen gesucht: ängstliches Zaudern und Entschlußlosigkeit, Eifersucht auf die Popularität der Heerführer von seiten eines Herrschers, der wußte, daß ihm die Feldherrngabe mangelte, die Sorge, daß ihm seine Feldherrn „über den Kopf wachsen", den unsichtbaren Sperrkreis um die Person des Monarchen durchbrechen könnten. Wahrscheinlich haben alle diese Momente zusammengewirkt, zugleich auch die metaphysisch begründete Sorge, daß Gott den Übermut des Siegers durch einen neuerlichen Rückschlag strafen könne, das Zurückweichen vor der Schwere der Verantwortung, die tief in der habsburgischen Familientradition verwurzelte Scheu, das Schicksal des Hauses mehr als nötig dem Glück der Waffen anzuvertrauen. Die andere Seite dieser Haltung war, daß Philipp einem geschlagenen Feldherrn wie dem Herzog von Medina Sidonia, dem Führer der großen Armada gegen das elisabethanische England, nach der Katastrophe nicht die Gunst entzog; wobei die Frage umstritten bleibt, ob der König tatsächlich das von Schiller in sein „Don Carlos"-Drama aufgenommene Wort gesprochen hat, er habe den Admiral gegen Menschen, nicht gegen Naturgewalten ausgesandt.

Das „disimular", das Verbergen der Gefühle, das Karl seinem Sohn so angelegentlich empfahl, hat dieser bis zu solcher Steigerung kultiviert, daß er seine Gefühle nicht nur vor der Mitwelt, sondern auch vor der Nachwelt verbarg und man daher lange der Ansicht war, Philipp sei zu stärkeren Gemütsbewegungen und Gefühlsregungen überhaupt unfähig gewesen, er habe seine Gefühle nicht verborgen, sondern überhaupt keine besessen. Erst die Entdeckung von Briefen an seine Töchter zerstörte diese Vorstellung, der ja schon die innige Zuneigung widersprach, die seine Gemahlinnen für Philipp empfanden; obwohl von den vier Ehen des Königs höchstens die erste teilweise aus Liebe, die anderen drei ausschließlich aus politischen Erwägungen und um die Fortsetzung der Dynastie zu gewährleisten, geschlossen worden waren. Allerdings liegt auch über dem Familienleben des Königs ein düsterer Schatten: die Tragödie des Kronprinzen Don Carlos, des unglückseligen Opfers iberischer Inzucht. Die Haltung, die König Philipp schließlich seinem geistig und körperlich entarteten Kind und, nachdem dieses in der lebenslänglichen Verwahrung des Vaters gestorben war, gegenüber der Neugier der Welt einnahm, erinnert in ihrem abweisenden Stolz, im Verbergen des eigenen Schmerzes an die Haltung, die ein anderer Habsburger, Kaiser Franz Joseph, drei Jahrhunderte später nach der Kronprinzentragödie von Mayerling bewahrte; beide Herrscher haben durch ihr stolzes Schweigen und Verbergenwollen das Emporwuchern einer phantastischen Legendenbildung erst recht gefördert, beiden hat die Mit- und Nachwelt zu Unrecht Gefühlskälte, bürokratische Trockenheit und Herzlosigkeit vorgeworfen, bei beiden triumphierte in Wahrheit das Bewußtsein einer höheren Verantwortung über die durchaus vorhandenen väterlichen Gefühle. Weder Philipp II. noch Franz Joseph I. ver-

11 Karl V. (1519–1556)

12 Philipp II. (1556–1598)

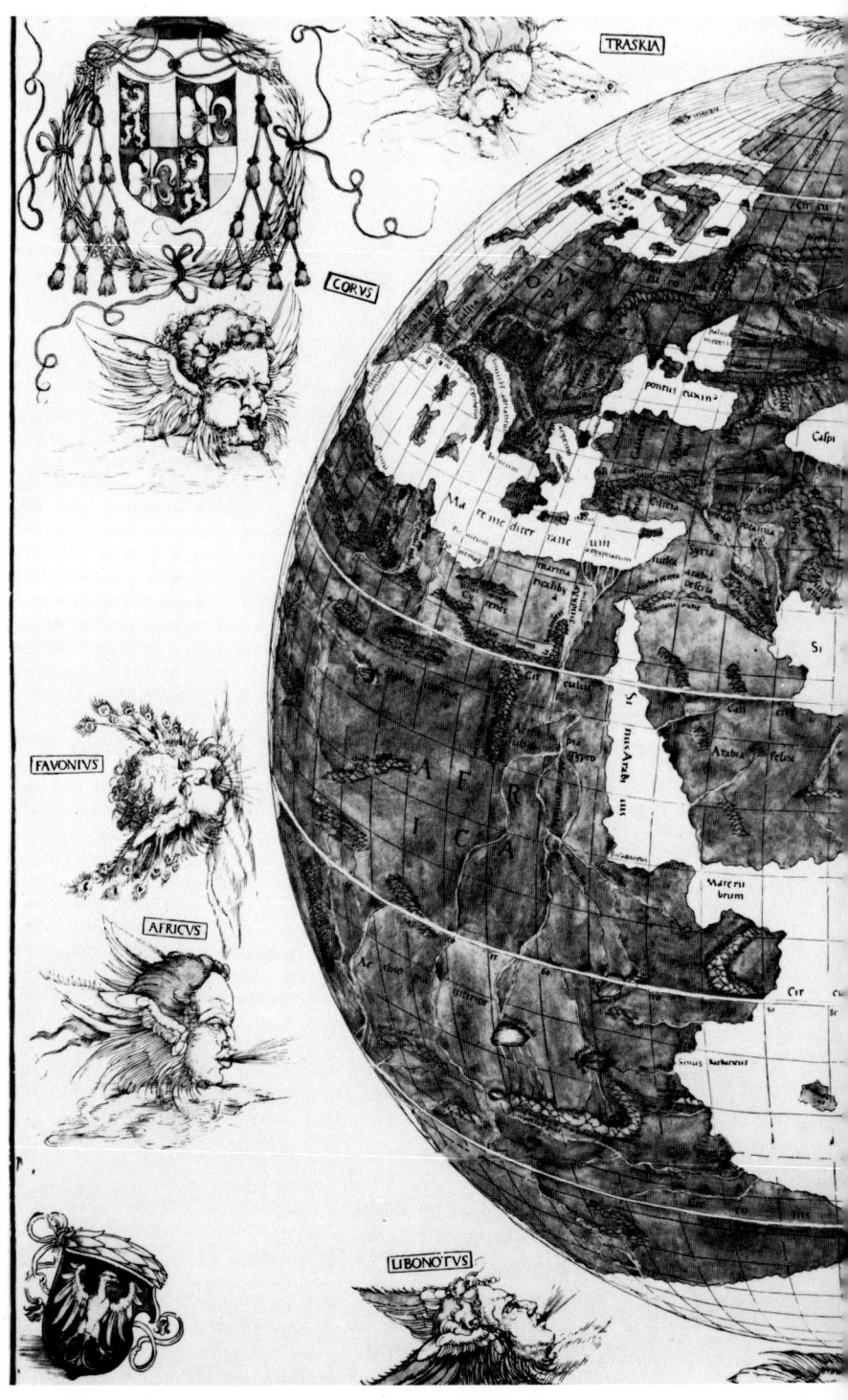

13 Erdkarte 1515 (A. Dürer)

14 Der Escorial

15 Entsatzschlacht vor Wien 1683

16 Rudolf II. (1576–1612)

leugneten den habsburgischen Familiensinn, der uns in allen Jahrhunderten — begreiflicherweise sichtbarer bei den nicht mit dem Herrscheramt belasteten Mitgliedern des Hauses — begegnet, die Weichheit und Zärtlichkeit der Beziehungen zwischen Ehegatten, zwischen Eltern und Kindern, zwischen Geschwistern, für die wir unzählige Zeugnisse besitzen.

Das gewaltige Denkmal der hohen Auffassung, die Philipp II. von seinem Herrscherberuf und von der Würde seines Geschlechts besaß, ist der Escorial bei Madrid geworden, geweiht dem heiligen Laurentius, dem spanischen Märtyrer, an dessen Festtag der Sieg bei Saint-Quentin erfochten worden war. Der Gedanke des Innsbrucker Maximilian-Grabes einer Vereinigung aller verstorbenen Mitglieder und Ahnen des Hauses im Gebet ist hier in Fortführung einer Empfehlung im Testament Karls V. erweitert zu der Idee einer Verbindung von Palast und Begräbnisstätte, einer Vereinigung der toten und lebenden Mitglieder des Hauses. Damit verbunden ist bei dem Bauwerk, dessen Grundstein im gleichen Monat und Jahr gelegt wurde, in dem das Tridentische Konzil seinen Abschluß fand, der religiöse Gedanke, so daß der Escorial mit Recht als ein „monumentales Credo" (Georg Weise) des Königs, als ein Denkmal des Strebens nach Glaubensreinheit, nach der immer auch mit dem Gedanken der Blutsreinheit verbundenen Reinheit der Lehre bezeichnet wurde. Als Forschungsanstalt und Musterwirtschaft, als autarke, von Mönchen geleitete Gemeinschaft mit Landwirtschaft, Obst- und Gemüsebau und Blumenzucht, als „Quellbrunn aller Wissenschaften" sollte der Escorial zugleich eine „Summa" des menschlichen Glaubens, Denkens und Wirkens, die vollendetste Inkarnation des alteuropäischen Gedankens des „Hauses" sein, in seiner zugleich schlichten und großartigen Architektur die „Majestät und Größe, Autorität und Adel, Würde und Vornehmheit" verkörpern.

Philipp, der Vorkämpfer des Katholizismus in dem großen, ganz Europa erschütternden religiös-politischen Ringen, der Gegenspieler des elisabethanischen England, der französischen Hugenotten, der deutschen und niederländischen Protestanten, nahm der römischen Kurie gegenüber doch in politischen Fragen eine ähnliche unabhängige Haltung ein wie sein Vater Karl. Der zu bedingungslosem Gehorsam gegenüber dem Papst verpflichtete Jesuitenorden spielte an seinem Hof keine nennenswerte Rolle, und noch im folgenden Jahrhundert unterschieden sich die beiden habsburgischen Linien dadurch, daß die Jesuiten in Wien als Beichtväter, Prinzenerzieher, Universitätslehrer und Prediger das gesamte politische, religiöse und kulturelle Leben bestimmten, während sie am Madrider Hof nicht gerne gesehen waren.

Es mag paradox erscheinen, daß gerade der zwar persönlich

streng katholische, aber zu Kompromissen und Konzessionen gegenüber den Protestanten geneigte Ferdinand I. noch vor dem Abschluß des Augsburger Religionsfrieden die ersten deutschen Jesuiten unter Petrus Canisius nach Wien gerufen hat und daß Canisius dann in Wien wie in Innsbruck am Hof des kunstsinnigen Erzherzogs Ferdinand die ersten Zentren der Gegenreformation in den Alpenländern einrichtete. Dennoch nahm unter Ferdinand I. und erst recht natürlich unter seinem dem Protestantismus innerlich zugeneigten Sohn Maximilian II. die Zahl der Anhänger der neuen Lehre in den deutsch-habsburgischen Ländern ständig zu. Auch der in Spanien erzogene und in den Fragen der Religion durchaus dem großen Vorbild Philipp II. verpflichtete älteste Sohn Maximilians, Kaiser Rudolf II., ein für Kunst und Wissenschaft aufgeschlossener, politisch unfähiger, in seinem pathologischen Immobilismus den Ahnherrn Friedrich III. noch übertreffender Herrscher, war nicht in der Lage, der Macht der protestantischen Stände entschieden entgegenzutreten, wenngleich sein jüngerer, in gleicher Religionsgesinnung erzogener, aber viel tatkräftigerer Bruder, Erzherzog Ernst, als Statthalter in Ober- und Niederösterreich den Beginn der Rekatholisierung einleitete, dem Haus Habsburg zudem in der Gestalt des späteren Kardinals Melchior Khlesl, des Sohns eines lutherischen Wiener Bäckermeisters, ein Staatsmann von Format erwuchs. Ja in den ersten anderthalb Jahrzehnten des neuen Jahrhunderts stärkte der „Bruderzwist" zwischen dem in seiner Prager Burg ganz der Alchimie, Astrologie und dem Sammeln von Kunstschätzen hingegebenen, politisch untätigen Rudolf und den von dessen Bruder Matthias angeführten übrigen Mitgliedern des Hauses weiter die Macht der protestantischen Stände. Denn wie zur Zeit der Auseinandersetzungen zwischen den Landesfürsten im spätmittelalterlichen Zeitalter der Linientrennungen und zur Zeit des „Bruderzwists" zwischen Friedrich III. und seinem Bruder Albrecht VI. zogen auch jetzt die Landstände den Hauptgewinn aus den Auseinandersetzungen, eine Situation, die doppelt gefährlich schien, als der protestantische Adel Österreichs in Georg Erasmus von Tschernembl den so lange vermißten energischen Führer erhalten hatte. Zwischen der ständisch-protestantischen Drohung, der Türkennot, den Kämpfen mit den oberungarischen und siebenbürgischen Magnaten und dem im Reich heraufziehenden Unwetter einer großen politisch-religiösen Auseinandersetzung vermochten die Nachkommen Ferdinands I. wirklich kaum anders als, wie Grillparzer im „Bruderzwist" einen Habsburger jener Zeit klagen läßt, „auf halben Wegen und zu halber Tat mit halben Mitteln zauderhaft zu streben".

Wieder, wie im 15. Jahrhundert, war die steirisch-innerösterreichische Linie berufen, das Haus zu neuem Aufstieg zu führen. Erzherzog Karl, der jüngere Bruder Maximilians II., hatte schon 1579, drei Jahre nach Maximilians Tod, in München mit seinem Schwiegervater, dem Herzog von Bayern, geheime Abmachungen über die Rekatholisierung der österreichischen Alpenländer getroffen. Von Bayern, nicht von Spanien, gingen so die entschiedeneren Impulse zur österreichischen Gegenreformation aus, und Ferdinand II., der Sohn des Erzherzogs Karl und Zögling der Jesuitenschule zu Ingolstadt, hat die von seinem Vater in der Steiermark begonnene Gegenreformation zunächst in seinen Erbländern, dann, als er den 1619 kinderlos verstorbenen Kaiser Matthias beerbte, auch in Böhmen, Ober- und Niederösterreich mit harter Hand durchgeführt, schließlich im Reich mit dem Restitutionsedikt von 1629 angestrebt.

Bevor Ferdinand die Nachfolge seines Vetters Matthias antrat, hatte er bereits durch zwei politische Akte von weittragender Bedeutung den künftigen Kurs seiner Regierung festgelegt. Der erste betraf die Auseinandersetzung mit der spanischen Linie; denn Philipp III., der Sohn Philipps II. und der Erzherzogin Anna, erhob als Enkel Maximilians II. Ansprüche auf das nach dem kinderlosen Tod der Söhne Maximilians II. erledigte Erbe der ältesten deutsch-habsburgischen Linie, auf Österreich und Böhmen, und bestritt das Erbrecht der steirischen Linie Ferdinands, da dieser ja nur der Neffe Maximilians II. war. Nach längeren Verhandlungen kam es zwischen den beiden Schwägern — Philipp III. war der Gemahl von Ferdinands Schwester Margarete — zu einer Einigung; in dem mit Ferdinand 1617 in Prag von dem spanischen Gesandten Oñate abgeschlossenen und nach dem Spanier genannten Geheimvertrag verzichtete Philipp auf seine Erbansprüche, Ferdinand versprach Spanien dafür das Elsaß, das für den Durchzug der spanischen Truppen von Italien nach den Niederlanden wichtig war. Allerdings hat Ferdinand dann die Übergabe des Elsaß nie durchgeführt. Die weiteren Ansprüche Philipps wurden durch die Übertragung einiger oberitalienischer Reichslehen befriedigt. Die geschichtliche Bedeutung des Oñate-Vertrages lag in der Wiederherstellung guter Beziehungen zwischen den beiden Linien; denn ohne die finanzielle Unterstützung durch das noch immer reiche Spanien hätte Ferdinand den kommenden großen Kampf in Deutschland nicht durchführen können. Die zweite Maßnahme war der Sturz des ersten Beraters des Kaisers Matthias, des Kardinals Khlesl, der ein Gegner des von Ferdinand eingeschlagenen Kurses einer engen Verbindung mit Spanien war und der, entgegen seinen eigenen scharf antiprotestantischen Anfängen, nun einen Ausgleich zwischen den Konfessionen in den Erbländern wie im Reich befürwortete. Auf Veranlassung Ferdinands wurde Khlesl am 20. Juli 1618 in der Hofburg verhaftet. Zwei Monate früher, am 23. Mai, waren in Prag die kaiserlichen Räte von böhmisch-protestantischen Adeligen aus dem Fenster gestürzt worden. Der große Kampf zwischen den beiden religiösen und politischen Lagern in Deutschland, der in Österreich zugleich ein Kampf zwischen Landesfürst und Ständen, im Reich zwischen Kaiser und Reichsständen, in ganz Europa ein Kampf zwischen den beiden Linien des Hauses Habsburg und den verbündeten Kronen von Frankreich und Schweden wurde, begann.

In der ersten großen Entscheidungsschlacht des Dreißigjährigen Ringens, der Schlacht am Weißen Berge bei Prag, siegte der inzwischen zum Kaiser gewählte Ferdinand II. über die böhmischen Aufständischen und deren „Winterkönig" Friedrich von der Pfalz mit bayerischer Waffenhilfe und der finanziellen Unterstützung durch Spanien (8. November 1620). Aber auch das lutherische Sachsen stand auf seiten des katholischen Kaisers gegen den kalvinistischen Pfälzer. In Rom wurde das große Ereignis mit der Erbauung der Kirche „Santa Maria della Vittoria" gefeiert. Der Sieg der katholischen Gegenreformation und des landesfürstlichen Absolutismus in den österreichischen Erbländern war damit entschieden. Der Versuch Ferdinands, den gleichen Prinzipien auch im Reich zum Sieg zu verhelfen, ist aber an dem Eingreifen der fremden Mächte, vor allem Schwedens und Frankreichs, gescheitert. Selbst der Sieg bei Nördlingen (6. September 1634), errungen im Zusammenwirken von kaiserlichen, unter dem Oberbefehl des „Königs von Ungarn", des späteren Kaisers Ferdinand III., stehenden, und spanischen, vom Kardinalinfanten Ferdinand, dem Bruder Philipps IV., kommandierten Truppen, vermochte daran nichts zu ändern. Die Aussicht auf allgemeine Befriedung, die der 1635 in Prag geschlossene Frieden zwischen dem Kaiser und den lutherisch-norddeutschen Ständen zu eröffnen schien, erwies sich als trügerisch. Der Krieg währte noch über ein Jahrzehnt, und in den Kämpfen und Verhandlungen dieses letzten Abschnitts des Dreißigjährigen Kriegs zerbrach das Bündnis zwischen den beiden habsburgischen Linien.

Die spanisch-habsburgische Macht befand sich seit dem Ende der „großen Armada", deutlicher seit dem Tod Philipps II., im Niedergang. Sein Sohn Philipp III. und sein Enkel Philipp IV. waren schwache, unbedeutende, durch die zahlreichen Verwandtenheiraten erblich schwerbelastete Herrscher, die die Regierungsgewalt ihren Günstlingen („privados") überließen, Philipp III. dem Herzog von Lerma, Philipp IV. dem Grafen von Olivares, Herzog von Santander. Unter der Herrschaft dieser Günstlinge verschoben sich, der Tendenz der Zeit und der Entwicklung im benachbarten Frankreich folgend, die Gewichte wieder stärker von den religiösen zu den politischen Auseinandersetzungen zurück. Nach dem Ende des religiösen Bürgerkrieges in Frankreich, in den noch Philipp II. auf seiten der katholischen Partei eingegriffen hatte, und nach dem Wiedererstarken des französischen Königtums trat der alte machtpolitische Gegensatz zwischen Frankreich und Spanien wieder in seine Rechte.

Zwischen Madrid und Wien ergab sich wie beim Beginn, so auch beim Ende des Zeitalters der konfessionellen Kämpfe eine für das „westöstliche Kulturgefälle" charakteristische zeitliche Verschiebung. Als Philipp II. längst als Führer des durch das Tridentische Konzil gestärkten europäischen Katholizismus in einem ganz West- und Südeuropa umfassenden Kampf gegen die kalvinistische Glaubenspartei stand, hatte man in Deutschland und in den deutsch-habsburgischen Erblanden den Frieden noch durch gütliche Vereinbarung mit den Lutheranern zu erhalten, die Kirchenspaltung friedlich beizulegen gehofft. Vom dritten Jahrzehnt des 17. Jahrhunderts an — der Regierungsantritt Philipps IV. 1621 und der Wiederausbruch des Kampfes mit Frankreich 1622 kennzeichnen die Wende — dachten die Leiter der spanischen Staatsgeschäfte wieder in erster Linie an den machtpolitischen Gegensatz zu Frankreich, während Deutschland zur gleichen Zeit die Schrecken eines zumindest in seinen Anfängen religiös bestimmten Bürgerkriegs erlebte. Entgegen der landläufigen, durch das literarische Bild vom gegenreformatorischen Eifer der Spanier geprägten Vorstellung kann man bei den Verhandlungen zwischen Madrid und Wien während des Dreißigjährigen Krieges immer wieder feststellen, daß sich der spanische Einfluß keineswegs im Sinne konfessioneller Unduldsamkeit, sondern im Gegenteil im Sinne einer größeren Konzessionsbereitschaft gegenüber den Protestanten geltend machte. So hat selbst der als Beichtvater einer spanischen Infantin an den Wiener Hof gekommene spanische Kapuziner Quiroga — ein erbitterter Gegner der in Wien tonangebenden Jesuiten — entschieden den Frieden mit den deutschen Lutheranern befürwortet. Auch sind die Spanier, solange es irgend ging, für Wallenstein eingetreten; erschien er ihnen doch als Verfechter eines Friedens im Reich unter Zugeständnissen auf konfessionellem Gebiet und unter Durchsetzung des kaiserlichen Machtanspruchs gegenüber den Reichsfürsten — ein Programm, das durchaus auf der Linie ihres politischen Denkens lag.

Die Spanier waren vor allem daran interessiert, daß der Kaiser durch einen Friedensschluß mit den deutschen Protestanten, mit Dänemark und dann mit Schweden Kräfte freibekomme, um Spanien im Westen in seinem Kampf mit Frankreich zu unterstützen. Deshalb klagten sie darüber, daß der Wiener Hof, der immer wieder finanzielle Unterstützung erbat und auch erhielt, die spanischen Hilfsgelder nicht zur Anwerbung von Truppen für den Westen, zum Kampf gegen Frankreich benütze, sondern sie entweder zum Kampf gegen die Schweden oder zur Aufrechterhaltung der kaiserlichen Hofhaltung verwende. Ferdinand II. und seinem Sohn, Ferdinand III., aber lag die unmittelbar drohende Schwedengefahr natürlich näher als die Entwicklung auf den ferneren westlichen Kriegsschauplätzen gegen Frankreich. Bei der Unnachgiebigkeit gegenüber den aus dem Prager Frieden „excludierten" süddeutschen Protestanten — die wesentlich zum Scheitern dieses Friedensversuchs beitrug — spielte neben der Zähigkeit, mit der Ferdinand II. an dem Gedanken der Rekatholisierung zumindest Süddeutschlands festhielt, auch der Gedanke eine Rolle, daß man durch Konfiskation der Güter der „Rebellen" der ewig notleidenden kaiserlichen Kasse neue Geldmittel zuführen könne.

Als dann infolge der langen Dauer des Krieges und des Niedergangs der spanischen Wirtschaft und der Finanzen die spanischen Subsidien immer spärlicher flossen, machte sich das Gewicht der unterschiedlichen politischen Interessen zwischen Madrid und Wien immer stärker geltend. In den Verhandlungen, die zum Westfälischen Frieden führten, hat sich Ferdinand III., gleichsam als gelehriger Schüler der „politischen" Ratschläge der Spanier, von der Madrider Politik ganz losgelöst, auf eigene Faust für das Reich und für seine Erblande Frieden mit Schweden und Frankreich geschlossen und dem spanischen Schwager Philipp IV. — der nun auch noch sein Schwiegersohn wurde — allein die Weiterführung des Kriegs mit Frankreich überlassen. Der Gesandte Ferdinands in Madrid, der General Francesco Carretto, Marchese di Grana, wurde beauftragt, Philipp IV. davon zu überzeugen, daß der Kaiser unter dem Zwang einer unausweichlichen Notlage den Frieden habe abschließen müssen. So stark war trotz allem noch die Verbindung zwischen den beiden habsburgischen Linien, daß Philipp die Notlage Ferdinands einsah. Schon im folgenden Frühjahr kam es zur Vermählung von Ferdinands Tochter Maria Anna mit dem verwitweten Philipp IV. Die vom Kaiser gewünschte Vermählung seines Sohnes, des Thronfolgers Erzherzog Ferdinand, mit Philipps älterer Tochter Maria Theresia wurde allerdings von Madrid energisch abgelehnt; dem Prinzen, der mit seiner Schwester schon bis Rovereto an die Grenze zwischen den deutsch-habsburgischen und den spanisch-habsburgischen Ländern gereist war, wurde mitgeteilt, daß man ihn in Spanien nicht empfangen würde. Die Hand der spanischen Infantin erhielt dann Ludwig XIV., selbst Sohn einer spanisch-habsburgischen Mutter (der Schwester Philipps IV., der so zugleich Oheim und Schwiegervater des Sonnenkönigs war), der aus dieser Ehe dann die Ansprüche auf das spanische Erbe ableitete.

Die beiden Jahrhunderte der habsburgischen Weltmacht, das 16. und 17., brachten zugleich, wohl gefördert durch die fruchtbare, ganz Europa umfassende Zweipoligkeit der spanischen und der österreichischen Linie, den Höhepunkt habsburgischen Mäzenatentums und Sammeleifers. Hatten schon die frühen Habsburger eifrig Kleinodien, Kunstwerke und Bücherschätze erworben und waren Friedrich III. und Maximilian I. in dieser Hinsicht nicht nur echte, prunkliebende Renaissancefürsten, sondern auch gebildete und verständige Förderer der Künste gewesen, so finden wir vor allem in den Generationen der Söhne und Enkel Ferdinands I., welche den neuen Typ der Kunstkammern schufen, in erstaunlicher Häufung zahlreiche Kunstfreunde von einer einzigartigen, in der Geschichte kaum jemals übertroffenen Sammlerleidenschaft. Maximilian II., der kunstverständige Bildersammler, und seine Brüder, Erzherzog Ferdinand von Tirol, der Begründer der weltberühmten Ambraser Sammlung, und Karl, der in Graz seinen Brüdern nachzueifern suchte, dann aber vor allem der größte kaiserliche Kunstfreund, Rudolf II., und seine Brüder Ernst, Maximilian „der Deutschmeister" und Albrecht (VII.), der Statthalter der Niederlande, zeichneten sich in dieser Hinsicht ebenso durch finanzielle Großzügigkeit aus wie durch die Sicherheit und Weltweite ihrer Kennerschaft, welche die Werke antiker, mittelalterlicher und zeitgenössischer, italienischer, spanischer, deutscher und niederländischer Künstler, die Schöpfungen verschiedener Stilrichtungen und Epochen wie aller Kunstarten, von der Malerei bis zur Harnischkunst und von der Plastik bis zum Instrumentenbau, umfaßte. Besonders fruchtbar wirkten sich in dieser Hinsicht die Beziehungen zu den Niederlanden aus, wo sich Mitglieder der deutsch-habsburgischen Linie wie der erwähnte Erzherzog Albrecht, der Bruder Rudolfs II., und später Erzherzog Leopold Wilhelm, ein Bruder Kaiser Ferdinands III., als Statthalter, zugleich aber auch als Bildersammler und Kunstmäzene größten Stils betätigten. Wenn bei diesen Bestrebungen, vor allem der Herrscher, aber auch der jüngeren Geschwister und Seitenverwandten, gewiß der politische Gedanke der Erhöhung

des Glanzes (des „splendor") des Hauses mitspielte, so muß man
doch auch ein echtes erlesenes Kunstverständnis feststellen, das
fast alle Angehörigen jener habsburgischen Generationen auszeichnete, ein Kunstverständnis, dessen weiter Horizont der Groß-
räumigkeit des politischen Denkens der Casa de Austria entsprach.

11.
Die Herrscher des österreichischen Barocks

Das dreißigjährige Ringen hatte der habsburgischen Dynastie den religiös-politischen Sieg in den Erbländern gebracht. Im Reich aber war der von Ferdinand II. unternommene Versuch einer Durchsetzung des kaiserlichen Machtanspruchs an dem Widerstand der fremden Mächte und an dem der deutschen Reichsfürsten, einschließlich der katholischen, gescheitert. Damit war die Entscheidung darüber gefallen, daß die Habsburger den fürstlichen Absolutismus, dessen Stunde nunmehr auch für die Mitte und den Osten Europas anbrach, wohl als Landesfürsten in ihren Erbländern, nicht aber als Kaiser im Reich verwirklichen würden. Die altehrwürdige Kaiserkrone, die ihnen verblieb, verlieh ihrer Stellung in den Erbländern wohl einen zusätzlichen Glanz; die vielfältigen Bindungen an das Reich und die schon im Hinblick auf die erwartete spanische Erbschaft nicht völlig abgebrochenen Beziehungen zu der ihrem Erlöschen entgegengehenden Madrider Linie hinderten zusammen mit dem aus der habsburgischen Tradition erfließenden, religiös begründeten Verantwortungsbewußtsein die Ausbildung eines bindungslosen fürstlichen Absolutismus. Daraus ergab sich für die Habsburger — ganz abgesehen von der mehr auf Beharrung denn auf Neuerung abgestellten Veranlagung der Herrscher — fast zwangsläufig ein gewisses Zurückbleiben hinter der Entwicklung zur absolutistischen Machtkonzentration, wie sie sich in anderen europäischen Staaten vollzog. Der besondere Charakter des deutsch-habsburgischen Herrschaftskomplexes, das stark entwickelte Sonderbewußtsein der einzelnen Länder mit ihrer noch immer nicht völlig gebrochenen, sondern nur zurückgedrängten Ständemacht begünstigte diese Tendenz zum möglichst langen Beharren bei älteren politischen Formen und Traditionen.

Nach der Schlacht am Weißen Berge hat Ferdinand II. im Jahre 1621 in seinem Testament bestimmt, daß die deutsch-habsburgischen Länder nicht mehr geteilt werden sollten; aber schon vier Jahre später sah er sich gezwungen, Tirol und die Vorlande mit dem nach dem Oñate-Vertrag eigentlich der spanischen Krone zustehenden Elsaß seinem Bruder Leopold zu überlassen. Erst 1665 kam auch diese Ländergruppe wieder an das Gesamthaus. Die letzte Linientrennung des deutsch-habsburgischen Hauses hat damit, kurz vor dem Erlöschen der spanischen Linie, ihr Ende gefunden.

Ähnlich zögernd und unter Hemmungen vollzog sich im habsburgischen Bereich die Anerkennung einer säkularisierten, von der religiösen Fundierung losgelösten Staatsräson. Auf Schritte, die unter dem Zwang der „unausweichlichen Not" in dieser Richtung getan werden mußten, wie etwa beim Vorgehen gegen Wallenstein oder im Prager und dann im Westfälischen Frieden, folgten immer wieder Epochen des Stillstands oder gar Schritte in der entgegengesetzten Richtung. Bis zum Ende der Alt-Habsburger im Mannesstamm wird fast nie ein entschiedener, gestaltender und erneuernder politischer Wille spürbar.

Dennoch stand die Zeit nach der Schlacht am Weißen Berge im Zeichen eines neuerlichen Aufstiegs der habsburgischen Macht. Der Sieg der Gegenreformation war ein Triumph des Herrscherhauses und umgekehrt. Die Rettung aus der höchsten Not — symbolisiert durch die Anekdote von der wunderbaren Errettung des von den protestantischen Ständen in der Hofburg bedrängten Kaisers Ferdinand II. durch einrückende Dampierre-Kürassiere — wurde zum neuerlichen Beweis für die Auserwähltheit des Herrscherhauses. Die Konfiskationen, Exekutionen und Landesverweisungen des aufständischen Adels und jener Protestanten, die sich dem Druck nicht beugen wollten, schufen in Böhmen und Österreich Platz und frei zu erwerbenden Besitz für einen neuen Adel von der Gnade der Herrscher, wallonischen, spanischen, italienischen, französischen Ursprungs, der, mit der Landschaft nicht mehr so verwachsen wie die alten landständischen Geschlechter, auch nicht mehr so viele politische Schwierigkeiten machte und der Dynastie, die ihn geschaffen und erhoben hat, ergeben blieb. Hatten die Habsburger schon früher wiederholt Diener und Räte aus ihren westlichen Ländern nach Österreich gebracht, sie hier durch Schenkungen, Belehnungen und Familienverbindungen in den erbländischen Adel eingegliedert — besonders stark die Welle spanischer Ratgeber, die Ferdinand I. ins Land brachte und deren Prototyp der in Österreich gründlich verhaßte Glücksritter Salamanca war —, so wurde nun im Zuge der Gegenreformation Charakter und Zusammensetzung des österreichischen Adels von Grund auf verändert, und dieser neue, vielfach aus den Familien der Heerführer des Dreißigjährigen Krieges und dann der Türken- und Franzosenkriege gebildete Adel stellte die Hofgesellschaft, den prunkvollen Chor, über dem sich die Apotheose der Dynastie erhob.

Die Zeittendenz nach Erhöhung, Heroisierung und Vergöttlichung des Monarchen, die barocke Freude an der großen, feierlichen Geste, an Faltenwurf, Lorbeerkranz und Posaunenstoß traf so mit einem neuerlichen Machtanstieg des Hauses Österreich, des „Domus Austriae", zusammen. Dieser Aufstieg aber erfolgte zugleich im Zeichen der triumphierenden Gegenreformation, so daß Herrscher- und Heiligenkult, die Verherrlichung des Hauses Habsburg und der siegreichen katholischen Kirche allenthalben ineinanderflossen. Von den Barockfassaden, die den alten gotischen Kirchen vorgesetzt wurden, grüßten der kaiserliche Doppeladler und die Wappenbilder der habsburgischen Länder und Herrschaften, die Dreifaltigkeits-und Mariensäulen, die auf den Plätzen aller Städte und Märkte der böhmisch-österreichischen Länder emporwuchsen, waren gleicherweise Siegeszeichen der katholischen Kirche wie des Herrscherhauses, die großen Wallfahrten und die Prozessionen — so die große Fronleichnamsprozession, bei der, im Sinne der besonderen habsburgischen Eucharistieverehrung, seit Ferdinand II. der Kaiser und die Mitglieder des Kaiserhauses hinter dem Allerheiligsten einherschritten — waren Festzüge der Kirche wie der Dynastie. Der Kult der Landesheiligen, des heiligen Markgrafen Leopold in Nieder-, des heiligen Florian in Oberösterreich, der heiligen Notburga in Tirol, des heiligen Johannes von Nepomuk in Böhmen, unterstrich auch die enge Verbindung von Religion und Politik. Johannes von Nepomuk, der Märtyrer des Beichtgeheimnisses, der von der Brücke in die Moldau gestürzt worden war, weil er dem böhmischen König Wenzel IV. nicht verriet, was ihm dessen Gemahlin, die Königin Johanna, in der Beichte anvertraut hatte, wurde einer der Lieblingsheiligen des österreichischen Barocks, dessen Statue nicht nur als die eines Brückenheiligen — weil er von einer Brücke gestürzt worden war — überall im Lande an den Brücken errichtet wurde, sondern die auch in und an den in jener Zeit gebauten oder barockisierten Kirchen immer wiederkehrt; als Beichtvater einer Herrscherin symbolisierte er die Verbindung von kirchlicher und weltlicher Gewalt und war ein Gegenstück zum heiligen Herrscher, dem Markgrafen Leopold, wobei das gemeinsame Auftreten des österreichischen und des böhmischen Heiligen zugleich auf die Verbindung der böhmischen und österreichischen Länder hinwies. Im Kaiserhaus selbst wurde der Kult der habsburgischen Familienheiligen gepflegt und unter den Abstammungstheorien erlebte die „pierleonistische", die das Geschlecht besonders mit Päpsten und Heiligen in Beziehung brachte, ihre letzte Blüte.

Es ist für die Kirche in Österreich für die ganze Folgezeit bedeutsam geworden, daß sie die Krise der Reformation nicht aus eigener Kraft, sondern nur mit Hilfe der politischen Gewalt, durch das Schwert der habsburgischen Dynastie, überwand. Die Anlehnung an das Herrscherhaus, die zugleich eine Unterwerfung war, brachte der katholischen Kirche in den habsburgischen Ländern Vorteile und Privilegien, aber auch Nachteile und Freiheitsbeschränkungen; das Zepter der Habsburger war für den österreichischen Katholizismus zugleich Stütze und Zuchtrute.

Schon die Haltung Ferdinands II. gegenüber der Kirche war zugleich die eines demütigen Sohnes und eines gestrengen Herrn. Der menschlich und politisch gewiß nicht allzu bedeutende, seine Entschlüsse nur nach langen Überlegungen und Zweifeln fassende Herrscher hat seine Verantwortung gegenüber Gott und der Kirche, wie er sie nach seiner Erziehung durch die Jesuiten von Ingolstadt sah, sehr ernst genommen; er hat vor jeder wichtigen Entscheidung seine Beichtväter und Theologen befragt, ob die beabsichtigten Beschlüsse nichts der Religion Abträgliches enthielten, er hat vor besonders schwerwiegenden Entscheidungen zur Entlastung seines Gewissens richtige Theologenversammlungen einberufen lassen, bei denen sich, besonders wenn es sich um politisch-militärische Fragen, um die Entscheidung über Krieg und Frieden handelte, naturgemäß auch nicht immer Einmütigkeit erzielen ließ. So gab in den wirklich entscheidenden politischen Fragen zuletzt dann doch meist die Ansicht der politischen Räte den Ausschlag. Zugleich hat Ferdinand, der ganz im Denken seiner Zeit politische Einheit immer zugleich als religiöse Einheit auffaßte, die Kirche in seinen Ländern einer strengen Aufsicht unterworfen, die Abhaltung bischöflicher Visitationen an die Genehmigung der Regierung gebunden, den Bischöfen die Publikation päpstlicher Dekrete verboten und sich, wenn es das politische Interesse verlangte, auch über Kirchenrechte hinweggesetzt; sein Sohn und Nachfolger Ferdinand III., der trotz des päpstlichen Protests das große westfälische Friedenswerk zu gutem Ende brachte, war in dieser Hinsicht vielleicht noch entschiedener. Mit einem gewissen Recht hat man die beiden Ferdinande daher als Vorläufer des „Josephinismus" — gewiß nicht in der philosophisch-aufklärerischen, wohl aber in der kirchenrechtlichen Bedeutung dieses Wortes — bezeichnet.

So trägt die habsburgische Frömmigkeit im Zeitalter des Barocks und der Gegenreformation eigenartige, politisch akzentuierte, fast möchte man sagen: staatskirchliche Züge, die kaum zu erfassen sind mit den modernen, auf der bewußten oder unbewußten Annahme einer grundsätzlichen Trennung von Religion und Politik beruhenden Kategorien. Schon der Begriff einer besonderen habsburgischen Frömmigkeit, der „Pietas Austriaca", mag modernem Denken fremdartig erscheinen. Diese „Pietas Austriaca" fand ihren Ausdruck in bestimmten Formen der Verehrung und des Kults, die nach der Auffassung der Zeit vom habsburgischen Haus seit jeher in besonderem Maße gepflegt wurden; bei ihnen allen verknüpfen sich habsburgische Geschichte und Legende mit den religiösen Tendenzen der Gegenreformation, kirchliche mit politischen Herrschaftssymbolen.

Die Verehrung der Eucharistie, des Altarsakraments, stand durch die Verbindung mit der Legende von der Begegnung Rudolfs von Habsburg mit dem Priester in einem engen Zusammenhang mit dem Glauben an die göttliche Berufung des Hauses zum Herrscheramt. Weil der Ahnherr Rudolf der Eucharistie so demutsvoll die Ehre erwiesen, sei er und seine Nachkommenschaft so wunderbar erhöht worden. Zugleich hatte die Eucharistieverehrung im Kampf mit dem Protestantismus eine aktuelle religionspolitische Bedeutung, denn an der Form des Kommunionempfangs konnte man die Konfession erkennen, und der Empfang der katholischen Kommunion galt bei den mit Gewalt oder Überredung Rekatholisierten als Zeichen der Rückkehr in die katholische Kirche. Die Wallfahrten zu wundertätigen Hostien, die Pflege und Förderung des häufigen Kommunionempfangs in der kaiserlichen Familie, bei Hof und bei den Untertanen, die besonders feierliche und prunkvolle Gestaltung der durch die Teilnahme des Kaisers und der kaiserlichen Familie ausgezeichneten Fronleichnamsfeste und schließlich die Verherrlichung des Altersakraments in unzähligen Darstellungen der bildenden Künste hatten sowohl eine kirchliche wie eine politische-dynastische Bedeutung.

Das gleiche galt von der Marienverehrung, von der Unterstellung der Dynastie und des ganzen Landes unter den besonderen Schutz der Himmelskönigin, der „Magna Mater Austriae", deren wichtigster Wallfahrtsort, Mariazell, zu „einer Art von österreichischem Staatsheiligtum" (Borodajkewycz) wurde. Die damals so beliebte Krönung der Marienbilder und Marienstatuen, vielfach mit einer Krone, die der unter Rudolf II. geschaffenen habsburgischen Hauskrone (der Krone des späteren „Kaisertums Österreich") nachgebildet war, zeigt wieder die Verquickung des kirchlichen mit dem dynastischen Gedanken. Besonders augenfällig wurde dies naturgemäß bei den Darstellungen der Krönung Mariä durch die Trinität, wie überhaupt bei den Dreifaltigkeitsdarstellungen der Gedanke der Herrschaft Gottes über die Welt stets auch eine Bezugnahme auf das Herrscheramt des Kaisers enthält.

Auch bei der Verehrung des Kreuzes, der „Pietas crucis",

hat das Kreuz wieder neben der religiösen eine politische und dynastische Bedeutung als Herrschafts- und Siegeszeichen; im Sinne der Aufrichtung des Kreuzes zum Zeichen des Sieges über Ungläubige und Ketzer, im Sinne der Devise des ersten christlichen Kaisers Konstantin: „In diesem Zeichen wirst du siegen!" und schließlich in Erinnerung an die wieder zum Ahnherrn Rudolf zurückführende Legende von dem Kruzifix als dem Zepter des habsburgischen Hauses. Die Kaiserzimmer in den österreichischen Stiften und Klöstern aber zeigten dann, wie sehr hier ganz im Sinne des großen spanischen Vorbilds des Escorial-Palastes kirchliche und weltliche Baukunst zur Verherrlichung der Dynastie und ihres Glaubens zusammenflossen.

Neben die „Pietas Austriaca", die besondere habsburgische Frömmigkeit und Rechtgläubigkeit, trat die „Clementia Austriaca", die „angestammte Milde", die „angeborene österreichische Sanftmut und Clemenz", die durch Jahrhunderte in nahezu gleichbleibenden Formeln in habsburgischen Befehlen, Erlässen, Briefen und Aktenstücken immer wieder berufen wurde. Im Munde Ferdinands II. mochte die Formel als Heuchelei und besonders etwa im Zusammenhang mit den harten Strafen und Vergeltungsmaßnahme in Böhmen nach 1620 fast als blutiger Hohn erscheinen. Eine Zeit allerdings wie die unsere, die weit ärgere Greuel erlebt hat und immer noch erlebt, urteilt vielleicht auch milder über Strafmaßnahmen, die nach einem blutigen Bürgerkrieg die — gewiß in den barbarischen Formen jener Zeit vollzogene — Todesstrafe auf den kleinen Kreis der eigentlicen Anführer des Aufstands beschränkte, sich für die große Masse des rebellierenden Adels aber mit Güterkonfiskation begnügte. Wirkliche Blutbäder sind in der habsburgischen Geschichte eine Seltenheit, mag man dies nun als Folge der religiösen Bindung, der Abneigung gegen harte, durchgreifende Maßnahmen, des Willens zum Ausgleich und zur Befriedung oder als Ergebnis der stets prekären und gefährdeten Lage der österreichischen Habsburger in den ersten Jahrhunderten der Neuzeit ansehen. Die Formel von der „österreichischen Clemenz" hat, einmal geprägt, auf die Herrscher späterer Generationen als Richtschnur und Verpflichtung gewirkt, sie ist Bestandteil der habsburgischen Herrschertradition geworden, und sie wurde wie eine Selbstverständlichkeit auch von Untertanen und Gegnern akzeptiert, so daß die von habsburgischen Herrschern unter dem Zwang der äußersten Not und Gefährdung dann doch ergriffenen strengen Unterdrückungs- und Vergeltungsmaßnahmen — gleichsam als Bruch einer verpflichtenden Spielregel — den Habsburgern ärger angekreidet wurden als weit härtere Maßnahmen den Regierenden anderer Länder.

Das Barockzeitalter, das man für Österreich geistes-, kultur-
und stilgeschichtlich zwischen den beiden Daten der Schlacht am
Weißen Berg und des Regierungsantritts Maria Theresias, also
zwischen 1620 und 1740, ansetzen kann, ist das heroische Zeitalter, in dem die machtpolitisch aufsteigende Wiener Linie
von der absteigenden Madrider Linie schließlich die Hauptlast
des Kampfes sowohl gegen die Ungläubigen im Osten wie gegen
das französische Königtum im Westen übernahm, die Zeit der
triumphierenden Gegenreformation und der triumphierenden
Dynastie. Stellte innerhalb dieser Epoche unter machtpolitisch-
militärischem Gesichtspunkt der Entsatz von Wien und der
Sieg über das Heer des Kara Mustafa im Jahre 1683 die
große Wende dar, so bedeutete, von der Dynastie her gesehen, der Regierungsantritt Leopolds I. im Jahre 1658 einen
Einschnitt. Behält man für die ganze Epoche — für die mit
Recht der Name „Habsburgerzeit" vorgeschlagen wurde — die
Bezeichnung Barock bei (die allerdings dann nicht nur im Sinne
eines Stils der bildenden Künste, sondern mehr noch in dem
eines allgemeinen geistigen, religiösen, politischen, wirtschaftlichen Stils aufgefaßt werden muß), so bildet die Regierungszeit der beiden Ferdinande, die Epoche von 1620–1657, die
Zeit des österreichischen Frühbarocks, die Regierungszeit Leopolds I. (1657–1705) jene des Hochbarocks, die seiner beiden
Söhne, Josephs I. und Karls VI. (1705–1740), die abschlie-
ßende Epoche des Spätbarocks.

Leopold I. war für den geistlichen Stand bestimmt und erzogen worden und wurde erst nach dem vorzeitigen Tod seines
älteren Bruders Ferdinand zur Thronfolge ausersehen. Der Sohn
eines deutsch-habsburgischen Vaters und der spanisch-habsburgischen Infantin Maria Anna zeigte die physischen Habsburger-
merkmale, das lange, schmale Gesicht, die großen, auf allen
Bildern etwas müde dreinblickenden Augen, die lange, ge-
schwungene, leicht überhängende Nase und vor allem die „Habsburgerlippe", die vorstehende Unterlippe, und das vorgescho-
bene lange und spitze Kinn, in extremer Ausbildung. Viele Bild-
nisse des Kaisers wirken fast wie ungewollte Karikaturen, und
nur wenige, wie die wunderbare Rötelzeichnung des Joachim
Sandrart, geben einen Begriff von dem Eindruck der Würde und
Majestät, der doch offenbar auch von diesem Herrscher ausging.
Wie Philipp II., dem er in manchen Zügen ähnlich war, besaß
er weder politisches noch militärisches Genie, hielt sich von den
Feldzügen fern, wie ja überhaupt die Habsburger durch nahezu
drei Jahrhunderte, zwischen Maximilian I. und Erzherzog Karl,
dem Sieger von Aspern, nie besondere Feldherrngaben entwickelten. Auch Leopold I. haben die Zeitgenossen und mehr noch

die richtenden und kritisierenden Geschichtsschreiber der Nachwelt die mangelnde Entschlußfreudigkeit vorgeworfen. Das Verhalten gegenüber den ungarischen Protestanten zeigt die Grenze, die seine politische Einsicht an der Unduldsamkeit seiner konfessionellen Überzeugungen fand; es hat entscheidend dazu beigetragen, daß sein Haus dann in dem großen Ringen um das spanische Erbe den Rücken nicht frei hatte, sondern einen kräfteverzehrenden Zweifrontenkrieg führen mußte. Als großes politisches Verdienst allerdings muß es Leopold angerechnet werden, daß er schon früh das Genie des Prinzen Eugen von Savoyen erkannte und trotz aller Feinde, die der Savoyer bei Hof hatte, an ihm festhielt. Wie bei vielen anderen Habsburgern lag auch bei Leopold die Leistung mehr im Gewährenlassen, im Nichtverhindern, in der bedächtigen Erwägung schicksalsschwerer Schritte und in der Bewahrung des inneren Gleichgewichts bei Unglücksfällen und Schicksalsschlägen denn in kühner Tat oder Neuerung. Die religiöse Bindung und wohl auch seine Charakteranlage bewahrten den Habsburger in jener Blütezeit des schrankenlosen fürstlichen Absoltismus vor der Versuchung der Selbstvergottung, und nicht „Leopold der Große", wie ihn die höfische Geschichtsschreibung des Hochbarocks nannte, lebt in der Erinnerung der Nachwelt fort, sondern jener von schweren Bedrohungen aus Ost und West, von Türken- und Franzosenkriegen bedrängte Herrscher, der betend und Gott für die Errettung seiner Lande aus der Pestnot dankend, erhoben und zugleich demütig an der Pestsäule Am Graben in Wien dargestellt ist.

Leopolds erste Gemahlin Margarete, eine Tochter Philipps IV., war eine spanische Cousine gewesen; die zweite, Claudia Felicitas, eine österreichische Erzherzogin, die dritte, eine deutsche Prinzessin, Eleonore von Pfalz-Neuburg, die Mutter der beiden Söhne Joseph und Karl, der späteren Kaiser, die selbst beide dann wieder deutsche Prinzessinnen heirateten. Auch hierin zeigte sich der Wandel, der sich nunmehr vollzog, der durch den Kampf mit den Bourbonen und durch das Erlöschen der spanisch-habsburgischen Linie weiter gefördert wurde. Das Aufwachsen eines starken deutschen Nationalbewußtseins und Reichspatriotismus hatte sich schon in der zweiten Hälfte des Dreißigjährigen Krieges als eine politische Kraft erwiesen, die auch von den Staatskanzleien in Rechnung gestellt werden mußte; jetzt flammten sie gegenüber den Ansprüchen Ludwigs XIV. noch stärker empor. Auch am Wiener Kaiserhof war man diesen Zeittendenzen gegenüber aufgeschlossen, und wie Leopold durch Zugeständnisse an die bedeutenderen deutschen Fürsten, durch die Gewährung der neunten Kurwürde an Hannover und die Anerkennung des preußischen Königstitels, eine deutsche Einheitsfront gegenüber Frank-

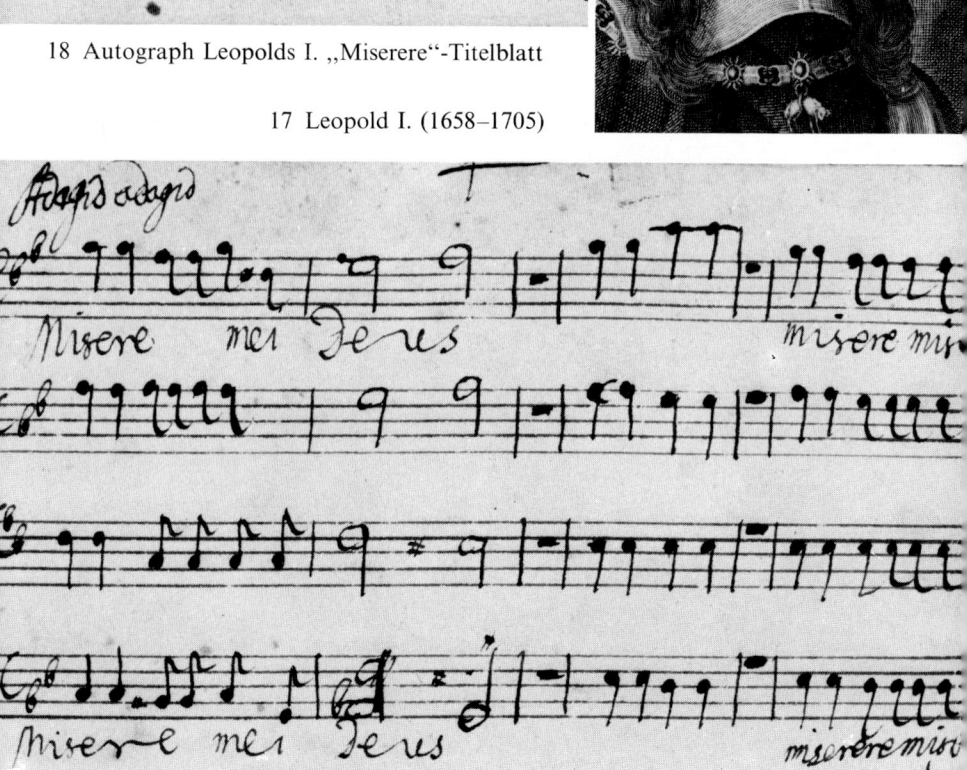

18 Autograph Leopolds I. „Miserere"-Titelblatt

17 Leopold I. (1658–1705)

19 Notenblatt aus dem „Miserere" Leopolds I.

20 Schloß Belvedere in Wien
21 Prinz Eugen von Savoyen

22 Kaiserin Maria Theresia (1740–1780)

23 Kaiser Franz Stephan v. Lothringen mit den Kabinettsdirektoren

24 Maria Theresia im Kreise ihrer Familie

25 Kaiser Joseph II. (1780–1790) pflügt

26 Joseph II. und sein Bruder Leopold,
   Großherzog der Toskana

27 Das Modell des Allgemeinen Krankenhauses
   in Wien (eine Gründung Josephs II.)

28 Konferenz zwischen Papst Pius VI. und
   Kaiser Joseph II. am 24.3.1782 in Wien

29 Kaiser Franz II. (1792–1835) im Kreise seiner Verwandten (1834)

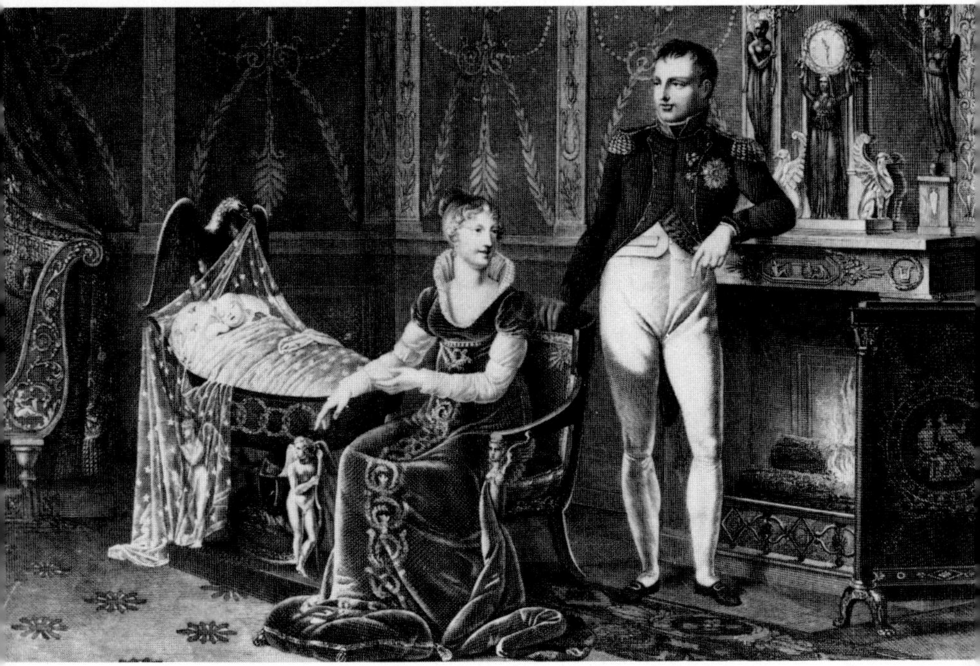

30 Napoleon Bonaparte empfängt die Schlüssel von Wien

31 Napoleon und Marie-Luise (Tochter Franz' II.) mit dem König von Rom

reich zustande zu bringen suchte, so hat er auch durch die Bestellung von Hans Jakob Wagner von Wagenfels, den Verfasser des „Ehren-Ruff Teutschlands, der Teutschen und ihres Reichs", zum Geschichtslehrer (Instructor in historicis et politicis) seines dreizehnjährigen Sohnes, des späteren Kaisers Joseph I., sein Verständnis für die Bedeutung dieser Kräfte bewiesen.

Das alte Problem des habsburgischen Hauses, die Spannung zwischen den Aufgaben im Osten und jenen im Westen, stellte sich unter Leopold und seinen Söhnen in neuer Form. Die Eroberung Ungarns im Gegenstoß nach der Wiener Türkenbelagerung von 1683 machte die kaiserliche Residenzstadt Wien, bisher bedrohte Grenzstadt im äußersten Osten des Reichs, nun erst zum Mittelpunkt eines neuen, werdenden Großreichs an der Donau, während zugleich die Vorstöße Ludwigs XIV. an den Rhein und dann der zunächst als diplomatischer Krieg im Dunkeln geführte Kampf um die spanische Erbschaft den Blick nach Westen lenkten. Das Bündnis mit den protestantischen Seemächten, mit England und den Niederlanden, ist Leopold nicht leichtgefallen, wie er andererseits auch tief entrüstet war über die Annäherung des Papstes an Frankreich. Im einen wie im anderen Fall hat er die veränderte Weltlage doch zur Kenntnis genommen und die entsprechenden Folgerungen daraus gezogen. Er hat den Kampf am Rhein für die Bewahrung des Reichsbodens vor dem französischen Zugriff geführt und im Osten bei den Auseinandersetzungen mit den ungarischen Malkontenten und den Türken immer wieder die Hand der französischen Diplomatie spüren müssen. Der siegreiche Kampf gegen die Türken, die Erfüllung der jahrhundertealten Sehnsucht seiner Ahnen, hat seinen Glauben an die Auserwähltheit des habsburgischen Hauses bekräftigt. Er, der gewiß als Politiker weniger bedeutend war als sein großer Gegenspieler, der Sonnenkönig, und dessen Machtmittel ursprünglich auch viel geringer waren als jene Ludwigs XIV., konnte es so wagen, zum großen Ringen um die spanische Erbschaft mit diesem seinem Vetter (denn Ludwig XIV. war ja auch der Sohn einer spanisch-habsburgischen Mutter) anzutreten. Mitten in diesem Ringen ist Leopold nach fast fünfzigjähriger Herrschaft gestorben.

Sein Sohn und Nachfolger, Kaiser Joseph I., scheint ihm sehr unähnlich gewesen zu sein; auch äußerlich, war er doch einer der wenigen Alt-Habsburger ohne die charakteristische Habsburgerlippe. Daß die von einem leidenschaftlichen deutschen Nationalbewußtsein getragenen Geschichtslehren des Wagner von Wagenfels bei ihm auf fruchtbaren Boden gefallen waren, beweisen seine Worte, als die Frage seiner Verheiratung spruchreif wurde: „Ich will keine Französin und keine Welsche." Auch in konfessioneller Hinsicht scheint er duldsamer gewesen zu sein als sein Vater, denn er verbot den Predigern jegliche Schmähung der Protestanten. In der feierlichen Verurteilung der beiden wittelsbachischen Kurfürsten von Bayern und Köln als Reichsfeinde wegen ihrer Verbindung mit Frankreich offenbarte sich ein stolzer Reichspatriotismus, der mit dem habsburgischen Hausinteresse in Einklang stand, und der Zusammenstoß mit dem franzosenfreundlichen Papst Clemens XI., der letzte bewaffnete Konflikt eines deutschen Kaisers mit dem Papst, rief die Erinnerung an die Kämpfe des Hochmittelalters wach, während dann am Ende des Jahrhunderts die Zeitgenossen und Bewunderer Kaiser Josephs II. in dem ersten Joseph einen Vorläufer des Aufklärers auf dem Kaiserthron sehen wollten. In Wahrheit handelte es sich auch bei dieser Episode mitten im Spanischen Erbfolgekrieg um einen Abschnitt im Ringen um das spanisch-habsburgische Erbe. War es doch für den in Spanien kämpfenden jüngeren Bruder des Kaisers, den zum künftigen spanischen König ausersehenen Karl, wichtig, daß er in den italienischen Nebenländern der spanischen Krone als Herrscher anerkannt werde. Als der Papst sich nicht dazu entschließen konnte und sogar den mit seinen Truppen auf päpstlichem Gebiet lagernden Prinzen Eugen mit dem Kirchenbann bedrohte, erinnerte man sich in Wien daran, daß Comacchio an der Po-Mündung einst Reichslehen gewesen war, und ließ es besetzen. Der auch von Frankreich im Stich gelassene Papst, dessen Soldaten es mit den kriegsgewohnten kaiserlichen Truppen natürlich nicht aufnehmen konnten, sah sich so zum Nachgeben gezwungen.

Joseph I. besaß einen Kreis hervorragender Ratgeber, so daß es dem späteren Urteil nicht leichtfällt, den eigenen Anteil des Kaisers an den Siegen und Erfolgen seiner nur sechsjährigen, vom Krieg erfüllten Regierungszeit („Joseph den Sieghaften" nannte ihn die höfische Geschichtsschreibung seiner Zeit) festzustellen. Sicher ist, daß er, in der begreiflichen Kronprinzen-Opposition, die Schwerfälligkeit der Regierung seines Vaters verurteilt hat und daß er gewillt war, eine neue, energischere Politik zu betreiben. Wohl fehlte es ihm zunächst an Arbeitseifer bei der bürokratischen Erledigung der Staatsgeschäfte, wobei man ihm allerdings seine Jugend und die verzeihliche Freude an Musik, Spiel und Tanz zugute halten muß. Die Erwerbung Bayerns für sein Haus, die dann auch sowohl sein Bruder Karl wie der zweite Joseph anstrebte, hat er ins Auge gefaßt. Als er im Alter von dreiunddreißig Jahren 1711 an den Blattern starb, bewirkte sein Tod, daß der für die deutsche Linie des Hauses Habsburg schon in Greifweite befindliche Gewinn Spaniens wieder entschwand, da die Seemächte, England und die Niederlande, eine Wiederherstellung des Reiches Karl V. in der Hand von Josephs Bruder Karl nicht wünschen konnten; die Zeitgenossen aber meinten, daß für das Haus Habsburg und für das Reich eine große Hoffnung ins Grab gesunken sei.

Karl VI., der nun im Kaisertum und in den österreichischen Erbländern zur Regierung kam und der aus dem großen Ringen zwar nicht die Krone Spaniens, wohl aber die Nebenländer in Ober- und Unteritalien sowie die habsburgischen südlichen Niederlande an sein Haus brachte, erinnert nicht nur im Erscheinungsbild wieder stärker an seinen Vater Leopold, mehr fast noch in seinem Wesen an die spanischen Habsburger des 17. Jahrhunderts, an Philipp III. und Philipp IV. Er hatte sich ganz in die Hoffnung eingelebt, König von Spanien zu werden, und er hat sich auch nach den Friedensschlüssen von Utrecht, Rastatt und Baden, die den Spanischen Erbfolgekrieg beendeten, noch lange nicht völlig von seinem spanischen Königstraum lösen können. In dem nicht zur Vollendung geführten Plan, in Klosterneuburg bei Wien einen österreichischen Escorial zu errichten, hat die Trauer um das verlorengegangene spanische Reich, das er als König Karl III. hätte beherrschen sollen, Gestalt angenommen. Über den übermäßigen Einfluß spanischer Ratgeber auf den Kaiser führten noch lange die Angehörigen anderer Nationen am Kaiserhof Klage. Auf der anderen Seite haben die maritimen Eindrücke seiner spanischen Jahre Karls Interesse für Seefahrt und Überseehandel geweckt und so den Anstoß gegeben zur Gründung der österreichischen Handelskompanien und zur Förderung des Seehafens Triest. Das für die Geschichte des habsburgischen Hauses wichtigste positive Ergebnis der Regierungszeit' des letzten althabsburgischen Kaisers aber war die im Jahr des Utrechter Friedens 1713 erlassene Pragmatische Sanktion, das Hausgesetz, das den noch ungeborenen Töchtern Karls auf jeden Fall die Erbfolge vor den Töchtern Josephs I. sichern sollte, die erste Erklärung eines staatsrechtlichen Bandes für die „weitläufige und herrliche Monarchie", wie Prinz Eugen die Länder des Kaisers nannte und die „zu einem Totum" zu machen, zu einer Einheit zusammenzuschließen, er den Träger der Kaiserkrone aufforderte. In dieser Pragmatischen Sanktion ist nun auch zum erstenmal für die deutsch-habsburgische Linie das Prinzip der Primogenitur, des alleinigen Erbrechts des ältesten Sohnes — und wenn keine Söhne vorhanden sind, der ältesten Tochter —, zum staatsrechtlich bindenden Grundsatz erklärt, die Möglichkeit von Erbteilungen endgültig ausgeschlossen worden.

Bei dem Bestreben, die Anerkennung der Pragmatischen Sanktion und damit die Erbfolge der 1717 geborenen ältesten Tochter, der Erzherzogin Maria Theresia, zu sichern, hat Karl VI. keine glückliche Hand bewiesen. Mit großen politischen Opfern, mit der Preisgabe der Ostindischen Kompanie, mit der Teilnahme an zwei unglücklichen Kriegen, dem Polnischen Erbfolgekrieg und dem Türkenkrieg an der Seite Rußlands, mit Gebietsverlusten im Süden, Westen und Osten, ist die Garantie der europäischen Mächte allzu teuer erkauft worden, und die Ereignisse nach dem Tod Karls VI. bewiesen die Richtigkeit der Mahnung des Prinzen Eugen, daß es sich hier um Fragen der politischen Macht handle.

Die Folgen der allzu vielen Verwandtenheiraten, die wohl die letzte Ursache für das Verlöschen der spanisch-habsburgischen Linie gewesen waren, sind, wenn auch in gemilderter Form, bei Kaiser Karl VI., festzustellen, mit dem das österreichische Barockzeitalter und das althabsburgische Geschlecht im Mannesstamm zu Ende ging. Die großen Liebhabereien der letzten Alt-Habsburger, die Jagd, die Musik, die Oper, die edle Reitkunst der spanischen Reitschule, sind auch von ihm in einer letzten, schon etwas müden Verfeinerung gepflegt worden. In dem Meisterwerk des Johann Bernhard Fischer von Erlach, der Wiener Karlskirche, die der Kaiser im Jahr des Utrechter Friedens und der Pragmatischen Sanktion, im Pestjahr 1713, seinem Namenspatron, dem Pestheiligen Karl Borromäus, versprochen hatte und die 1737, im Jahr nach dem Tod des Prinzen Eugen und drei Jahre vor dem Tod des Kaisers, vollendet wurde, hat die Kunst des österreichischen Spätbarocks eine letzte großartige Verherrlichung der Verbindung von religiöser und politischer Herrschaft, von habsburgischem Kaisertum und triumphierendem Katholizismus geschaffen, ein Bauwerk von unerhörter Geschlossenheit trotz der kühnen Vereinigung der verschiedensten Elemente, von Kuppel, griechischer Tempelfassade, römischen Triumphsäulen und Glockentürmen, vergleichbar dem Kaisertum dieser letzten Alt-Habsburger, in dem auch die verschiedensten geschichtlichen Traditionen in einer Art von prästabilierter Harmonie vereint zu sein schienen.

12.
Die große Kaiserin

Maria Theresia, die Tochter Karls VI. und einer Welfin, der Prinzessin Elisabeth-Christine von Braunschweig-Lüneburg-Wolfenbüttel, war die letzte Alt-Habsburgerin; mit ihr endet die mehr als ein halbes Jahrtausend vorher mit König Rudolf begonnene Reihe der habsburgischen Herrscher. Aber die Stammutter des neuen Hauses Habsburg-Lothringen war in Wesen und Wirken viel mehr Anfang als Ende, die wahre Begründerin eines neuen Staatswesens, das sie, unterstützt von hervorragenden, mit glücklicher Hand ausgewählten Beratern und Gehilfen, aus den ererbten Ländern schuf und das sie mit Klugheit und Starkmut gegen äußere Feinde verteidigte. Sie entwickelte einen neuen Regierungsstil, eine neue Beziehung zwischen dem Herrscher und dem Volk. Mit dieser mütterlichen Herrscherin, die die Bestattung der einzigen Nicht-Habsburgerin, ihrer Erzieherin Gräfin Fuchs, in der Begräbnisstätte des Hauses, der Wiener Kapuzinergruft, anordnete, begann das „bürgerliche" Zeitalter der Dynastie. Der unsichtbare Sperrkreis, der seit den Tagen Karls V. und Philipps II. die Person des habsburgischen Herrschers umgeben hatte — bei den Deutsch-Habsburgern gewiß nicht mit jener unnahbaren Strenge wie bei den Angehörigen der Madrider Linie, aber doch auch hier seit den in Spanien am Hofe Philipps II. erzogenen Söhnen Maximilians II. in wachsendem Maße —, wurde von ihr beseitigt. Wie ihre Ahnherrn Rudolf I. und Maximilian I. wurde auch Maria Theresia bei ihrem Volk wirklich beliebt und populär, und unzählige Anekdoten sind von ihr überliefert.

Ihr Gemahl, Franz Stephan von Lothringen, hatte, um die Hand der Erbin der habsburgischen Länder zu erhalten, sein Stammland Lothringen gegen das Großherzogtum Toscana vertauschen müssen, da die Hofburg nur auf diese Weise nach dem Ende des Polnischen Erbfolgekriegs, die, wie sich später herausstellte, wertlose französische Garantie für die Pragmatische Sanktion erhalten konnte. „Kein Verzicht, keine Erzherzogin", hat Johann Christoph Freiherr von Bartenstein, der führende Staatsmann der letzten Jahre Karls VI., der Berater Maria

Theresias in den ersten stürmischen Jahren ihrer Regierung und spätere Erzieher Josephs II., dem Lothringer damals zugerufen. Daß nur ein Prinz mit geringer Eigenmacht die Hand der Thronerbin erhalten werde, hat Karl VI. England versprechen müssen. So stand der Schatten der großen Politik der europäischen Kabinette über dieser Verbindung, die doch von Anfang an auch eine Liebesheirat war und eine der glücklichsten Fürstenehen jener Zeit. Die Genealogen des habsburgischen Hauses, die im Zeichen der historischen Kritik längst von den alten phantastischen Abstammungssagen abgekommen waren, begrüßten die Verbindung, aus der das neue Haus Habsburg-Lothringen hervorgegangen war, im Sinne der neuen Etichonen-Theorie als die Wiedervereinigung zweier Linien des alten lothringischen Herzogshauses nach nahezu einem Jahrtausend. Tatsächlich wurde dann, im Gegensatz zum kurzen wittelsbachischen Kaisertum Karls VII., das Kaisertum des Lothringers als des Gatten einer Habsburgerin durchaus nicht als Bruch der nun schon seit drei Jahrhunderten ungebrochenen Reichstradition eines habsburgischen Kaisertums empfunden, und im Bewußtsein des Volkes wie im allgemeinen Sprachgebrauch bleiben die Habsburg-Lothringer auch in der Folgezeit stets „die Habsburger".

Schon durch die Heiraten mit deutschen Prinzessinnen in den beiden letzten habsburgischen Generationen war Maria Theresia abstammungsmäßig wieder eng mit den deutschen Fürstenhäusern verbunden. Ihre Ahnentafel zeigt ein starkes Überwiegen deutscher Vorfahren — im Gegensatz etwa zu dem von Mit- und Nachwelt als besonders „deutsch" empfundenen Kaiser Maximilian I., dem Sohn einer portugiesischen, Enkel einer polnischen und Urenkel einer italienischen Prinzessin, in dessen Ahnentafel das deutsche Element nur eine geringe Rolle spielte. Die typischen physischen habsburgischen Merkmale sind bei Maria Theresia und ihren Kindern (obwohl auch Franz Stephan von Lothringen über seine Großmutter, die Erzherzogin Maria Eleonore, ein Urenkel Kaiser Ferdinands III. war) kaum mehr festzustellen, und erst in der folgenden Generation, bei den Kindern Leopolds II., tauchen sie, wohl infolge der Verstärkung des althabsburgischen Blutsanteils durch ihre Mutter, eine spanische Bourbonin, wieder auf. Wieviel man bei dem großen Bruch, den Maria Theresia — bei aller behutsamen Wahrung gewisser äußerer Formen und Traditionen — gegenüber der althabsburgischen Überlieferung auf fast allen Gebieten durchführte, auf das Konto ihrer Abstammung, wieviel auf den Einfluß ihres Gatten, wieviel auf jenen ihrer Berater und dann ihres Sohnes und Mitregenten Joseph, wieviel schließlich auf die allgemeinen Zeittendenzen anrechnen soll, ist naturgemäß eine schwierige, kaum zu beantwortende Frage.

Denn diese Kaiserin war eine große Reformerin, wenn man will: eine Revolutionärin, eine Revolutionärin mit Herzenstakt, weiblichem Charme, einem untrüglich sicheren Gefühl für die Grenzen des Möglichen und mit einem virtuosen Talent für Auswahl und Behandlung ihrer Mitarbeiter begabt. Kein Herrscher vor ihr oder nach ihr in der langen Reihe der in ihrer Person verbundenen alt-habsburgischen und habsburgisch-lothringischen Dynastien hat es wie sie verstanden, den richtigen Mann zur richtigen Zeit auf den richtigen Platz zu stellen, keiner hat wie sie, inmitten schwerer Kriege, so viele grundlegende und umwälzende Neuerungen durchgeführt, die sich dazu noch in der Folgezeit bewährten. Mit welchem Lebensgebiet immer man sich in der neueren Geschichte Österreichs beschäftigt, mit der Geschichte der Verwaltung, der Finanz- und Wirtschaftspolitik, des Schulwesens, des Heerwesens, der Rechtspflege und des Gesundheitswesens, immer kommt man zu dem Ergebnis, daß die entscheidenden Reformen und segensreichen Einrichtungen auf die Regierungszeit der großen Kaiserin zurückgehen. Mit Recht klagte der traditionsgebundene Oberstofmeister der Kaiserin über den „unglücklichen Neuerungsgeist, welcher bald nach weiland Kaisers Caroli VI. Absterben sich eingefunden und täglich mehr zugenommen" habe, über die „gänzliche Verkehr oder Umgießung einer durch viele Saecula und von Anbeginn des durchlauchtigsten Erzhauses üblich gewesenen Regierungsform". Das erstaunlichste aber ist, daß die Kaiserin neben dieser gewaltigen, gegen die Beharrungskraft und die Widerstände jahrhundertealter Traditionen und geheiligter Privilegien durchgeführten Reformarbeit, neben dem Kampf um die Erhaltung ihres Erbes und den Sorgen um den Lauf der großen europäischen Politik noch Zeit fand, ihrem Gatten eine vorbildliche Gemahlin zu sein, sechzehn Kinder in die Welt zu setzen („Man kann nicht genug davon haben, in diesem Punkte bin ich unersättlich", schrieb sie an eine ihrer Schwiegertöchter) und sich auch noch in ebenso vorbildlicher Weise um die Erziehung und Heranbildung ihrer Kinder zu kümmern.

Ein Aktenstück im Wiener Haus-, Hof- und Staatsarchiv erhellt vielleicht besser als alle Lobpreisungen das Wesen dieser ungewöhnlichen Frau, zugleich auch den Unterschied gegenüber den früheren Habsburgern; als sie einmal während des Morgenkaffees Akten las und wohl auch nach wienerischer Art das Gebäck in den Kaffee tauchte, machte sie einen Kaffeefleck auf das Aktenstück, zog sogleich mit der Feder einen Kreis um den Fleck und schrieb dazu, sie schäme sich sehr, daß sie diesen Fleck gemacht. Den gewinnenden Eindruck, den die Kaiserin in Frankfurt bei der Krönung ihres Gemahls machte, hat nach Augenzeugenberichten Goethe in „Dichtung und Wahrheit" geschildert, und neben den zahlreichen Anekdoten enthüllen ihre Briefe, voran jene an ihre an fremden Höfen weilenden Töchter, aber auch die an ihre Heerführer und Minister, eine solche Frische, Herzlichkeit und einen so natürlichen Hausverstand, daß man eine Ahnung bekommt von dem Zauber, der von dieser mütterlichen Frau auch dann noch ausging, als die vielen Geburten, die körperlichen und seelischen Strapazen, Sorgen und Aufregungen ihre ursprüngliche Schönheit zerstört hatten und sie in zeitlebens nicht versiegender Trauer um ihren 1765 verstorbenen Gemahl den Witwenschleier trug.

Die vielleicht für den Herrscherberuf wichtigste Charaktereigenschaft, Starkmut im Unglück, mußte Maria Theresia gleich am Beginn ihrer Regierung bewähren, als sie sich im Alter von nur dreiundzwanzig Jahren den von verschiedensten Seiten hereinbrechenden Bedrohungen gegenüberfand „ohne Geld, ohne Credit, ohne Armee, ohne eigene Experienz und Wissenschaft und endlich auch ohne allen Rat, weilen ein jeder aus den Räten anforderst sehen und abnehmen wollte, wohin die Sachen sich wenden würden". Bekannt ist ihre Mahnung an die verzagten Räte: „Was for Grillen, warumb solche Gesichter, reden ist nothwendig, aber nicht die arme Königin noch mehr zu decouragieren, sondern ihr helfen und rathen!", und ihr erschütternder Brief an den Feldmarschall Graf Khevenhüller, in dem sie unter Bezugnahme auf ein gleichzeitig übersandtes Bild schreibt: „Hier hast du eine von der ganzen Welt verlassene Königin vor Augen mit ihrem männlichen Erben; was vermeinst du, will aus diesem Kinde werden? . . ." Berühmt auch die anekdotisch ausgeschmückte Erzählung, wie die Herrscherin durch ihr persönliches Auftreten auf dem ungarischen Reichstag in Preßburg den ungarischen Adel zum Versprechen stärkerer Hilfeleistung bewog. So gelang es ihr, die erste große Krise ihrer Regierung zu überwinden und in dem achtjährigen Ringen des Österreichischen Erbfolgekriegs und der beiden Schlesischen Kriege ihr Erbe mit Ausnahme von Schlesien im Norden, Parma und lombardischen Gebieten im Süden zu bewahren.

Hatte Maria Theresia so, wie sie selbst rückblickend schrieb, bis zum Dresdner Frieden von 1745 „herzhaft agiret, alles hazardiret" und alle Kräfte angespannt, so ging sie nach dem Friedensschluß ebenso beherzt an die schon in den letzten Kriegsjahren vorbereitete große Staatsreform, an den Umbau des Herrschaftskomplexes der böhmisch-österreichischen Länder in einen zentralistisch-bürokratischen Einheitsstaat. In dem schlesischen Grafen Haugwitz ist ihr dabei ein hervorragender Helfer erstanden, der in schöpferischer Anpassung an die besonderen österreichischen Verhältnisse die Anregungen des Vorbilds der preußischen Behördenorganisation aufgegriffen und weitergebildet hat. Das Ringen mit dem friderizianischen Preußen in den beiden Schlesischen Kriegen und dann im Siebenjährigen Krieg hat ja überhaupt, was allzuoft übersehen wird, zu dem auch sonst in der Geschichte zu beobachtenden Phänomen der Angleichung der Gegner geführt; in Bürokratie und Armee, den beiden Hauptstützen des österreichischen, von Maria Theresia geschaffenen Staates, sind viele Parallelen und Gemeinsamkeiten zu preußischem Wesen festzustellen, und dieser militärisch-bürokratische Stil hat dann in der Gestalt Josephs II. auch die habsburgisch-lothringische Dynastie ergriffen und bis zum Ende der Habsburgermonarchie geprägt. Wenn man in bürokratisch-militärischer Nüchternheit und Schlichtheit, in der völligen Hingabe an den Gedanken der Pflicht und des Staatsdienertums den Kern altpreußischen Wesens erblicken will, war etwa Kaiser Franz Joseph weit „preußischer" als Kaiser Wilhelm II. oder mancher andere romantisch-phantasiebegabte Sproß des Hauses Hohenzollern. Die österreichisch-preußische Parallelität und Gemeinsamkeit, die ja gerade auch in dem Dualismus der Gegnerschaft von Friedrich dem Großen und Maria Theresia und der von beiden Herrschern durchgeführten inneren Reformen ihren Niederschlag fand, haben gewiß weiter zurückreichende, in der gleichen ostmitteleuropäischen Lage und der gleichen Notwendigkeit zu ständiger Abwehrbereitschaft gegenüber dem Osten begründete Wurzeln. Seit dem Einfall Friedrichs in Schlesien und der Gegenwehr Maria Theresias aber wurde die Rivalität gegenüber Preußen und später dann zum wilhelminischen Deutschland zu einer bestimmenden Komponente auch in Haltung, Stil und Ideenwelt der habsburgischen Dynastie.

Maria Theresia hat den großen Preußenkönig innig und aus tiefstem Herzen gehaßt, nicht nur als den „Räuber Schlesiens", sondern mehr vielleicht noch, weil der kühle, scharfe und ironische Geist und Witz des „Einsiedlers von Sanssouci" ihrem eigenen warmherzigen, mütterlichen und ganz und gar unintellektualistischen Wesen diametral entgegengesetzt war. So wurde es zu einer der großen, schmerzlichen Enttäuschungen ihres Lebens, daß sie in ihrem Sohn Joseph ähnliche Wesenszüge und Geisteshaltungen entdecken mußte wie in dem „bösen Menschen" und „häßlichen Nachbarn" Friedrich, dessen falschem Charakter sie stets „abhorrierte", dem „monstre", das, wie sie schrieb, „uns und so viele Tausende noch immer quälet".

Die Klage über die kalte Ironie und den sarkastischen Witz des „philosophischen Jahrhunderts" war zugleich eine Anklage gegen die Geistesart ihres großen Gegners wie ihres eigenen Sohnes: „Die Welt ist jetzt so leichtfertig, so wenig wohlwollend. Alles wird ins Lächerliche gezogen . . . unsere Deutschen verlieren hierdurch die beste Eigenschaft, die sie besaßen: ein wenig schwerfällig und rauh zu sein, aber gerade, wahrhaft und fleißig. Ich für meine Person liebe alles das nicht, was man Ironie nennt. Niemals wird irgend jemand durch sie gebessert, wohl aber geärgert, und ich halte sie unvereinbar mit der Liebe des Nächsten." Verzweifelt beschwört sie den Sohn, er solle sich nicht „in einem Ton gehen lassen, der von vornherein alle zarte Wärme und Freundschaft verbannt". Was sei denn das für ein Leben, aus dem die Menschlichkeit und gegenseitige Sympathie ausgeschlossen sei? „Sie sind eine Kokette des Geistes, ein Bonmot, ein Wortspiel packt Sie . . . Sie gebrauchen es bei der ersten Gelegenheit, ohne viel darüber nachzudenken, ob es paßt oder weh tut . . ." Sie meinte, daß der Mangel an kirchlichreligiösem Eifer an dieser Geisteshaltung ihres Sohnes die Schuld trage, und empfahl ihm aus sorgenvollem Mutterherzen die eifrigere und andächtigere Erfüllung der religiösen Pflichten.

Die Feindschaft gegen den Preußenkönig hat Maria Theresia und ihren Staatskanzler Fürst Kaunitz schließlich sogar zu einem Bündnis mit dem alten Erbfeind, dem französischen Königtum, geführt. Die Ehe der jungen, leichtlebigen Maria Antoinette mit dem französischen Dauphin sollte die traditionelle österreichischfranzösische Gegnerschaft, die Rivalität des habsburgischen und des bourbonischen Hauses für immer beenden. Die Ehe stand unter keinem guten Stern, und der erwartete politische Gewinn ist ausgeblieben. Die Hilfe Frankreichs vermochte ebensowenig wie jene Rußlands Österreich im Siebenjährigen Krieg Schlesien wieder zurückzubringen, das Leben Maria Antoinettes in Versailles war für die Mutter in Wien eine Quelle ständiger Sorge. Erst vor ihrem Tod unter der Guillotine der Französischen Revolution hat Maria Antoinette gezeigt, daß sie in Haltung und Tapferkeit eine würdige Tochter Maria Theresias war.

In einer eigenartigen Verbindung und Spannung befanden sich bei Maria Theresia überhaupt Muttersorge, Familiensinn, Hausinteresse und Staatspolitik in der Stellung gegenüber jenen Töchtern, die sie an europäische Fürstenhöfe verheiratete. War beim Abschluß solcher Eheverbindungen zunächst nur der dynastisch-politische Gedanke maßgebend, so ließ die Kaiserin dann in den Briefen an die Töchter in der Ferne die menschlichen Ratschläge, die Besorgnisse und Ermahnungen der Mutter in den Vordergrund treten, und man hat manchmal fast den Eindruck, als spräche, vielleicht nur ganz im Unterbewußtsein, dabei eine Art Schuldgefühl mit, die Trauer, daß das politisch-dynastische Interesse sie zwinge, die Töchter in die Ferne, an fremde Höfe und ungeliebte Partner zu verheiraten. War doch auch die Kaiserin ein Kind des bürgerlich-sentimentalen Zeitalters, dessen Wertmaßstäbe im Widerstreit lagen mit den Traditionen und Erfordernissen des dynastischen Gedankens. So ermahnte sie ihre Töchter, sie sollten sich dem Geschmack ihrer neuen Nationen anpassen, um deren Vertrauen zu gewinnen, und keine Abneigung, aber auch keine Vorliebe für irgendeine Nation hegen, denn jede habe ihre guten und ihre schlechten Seiten. „Im Herzen seien Sie immer eine Deutsche, schon durch ihre Rechtschaffenheit, und geben Sie sich den Anschein, Neapolitanerin zu sein in allem, was gleichgültig, aber in nichts, was schlecht ist", schrieb sie an ihre Tochter Maria Josepha, die den König von Neapel heiraten sollte; und ihre Tochter Maria Amalia, die ihren Gatten, Ferdinand von Parma, mit ihrer allerdings nicht unbegründeten Eifersucht plagte, ermahnte sie: „Je mehr du deinem Gemahl Freiheit lässest, je mehr du darin deine Gefühle und dein Vertrauen offenbarst, desto anhänglicher wird er dir sein. Alles Glück der Ehe besteht in Vertrauen und beständigen Gefälligkeiten. Die törichte Liebe vergeht bald; aber man muß sich achten, sich gegenseitig, wo immer nur möglich, nützlich sein. Der eine muß sich als der wahre Freund des andern erweisen, um die Unfälle dieses Lebens ertragen und die Wohlfahrt des Hauses begründen zu können . . . Alle Ehen würden glücklich sein, wenn man sich so benehmen würde."

Die alte naive Einheit der politischen und familiären Bindungen und Werte in dem Begriff der Dynastie, des „Hauses", wurde im 18. Jahrhundert von zwei Seiten her bedroht; von der politischen Sphäre her durch den Begriff eines von der Person des Herrschers losgelösten autonomen Staates und Staatswohls, dem auch der Herrscher zu dienen habe, von der menschlich-familiären Sphäre her durch das Gefühl von dem Recht auch des Herrschers und seiner Familie auf menschliches und familiäres Glück. Zwischen beiden Bedrohungen stellte sich insofern eine Beziehung ein, als die unvermeidlichen Opfer an persönlichem Glück, die der Herrscher zu bringen hatte, gerechtfertigt wurden durch den Gedanken des Opfers für den Staat, den Gedanken des Staatsdienertums. Die Problematik, die das Leben vieler Angehöriger der habsburgischen Dynastie, aber auch der anderen europäischen Dynastien seit der Französischen Revolution bestimmen sollte, die Spannung zwischen Herrscheramt und privatem Glück, der den alteuropäischen Herrschern noch durchwegs fremde Gedanke von der Herrscherkrone als einer Dornenkrone und einer schweren Last, begannen sich bereits bei Maria Theresia anzukündigen.

Besonders deutlich wird diese Spannung, wenn wir die Stellung der Kaiserin zu Kirche und Religion betrachten. Die Tochter einer welfischen Protestantin, die vor ihrer Ehe mit dem Kaiser zum Katholizismus übergetreten war, ist persönlich streng katholisch eingestellt gewesen. Der Gedanke konfessioneller Toleranz, den ihr Sohn zum Sieg führen wollte, lag ihr persönlich fern. Dennoch ist sie wie in so vielen anderen Bereichen auch auf kirchenpolitischem Gebiet die große Reformerin geworden. Unter Maria Theresia begann auch für den österreichischen Katholizismus ein neues Zeitalter, das der „katholischen Aufklärung" und des „Josephinismus", das die Epoche des Barockkatholizismus ablöste.

So hat die persönlich fromme und strenggläubige Kaiserin die Zahl der Wallfahrten und Prozessionen eingeschränkt, die Gründung neuer Klöster erschwert, ja praktisch nahezu verhindert, die Ablegung der Klostergelübde vor dem 24. Lebensjahr bei Strafe verboten, vor allem aber die Steuerfreiheit des Klerus aufgehoben, Visitationen durch päpstliche Legaten untersagt, schließlich, wenngleich schweren Herzens, der Aufhebung des Jesuitenordens zugestimmt. Wenn Maria Theresia bei vielen ihrer kirchenpolitischen Maßnahmen auch nur die staatskirchlichen Traditionen ihrer althabsburgischen Vorfahren fortzusetzen schien, so verschoben sich nun doch die Akzente in der Begründung. Die Kirchenpolitik der Althabsburger fand ihre Rechtfertigung in der Stellung des Herrschers als Vogt und Schützer der Kirche. Bei den kirchenpolitischen Ratgebern Maria Theresias, bei Kaunitz und Van Swieten, und dann auch bei Joseph II. stand — neben jansenistischen und febronianistischen Ideen — ein anderes Motiv im Vordergrund: der Gedanke an das Wohl des Staates und seiner Untertanen, utilitaristische und merkantilistische Überlegungen, die die Einschränkung der Zahl der Feiertage, der Wallfahrten und des kirchlichen Prunks aus volkswirtschaftlichen Gründen forderten. Auch auf kirchen- und religionspolitischem Gebiet kündigte sich so eine Spaltung und Spannung an: zwischen der gleichsam privaten persönlichen Kirchengläubigkeit des Herrschers, die ja auch bei Joseph II. noch durchaus gegeben scheint, dem schon ganz säkularisierten Gedanken des Staatswohls und der Staatsräson und der beide Tendenzen noch immer umfassenden und weiterwirkenden, aber langsam immer mehr verblassenden Vorstellung von der besonderen Beziehung des Herrscherhauses zu

Gott und Kirche, von der Auserwähltheit der Dynastie und ihrer Verantwortung vor Gott für das Seelenheil der Untertanen. Damit verblaßt auch natürlich der Glaube an eine besondere Form der habsburgischen Frömmigkeit, an die „Pietas Austriaca". ¯

Maria Theresia wurzelte selbst wohl noch durchaus im religiös-dynastischen Denken ihrer Vorfahren. Rückblickend auf die mißliche Situation, in der sie sich bei ihrem Regierungsantritt befunden, faßte sie ihre Rettung allein als ein Werk Gottes und „Miracle" auf („All dieses, glaube ich festiglich, habe der Allmächtige zugelassen, um jedermann, besonders aber mir, zu weisen, daß ihme allein meine Rettung zu danken habe; gleich auch dessen in meinem Herzen überzeuget bin . . .", „so jedoch keineswegs meiner Tugend, sondern lediglich der Gnad Gottes zuschreibe . . .", „. . . als der starke Armb Gottes augenscheinlich für mich sich spüren zu lassen anfienge . . ." usw.). Die „Pietas Austriaca" wie die „Clementia Austriaca" wurden von der Kaiserin in ihren Staatsschriften als „Grundsäulen" der Regierung immer wieder berufen. Zugleich aber floß, ganz naiv und nahezu unbewußt, bereits ein Element der Kritik an diesen ehrwürdigen Grundbegriffen der österreichischen Regierungstradition ein. An die Berufung auf die Frömmigkeit und Gottesfurcht der Vorfahren und an die dringende Mahnung, ihre Nachfolger sollten diese habsburgischen Tugenden auch weiterpflegen und hochhalten, schloß sich die Feststellung, daß weitere Schenkungen an Kirchen und Klöster zumindest in den ohnedies ganz rekatholisierten „teutschen Erblanden" überflüssig, ja schädlich seien. „Die dem österreichischen Haus angeborene Milde und Gnad" aber erhielt unversehens, unter Hinweis auf die dadurch oft herbeigeführte „Schwächung der landesfürstlichen Autorität", fast die Bedeutung von „Schlendrian" oder „Schlamperei", wie die Kaiserin sich ja auch bewußt war, daß „man viele meiner Vorfahren eines allzu langsamen Fürgang oder Unentschlüßung in denen Landes- und Staatsgeschäften beschuldiget". Wenn sie gar einmal schreibt: „. . . welche Wahrheit mir täglich vor Augen geleget und reiflich erwogen, daß nicht mir selbst, sondern dem Publico allein zugehörig sei", so weist dies schon auf den späteren Gedanken des Staatsdienertums des Monarchen hin, und es gibt in den Schriften gekrönter Häupter wohl kaum eine schlichtere und ergreifendere Stelle als jene, in der zugleich die Stärke und Seelengröße der Mutter und Herrscherin sichtbar wird: „Und so lieb ich auch meine Familie und Kinder habe, dergestalten daß keinen Fleiß, Kummer, Sorgen noch Arbeit vor selbe spare, so hätte jedoch deren Länder allgemeines Beste denen allezeit vorgezogen, wann in meinem Gewissen überzeuget gewesen wäre, daß solches tun könne oder daß derselben Wohlstand dieses erheischte, indeme sothaner Länder allgemeine und erste Mutter bin." Das den älteren dynastischen Vorstellungen noch fremde Bewußtsein der Möglichkeit eines Konflikts zwischen dem „privaten" Familiensinn des Herrschers und seiner Pflicht als „Landesvater" oder „Landesmutter" — ein Ehrentitel, den Maria Theresia oft und gerne für sich in Anspruch nahm — ist hier deutlich ausgesprochen.

Alle diese Entwicklungen kündigten sich bei Maria Theresia wohl erst an. Sie überwand die Spannungen, die sich daraus ergeben konnten, für sich wie für den Staat durch ihren ganz auf die praktischen Probleme gerichteten unspekulativen Geist, durch die Kraft ihrer starken Persönlichkeit und durch die Übertragung des obersten Prinzips, das ihr Wesen beherrschte, ihrer Mütterlichkeit, auch auf die politische Sphäre. Der staatliche, der dynastische und der familiäre Bereich wurden gleicherweise beherrscht von der konkreten, lebensvollen Gestalt der Mutter, die Oberhaupt der Dynastie, Mutter ihrer großen Familie und Landesmutter zugleich war und auf die sich alle jene gemüthaften Kräfte ihrer Untertanen konzentrierten, die durch die Zurückdrängung und Beschneidung der barocken Frömmigkeit frei geworden waren. Vielleicht liegt darin der tiefste Grund für die starke Wirkung, die Maria Theresia, die kaiserliche große Mutter Österreichs, auf Mit- und Nachwelt ausübte.

166

13.
Diener des Staates

Am 10. Februar 1861, am Beginn der konstitutionellen Ära Österreichs, schrieb der Senior des habsburgisch-lothringischen Hauses und entschiedenste Vertreter des rein dynastischen Prinzips althabsburgischer Prägung in den neueren Jahrhunderten, Erzherzog Albrecht, in einer ausführlichen, an den Generaladjutanten Franz Josephs, den Grafen Crenneville, gerichteten, tatsächlich aber für den Kaiser selbst bestimmten grundsätzlichen Darlegung seiner Auffassungen über die Stellung der Dynastie: „Die große Maria Theresia, diese feine Menschenkennerin, an deren Nachlaß von Liebe und Verehrung ihrer Völker wir noch zehren, wußte sehr gut, warum sie ihre Familie so hoch als möglich stellte, ihr dadurch Achtung und Ansehen in der ganzen Welt verschaffte, durch diese solidarische, hohe Stellung die Schwächen der Einzelnen möglichst der unmittelbaren Anschauung des Volkes wie der zersetzenden Kritik entzog und durch den Nimbus ihrer Familie selbst um viele Stufen höher stieg in den Augen ihrer Völker. Ihr genialer Sohn, Joseph II., wollte nur aus sich, als Mensch, geachtet und geliebt sein. Er vergaß, daß kein Thron ohne Nimbus sich erhalten kann, und starb gebrochen nach zehn Jahren, das Reich in Gärung, theilweise in Aufruhr. Sein Ausspruch, daß Er sich als den *ersten Beamten* des Staates ansehe, spukt noch zum großen Nachteil in vielen Köpfen." Klar ist hier der grundlegende Unterschied herausgearbeitet zwischen der maria-theresianischen und der josephinischen Auffassung von Staat und Herrscherhaus, wie er sich, vom 19. Jahrhundert her gesehen, darstellte. Allerdings wenn man sich, wie wir dies getan haben, der großen Kaiserin nach einem Gang durch die ältere Geschichte der Dynastie von den althabsburgischen Vorfahren Maria Theresias her nähert, so fällt zunächst die Verbürgerlichung der äußeren Lebensform, die Aufgabe oder zumindest Zurückdrängung des burgundisch-spanischen Zeremoniells (über „die so sehr ruinierte Etiquette" klagten die Verteidiger der alten Formen) aus der persönlichen Lebensführung der Herrscherin und ihrer Familie, die natürliche Herzlichkeit auch im Umgang mit den Untergebenen auf. Von jener majestätisch-gravitätischen althabsburgischen Haltung auch in allen kleinen Dingen des menschlichen Lebens, über die man sich, vor allem in bezug auf Leopold I., manche, dann von dem sarkastischen Spötter Friedrich dem Großen mit Vergnügen aufgegriffene, skurrile Anekdote erzählte und die weitgehend auch noch das Hofleben unter Karl VI. beherrschte, war bei der Kaiserin nichts mehr zu finden. Aber ein ganz unbefangenes und selbstverständliches Gefühl der Majestät, Auserwähltheit und Sonderstellung ihres Hauses und aller seiner Mitglieder beherrschte auch noch Maria Theresia und kam auch in den Briefen und Ermahnungen an ihre Kinder, besonders etwa an Erzherzog Ferdinand, dessen Vorliebe für Künstler, Musikanten und Komödianten sie wiederholt rügte, zum Ausdruck. Bei aller Menschlichkeit und Leutseligkeit war für sie selbstverständlich das Erzhaus, die Dynastie, der höchste politische Wert, nicht aber der Staat oder der ihr ganz fremde Begriff des Vaterlandes; auch das altehrwürdige Heilige Römische Reich konnte sie sich nur in Verbindung mit der habsburgischen Dynastie vorstellen, wie ihr Vorgehen gegen den wittelsbachischen Schattenkaiser Karl VII. erwies. Daß die Gnade Gottes sichtbar auf dem Erzhause ruhe, war ihre feste, durch den Rückblick auf die seit ihrem Regierungsantritt glücklich überwundenen Krisen und Gefahren bestätigte Überzeugung. Die Söhne der großen Kaiserin, Joseph und Leopold, aber waren bereits erfüllt von dem Gedanken des Staatsdienertums, wie ihn der große Preußenkönig formuliert hatte, sie waren als Schüler der Aufklärung und des Rationalismus nicht mehr wie ihre Mutter vom göttlichen Recht des Herrschers und seines Hauses und deren Ausnahmestellung hoch über allen anderen Sterblichen durchdrungen, sie sahen, durchaus im Sinne der herrschenden Theorie des Gesellschaftsvertrags, die Sonderstellung der Herrscher — an der sie gewiß auch festhielten — nur durch den Gedanken des Dienstes am Staat und für das Wohl der Untertanen gerechtfertigt. Die metaphysische Begründung des Herrschertums wurde von einer rationalistischen und utilitaristischen abgelöst. In den unzähligen Richtlinien und Programmen für die Prinzenerziehung, die Joseph und Leopold als echte Söhne ihres so erziehungsfreudigen Jahrhunderts verfaßten, haben sie immer wieder die Notwendigkeit betont, die Prinzen davon zu überzeugen, daß sie gewöhnliche Sterbliche und um nichts besser seien als ihre Untertanen und daß ihre Ausnahmestellung ihre Rechtfertigung nur in der rastlosen Tätigkeit für das Wohl der Untertanen finde. Der große Gedanke jener Zeit von der angeborenen Gleichwertigkeit und Gleichheit aller Menschen ist von den Theoretikern und

Programmatikern der amerikanischen und der Französischen Revolution nicht radikaler formuliert worden als in den Anweisungen für die Erziehung der habsburgischen Prinzen.

So schrieb etwa Leopold II. in den Anweisungen für die Erziehung seiner Kinder: „Keine Mühen dürfen gespart werden, den Prinzen Gefühl für ihr Land und Achtung vor dessen Eigenart einzuflößen. Man begründe in ihnen eine Abneigung dagegen, der Bevölkerung Steuern aufzuerlegen, und entzünde in ihnen als einzig erlaubte Leidenschaft Menschenliebe, Mitgefühl und das Verlangen, ihre Völker glücklich zu machen. Man entwickle in ihnen das Gefühl für die Armen und lasse sie nie die Reichen den Armen vorziehen. Das größte Unglück für einen Fürsten ist es, die Dinge nicht mit eigenen Augen zu sehen und über den wahren Zustand seines Landes nicht im Bilde zu sein." In der gleichen Schrift heißt es dann an anderer Stelle: „Fürsten müssen vor allem anderen von der Gleichheit der Menschen überzeugt sein"; und schließlich: „Die Fürsten müssen sich immer bewußt sein, daß sie Menschen sind; daß sie ihre Stellung nur einer Übereinkunft zwischen anderen Menschen verdanken, daß sie ihrerseits alle ihre Pflichten und Aufgaben erfüllen müssen, was die anderen Menschen mit Recht von ihnen erwarten auf Grund der Vorteile, die sie ihnen eingeräumt haben. Fürsten müssen bedenken, daß sie andere Menschen nicht erniedrigen können, ohne sich selbst zu erniedrigen." Bekannt ist auch die Antwort Josephs II., als man die von ihm angeordnete Öffnung von Prater und Augarten für das Volk von Wien kritisierte, wenn er nur unter seinesgleichen bleiben wolle, müsse er sich in die Kapuzinergruft einsperren, ein Satz, der zusammen mit den zitierten Anweisungen Leopolds II. über die Prinzenerziehung wohl den schärfsten Widerspruch darstellt gegenüber der von Karl V. und Philipp II. entwickelten, dann im 19. Jahrhundert wieder von Erzherzog Albrecht vertretenen Auffassung von der notwendigen Absonderung des Herrscherhauses gegenüber dem Volk.

Über die Gestalt keines Habsburgers ging und gehen die Urteile so weit auseinander wie über Joseph II. Während die einen ihm sogar die Eigenschaft des Reformers absprechen wollen, nennen ihn andere den „Rebellen im Purpur", den „kaiserlichen Revolutionär", und ein moderner englischer Historiker hat ihn sogar mit Lenin verglichen. Betonen die einen sein Scheitern und die Notwendigkeit des Widerrufs eines Teiles seiner Reformen, so weisen die anderen auf die tiefen Spuren hin, die sein Wirken in Stil, Methode und Geistigkeit der österreichischen Bürokratie, ja in den Führungsschichten aller einst zur Habsburgermonarchie gehörenden Völker bis zur Gegenwart zurückgelassen hat. Der auf seine kirchenpolitischen Maßnahmen und Anschauungen geprägte Begriff des „Josephinismus" ist so ausgedehnt worden, daß er schließlich die Kirchenpolitik in Österreich einerseits bis zurück ins Mittelalter, andererseits bis über den Untergang der Habsburgermonarchie hinaus erfaßte, wobei der Begriff auch inhaltlich immer wieder anders formuliert wurde, je nachdem ob man von der religiösen, von der philosophischen, der kirchenpolitischen oder der staats- und nationalpolitischen Seite an ihn heranging. Für den österreichischen Liberalismus aller Epochen war Joseph der Nationalheros, für den Antiklerikalismus der große „Glaubensfeger", für die Deutschen Österreichs, besonders in Böhmen und Mähren, „Joseph der Deutsche", für Radikale und Demokraten der „Volkskaiser" und „Bauernbefreier", für katholisch-konservative Kreise der „Kirchenfeind", „platte Aufklärer" und „Doktrinär". Haben ihn die einen ganz nahe an seine Mutter herangerückt und betont, daß er das von Maria Theresia begonnene Reformwerk bloß — und nicht einmal mit viel Geschick — weitergeführt oder gar durch Überstürzung, Starrköpfigkeit und doktrinäre Prinzipienreiterei mehr gefährdet als gefördert habe, so wiesen andere wieder darauf hin, daß sich die Ansätze zu mancher unerfreulichen Einrichtung der Zeit Franz' I., namentlich auf dem Gebiet der Polizei und Zensur, bereits in die josephinische Epoche zurückverfolgen lassen.

Die großen geistigen Strömungen seiner Zeit, Aufklärung und Rationalismus, haben das Denken dieses bedeutenden Herrschers geprägt. Eine hohe sittliche Auffassung von seinen Herrscherpflichten verband sich mit einer rastlosen Energie und einem kühnen, das Beharrungsvermögen der Gegenkräfte unterschätzenden Planungs- und Gestaltungswillen. Mit der tiefen Einsicht in die Erfordernisse der Zeit und in die Gefahren der Zukunft verband sich ein nur geringes Einfühlungsvermögen in die fremde Mentalität, die Mißachtung der traditionsbedingten Faktoren, der seelischen Unwägbarkeiten. Die Menschenkenntnis und den sicheren politischen Instinkt seiner Mutter hat Joseph nicht besessen. Die psychologischen Fehler, die er beging, haben in seiner Kirchen- wie in seiner Nationalitätenpolitik die Widerstände geweckt, der Versuch, Ungarn dem gleichen zentralistisch-bürokratischen System zu unterwerfen wie die böhmisch-österreichischen Länder, ist an dem Widerstand der Ungarn und der ungünstigen außenpolitischen Situation ebenso gescheitert wie der Versuch, auch als Kaiser im Reich eine energischere Politik zu betreiben und Bayern an sein Haus zu bringen, an dem Widerstand Friedrichs des Großen.

Der negativen Bilanz der Mißerfolge steht aber eine wohl ansehnlichere Bilanz der Leistungen und Erfolge gegenüber: Toleranz-zedikt und Aufhebung der Leibeigenschaft, die Heranbildung eines neuen Beamten- und Priestertyps, die Kolonisation in Ungarn und in Galizien, die grundlegenden Reformen auf den Gebieten des Rechtswesens, der Sozialpolitik und des Gesundheitswesens, auf dem Gebiet der Schulreform und des Bildungswesens, die Förderung von Landwirtschaft, Gewerbe und Industrie, die Gründung des Burgtheaters als „deutsches Nationaltheater" und des Allgemeinen Krankenhauses in Wien.

Fragen wir nach der bewegenden Kraft, die Joseph ebenso zu seinen Leistungen wie zu seinen Fehlgriffen antrieb, so ist wohl in erster Linie der Gedanke des Staatsdienertums zu nennen, der Glaube an die Pflicht des Monarchen, rastlos für das Wohl seiner Untertanen tätig zu sein. Da ihm persönliches Familienglück versagt blieb — die geliebte erste Gemahlin starb bald, ebenso das Kind des Kaisers, die zweite, aus politischen Erwägungen geschlossene Ehe war unglücklich —, ging er ganz im Dienst am Staat auf, wobei eine gewisse Gefühlskälte und ein harter, autokratischer Zug immer stärker hervortraten. Er sah schwere Zeiten für das habsburgische Staatswesen voraus und suchte ihnen durch seine Reformen vorzubeugen: durch die Abstellung sozialer Mißstände, durch die Hebung von Volksbildung, Volkswohlfahrt und Volksgesundheit, durch zentralistisch-bürokratische Vereinheitlichung, dadurch, daß er mit Hilfe einer verläßlichen, deutschsprechenden und wie der Kaiser selbst ganz dem Gedanken des Staatsdienertums hingegebenen Bürokratie die verschiedenen Länder und Völkerschaften aneinanderband. Die Bürokratie sollte eine hierarchisch gegliederte, nach Leistung und Verdienst aufgebaute Pyramide sein, an deren Spitze der Kaiser als erster Beamter des Staates stand. Tatsächlich hat sich die von Joseph II. teils geschaffene, teils geprägte Bürokratie bis zum Ende der Habsburgermonarchie als verläßlichste Klammer und Stütze des Staates neben der von ähnlichem Geist durchdrungenen Armee bewährt und hat dann auch als eines der wertvollsten Erbstücke des alten Reiches der Republik Österreich und den Nachfolgestaaten nach 1918 gedient. Die segensreiche Tätigkeit der josephinisch geprägten Verwaltung in Oberitalien, die heute auch von der italienischen Geschichtsschreibung anerkannt wird, stellt den von Joseph vertretenen Prinzipien ein ebensogutes Zeugnis aus wie die nach den gleichen Grundsätzen von Josephs Bruder Leopold im Großherzogtum Toskana eingerichtete Verwaltung, die Toskana zu einem Musterstaat im damaligen Italien machte.

Für die habsburgische Dynastie bedeutete die Regierungszeit Josephs II. einen tiefen Einschnitt, über den hinweg es trotz mancher später unternommener Versuche der Wiederanknüpfung im Grunde keine Möglichkeit der Rückkehr zu den älteren Auffassungen mehr gab. Der Gedanke des Staates als eines von der Dynastie unabhängigen, ja ihr übergeordneten Wertes hatte mit Joseph Eingang gefunden in die Vorstellungswelt der Mitglieder des Kaiserhauses selbst, in das Selbstbewußtsein der Dynastie. Es war ein Gedanke, der sich allerdings nur schwer in Einklang bringen ließ mit dem geschichtlich gewordenen Charakter der habsburgischen Monarchie und den starken Unterschieden zwischen den einzelnen Ländern und Herrschaften, mit dem alten Problem der west-östlichen Spannung, jetzt verkörpert in der Verschiedenheit der böhmisch-österreichischen Länder und der Länder der ungarischen Stephanskrone. Denn der Versuch Josephs, durch die Eingliederung Ungarns in den maria-theresianischen Staatsbau einen österreichischen Einheitsstaat zu schaffen, ist ja gescheitert; ebenso wie der dann nach der Niederwerfung der Revolution von 1848/49 neuerdings nach den gleichen Prinzipien, mit dem gleichen Ziel und den gleichen Mitteln unternommene Versuch. Da die geplante Schaffung eines einheitlichen Staatswesens nicht gelang, konnten die historischen Gegenkräfte, die von den „Länderindividualitäten", aber auch die von der Dynastie ausgehenden, eine stärkere Lebens- und Widerstandskraft entwickeln, als dies in anderen Staaten der Fall war.

Die ganze Geschichte der habsburgischen Dynastie und des habsburgischen Staatswesens nach Joseph II. war so beherrscht von dem Widerstreit dieser Tendenzen: der in der Dynastie wirksamen Kräfte, die unter Überwindung des josephinischen Erbes zu einer altdynastischen Auffassung der Monarchie zurückkehren wollten, der Versuche, an die Stelle des verblassenden Prinzips der dynastischen Sendung einen neuen Wert und Gedanken zu setzen, welcher der Dynastie ihre zentrale Stellung belassen sollte, und schließlich der weiterwirkenden, nicht mehr zu eliminierenden Kraft des josephinischen Staatsgedankens, der sich immer wieder verband mit den staatserhaltenden, staatsbildenden oder zum Staat hinstrebenden Faktoren, mit den geographischen und wirtschaftlichen Gegebenheiten des Donauraums, mit den „josephinischen" Tendenzen in Bürokratie und Armee, mit dem staatsgestaltenden Willen des liberalen Bürgertums und der demokratischen Massenbewegungen.

Joseph II. hat in seinem, wie er selbst schreibt, „Fanatismus für das Wohl des Staates" die vielgestaltige Monarchie in „eine einzige, in allen Einrichtungen und Lasten gleiche Provinz", in „eine einzige Masse, welche auf gleiche Weise gelenkt wird", umzugestalten versucht, und sein Stoßseufzer: „Unsere Monarchie ist groß, weitschichtig, von unterschiedlichen Ländern zusammengesetzt. Wenn alle vereinigt mit warmen Herzen und Willen sich die Hände böten, so sehe ich noch die glückseligen Folgen vor mir, und ich verzweifle nicht, daß, wenn man ernstlich will, steif darauf haltet, man dazu gelangen könne", nimmt den Wahlspruch „Viribus unitis" Franz Josephs voraus. Im politischen Denken seines Bruders Leopold aber tritt uns dann ein neues Element entgegen, das die Staatsauffassung Leopolds von jener seines bewunderten und kritisierten, geliebten und gefürchteten älteren Bruders Joseph doch wesentlich unterschied. Als gelehriger Schüler Montesquieus und der Physiokraten, berührt von dem sich in jener Zeit bereits allenthalben in Europa ankündigenden neuen Sinn für geschichtliches Werden und geschichtliche Sonderung, hat Leopold bei aller Reformfreudigkeit die geschichtliche Eigenart und die Traditionen der beherrschten Länder stets berücksichtigt wissen wollen und hat, im Gegensatz zum autokratischen Weltverbesserungswillen Josephs, auf Mitwirkung und Zustimmung der Untertanen Wert gelegt. Wie er für die Toscana verschiedene Verfassungsprojekte ausarbeiten ließ, durch die neue Gemeindeverfassung die Bürger zur Mitarbeit und Mitverantwortlichkeit heranzuziehen suchte und mit der Auflösung von Armee und Flotte und mit seiner pazifistischen Neutralitätspolitik den Beifall der Philosophen Europas erntete, so hat er, kurz vor der Übernahme der Regierung in Österreich, in seinem berühmten, in einem Schreiben an seine Lieblingsschwester Maria Christine, die Statthalterin der Niederlande, enthaltenen „Glaubensbekenntnis" politische Grundsätze verkündet, die im diametralen Gegensatz standen zum althabsburgischen Herrschergedanken und auch zu jenen Ideen, die Leopolds Enkel, Erzherzog Albrecht, noch fast ein Jahrhundert später vertrat. „Ich glaube", heißt es da, „daß der Souverän, selbst ein erblicher, nur der Delegierte und Beauftragte des Volkes sei, für welches er da ist, daß er diesem alle seine Sorge und Arbeit widmen soll; ich glaube, daß jedes Land ein Grundgesetz oder einen Vertrag zwischen Volk und Souverän haben soll, welches die Macht des letzteren beschränkt; daß, wenn der Souverän dieses Gesetz nicht hält, er tatsächlich auf seine Stelle verzichtet, welche ihm nur unter der Bedingung übertragen ist, und daß man ihm zu gehorchen nicht mehr verpflichtet ist. Ich glaube, daß die ausübende Gewalt dem Souverän, die gesetzgebende aber dem Volke und seinen Repräsentanten zusteht und daß dieses bei jedem Wechsel des Souveräns neue Bedingungen hinzufügen kann . . ." Die Kürze der Regierungszeit Leopolds in Österreich, dann aber vor allem die Entwicklung der Französischen Revolution — deren erste Phase Leopold, seinen Grundsätzen getreu, aufrichtig bejaht hatte — verhinderten eine stärkere Wirksamkeit der Staatsauffassungen Leopolds in der Folgezeit; nur in dem segensreichen Wirken von Leopolds Sohn, Erzherzog Johann, in der Steiermark, in dem Bestreben Johanns, bewährte Traditionen zu pflegen, zu bewahren und weiterzuentwickeln und unter Ablehnung bürokratischer Reglementiersucht ein neues Vertrauensverhältnis zwischen Volk und Dynastie zu schaffen, haben die Ideen Leopolds reiche Blüte und Frucht getragen. Für den Gesamtstaat und die Dynastie in ihrer Gesamtheit aber hat die leopoldinische Weiterbildung und Variante der Staatsauffassung des 18. Jahrhunderts nicht die gleiche Bedeutung erlangt wie der aufgeklärte Absolutismus josephinischer Prägung.

Die erste große Reaktion auf den josephinischen Staatsgedanken setzte ein unter Josephs Neffen Franz, der 1792 in den anhebenden Stürmen der Revolutionskriege zur Herrschaft kam, nachdem sein Vater, Leopold II., während seiner nur zweijährigen Regierungszeit die von Joseph hinterlassene Staatskrise geschickt gemeistert hatte. Franz, der älteste Sohn des kinderreichen Leopold — Leopold hatte wie seine Mutter Maria Theresia sechzehn Kinder, seine Schwester, Maria Karolina von Neapel, die auch in ihrer politischen Tatkraft ihrer Mutter am ähnlichsten war, gar achtzehn —, war in jeder Hinsicht weniger begabt als etwa seine jüngeren Brüder, Erzherzog Karl, der spätere Sieger von Aspern, der geniale Meister der Kriegskunst in Praxis und Theorie, oder Johann, der „steirische Prinz" und deutsche Reichsverweser im Sturmjahr 1848.

Im Gegensatz zu diesen beiden charakterlich wie geistig in gleicher Weise hervorragenden Brüdern war Franz ein enger, trockener, verschlossener und in keiner Hinsicht sonderlich begabter Mensch. Zur Erklärung seines Wesens trägt der Blick auf das geradezu ungeheuerliche Übermaß an Erziehung und Unterricht bei, das die Söhne Leopolds und besonders Franz als der künftige Kaiser von frühester Kindheit an über sich ergehen lassen mußten. Hatte die Prinzenerziehung im habsburgischen Hause schon früher oft des Guten zuviel getan — schon Maximilian I. zeigte als Kind, offenbar als Folge des Übereifers seiner Lehrer und Erzieher, schwere psychisch bedingte Sprachhemmungen —, so wurde in dem erziehungswütigen 18. Jahrhundert vollends jedes vernünftige Maß weit überschritten, und das Übel wurde nur noch ärger, als Franz vom väterlichen Hof in Florenz an den Kaiserhof nach Wien kam und nun von dem ungeduldigen und doktrinären, von seinem Neffen zugleich bewunderten und gefürchteten Kaiser Joseph selbst in die Lehre genommen wurde.

174

Die wohl unvermeidliche Folge dieser Erziehung war, daß Franz sich noch mehr, als vielleicht seiner Naturanlage entsprach, in sich einschloß und sich in den Stürmen der Revolutionskriege und der großen Auseinandersetzung mit Napoleon an den dynastischen Gedanken der Sonderstellung des habsburgischen Monarchen als an den einzigen verläßlichen Halt leidenschaftlich anklammerte, daß er gleichsam in den Schatten der Krone, aus dem Joseph entschieden herausgetreten war, wieder zurückflüchtete. Wie bei seinem Ahnherrn Friedrich III. bestand auch bei Franz die politische Leistung in bewegter Zeit vor allem im Überleben. Den Kräften der vaterländischen Begeisterung, die sein Bruder Karl im Jahre 1809 zu wecken und zum Kampf gegen den Korsen einzusetzen trachtete, stand er ähnlich wie sein preußischer Zeit- und Bundesgenosse Friedrich Wilhelm III. zutiefst mißtrauisch gegenüber, weil er ihren revolutionären Ursprung instinktiv richtig erkannte. Köstlich illustrierte diese Haltung seine Frage an den „patriotischen Dichter" Castelli, der sich 1809 vor den heranrückenden Franzosen fürchtete, wer es ihm denn befohlen habe, patriotische Gedichte zu schreiben. Nicht die Liebe zum Vaterland oder zum Staat sollte nach Franzens Auffassung den Bürger beseelen und zu Pflichterfüllung und Opfer anhalten, sondern die Anhänglichkeit und Treue zur angestammten Dynastie und zur geheiligten Person des Monarchen. Da in dem bürokratisch-trockenen Sohn des Aufklärungszeitalters nicht mehr die majestätische Größe der barocken, religiös-politischen Herrscherauffassung lebendig war, ersetzte er sie durch das Bild vom „guten Hausvater", vom „guten Kaiser Franz", das er in Lebensführung, bürgerlicher Schlichtheit und Leutseligkeit, in dem vorbildlichen Familienleben, ja selbst durch die wienerische Dialektfärbung seiner Sprache voll auszufüllen vermochte. So wurde er zu einer geradezu klassischen Verkörperung des patrimonialen Staatsgedankens in allen seinen Licht- und Schattenseiten: eines nicht mehr ganz urwüchsigen Ersatzes für das metaphysisch begründete Sendungsbewußtsein der Althabsburger.

Die bürokratische Seite des josephinischen Systems hat Franz beibehalten und weiterentwickelt, einmal weil es seinem Charakter entsprach, dann weil es in seiner Anonymität und Unpersönlichkeit selbst dem Träger der Krone einen willkommenen Schutz bot und so die Funktion des früheren „Sperrkreises" oder, wie Erzherzog Albrecht sagte, des „Nimbus" der Althabsburger übernahm. Lehnte er die Autonomie des Staatsbegriffs und dessen Überordnung über die Dynastie auch ab, so bot die Autonomie und Eigengesetzlichkeit des Staatsapparates dem Herrscher die Möglichkeit des Ausweichens vor unangenehmen

Entscheidungen und des Vertröstens lästiger Bittsteller. Metternichs Wort von dem „Aktenbohrer", der sich auf der einen Seite in die Aktenbündel hineinbohre, auf der anderen Seite wieder herauskomme, ohne daß im Effekt etwas anderes geschehen sei, als daß Akten durchlöchert wurden, war eine scharfe, aber treffende Charakteristik des bürokratischen Charakters des Kaisers.

Mit der Annahme des österreichischen Kaisertitels 1804, der Niederlegung der Krone des Heiligen Römischen Reiches 1806 hat Franz die Staatsbildung des „Kaisertums Österreich" und seine Herauslösung aus der alten universalen Bindung vollendet. Für die gemüthaften und geschichtlichen Werte der Kaisertradition, für den Mythos von Kaiser und Reich besaß er kein Verständnis, weshalb er auch nach dem Ende der Napoleonischen Kriege an keine Erneuerung des alten Sacrum Imperium mehr dachte. Der letzte römisch-deutsche Kaiser war mit dem selbstgeschaffenen Titel eines „Kaisers von Österreich" zufrieden; er hat das „Kaisertum Österreich", das staatsrechtlich noch immer ein Komplex von unter verschiedenen Titeln beherrschten Ländern und Herrschaften war, mit Hilfe der von Joseph II. übernommenen Bürokratie gut verwaltet und sich namentlich um die Förderung der Industrie beachtliche Verdienste erworben. Durch die lange Friedenszeit nach den Stürmen der Revolutions- und der Napoleonischen Kriege, durch die stoische Ruhe und Gelassenheit, mit der er alle Schicksalsschläge ertrug, und durch sein betont schlichtes Auftreten erwarb sich Franz im Laufe der Zeit doch eine bemerkenswerte Anhänglichkeit und Sympathie seiner Untertanen, wenngleich die besten und beweglichsten Geister über Stagnation und Geistesdruck klagten und die Gestalt Josephs II. in betontem Gegensatz zu jener seines Neffen idealisierten.

Zur Gewinnung der Anteilnahme und Sympathie der Untertanen trugen auch die Schläge bei, die Franz vom Schicksal hinnehmen mußte: der Tod seiner Gemahlinnen — er war viermal verheiratet — und die Sorgen mit seinen Kindern. Es ist ihm nicht leichtgefallen, nach der Niederlage von 1809 seine Tochter Maria Luise mit Napoleon zu vermählen, denn das Ende der letzten Ehe einer Habsburgerin mit einem französischen Herrscher, das Schicksal seiner Tante Maria Antoinette, stand ihm und der Zeit noch allzu furchtbar und lebendig in Erinnerung, wenngleich Maria Luisens Ehe ja dann kein so tragisches, ja eher ein etwas banales Ende fand, da die unbedeutende Kaiserin ihrem Gemahl nicht in die Verbannung folgte und sich bald tröstete.

Der schwerste Schicksalsschlag für den Kaiser und die

Dynastie aber war die Unzulänglichkeit des Thronfolgers, des späteren Kaisers Ferdinand I. (mit der Annahme des österreichischen Kaisertitels begann eine neue Zählung, und Ferdinand war so der erste österreichische Kaiser dieses Namens). Ferdinands Mutter, Franzens zweite Gemahlin, war ein doppeltes Geschwisterkind ihres Gatten, da ihr Vater, Ferdinand I. von Neapel-Sizilien, der Bruder von Franzens Mutter, ihre Mutter die Schwester von Franzens Vater gewesen war. Obwohl noch ein regierungsfähiger jüngerer Sohn, der Erzherzog Franz Karl, der Vater des späteren Kaisers Franz Joseph, vorhanden war, hielten Franz und Metternich, um ein Beispiel für die Heiligkeit und Unverletzlichkeit des Prinzips der Legitimität zu geben, an der Thronfolge des kranken Ferdinand fest. In Wahrheit war das krampfhafte Festklammern am Prinzip eher ein Zeichen der Schwäche denn der Stärke; in einer Zeit, da der dynastische Gedanke in Vollkraft stand, hatte sich Philipp II. in dem ähnlich gelagerten Fall des Don Carlos ganz anders verhalten. Dem dynastischen Gedanken und dem Staatswesen hat die Aufrechterhaltung einer Fiktion mehr Schaden als Nutzen gebracht, und es war nur ein schwacher Trost, wenn Erzherzog Albrecht in dem am Eingang dieses Kapitels zitierten Brief im Rückblick auf die Regierung Ferdinands I. schrieb: „Wäre ohne die bisherige hohe und unbestrittene Stellung des Herrscherhauses eine dreizehnjährige Regierung des Kaisers Ferdinand denkbar gewesen? Nicht ein Jahr hätte sie dauern können. Der Bau einer Monarchie, welche Jahrhunderte noch dauern soll, muß eben so eingerichtet sein, daß auch schwächere Kräfte, wie sie eben nach der Natur der Dinge abwechselnd vorkommen müssen, sich erhalten können."

Die Problematik des starren Festhaltens an der festgelegten Erbfolge trat dadurch besonders kraß in Erscheinung, daß zur Zeit des Thronwechsels 1835 die beiden charakterlich wie geistig bedeutendsten Söhne Leopolds II. und Brüder des Kaisers Franz, Erzherzog Karl und Erzherzog Johann, noch lebten. Erzherzog Karl, der erste Besieger Napoleons, eine Persönlichkeit von geradezu antiker Geistes- und Charaktergröße, hat das große umstürzende Erleben der Napoleonischen Kriege in seinen allein in der Auswahl sechs Bände umfassenden militärwissenschaftlichen Schriften ganz im Sinne der deutschen Klassik und Philosophie verarbeitet und in seinem dreibändigen Werk „Grundsätze der Strategie" (1813) eine Kriegslehre entwickelt, die ebenbürtig neben der späteren von Clausewitz steht, ja ihr vielleicht an innerer Ausgewogenheit sogar überlegen ist. Wieweit Karl als Kritiker der Kriegskunst zu objektivieren verstand, wird durch die Episode beleuchtet, daß der Zensor einen anonym erscheinenden Band seiner Schriften verbieten wollte — wegen der darin enthaltenen zu scharfen Kritik des Wirkens Karls als Feldherr! Die ungeheure Selbstdisziplin, die ihn die in seiner von Haus aus schwachen Gesundheit gelegenen Hemmnisse für seine Soldatenlaufbahn überwinden ließ, hat er gegenüber der von Napoleon 1805 bei der Stammersdorfer Begegnung an ihn herangetragenen Versuchung des Angebots des österreichischen Thrones ebenso bewährt wie dann in den Jahren und Jahrzehnten seiner Entfernung von verantwortlicher Stelle in Kriegswesen und Staatsgeschäften.

Andersgeartet und doch kaum minderbedeutend war der jüngere Erzherzog Johann, das dreizehnte Kind Leopolds II. Wie sein Vater von Montesquieu und den Physiokraten, so ist Johann von den Ideen Rousseaus und der Romantik stark beeinflußt worden. Die Einfalt und Schlichtheit der unverdorbenen Menschen im bewußten Gegensatz zur „verfaulten" Hofgesellschaft hat dieser Habsburger bei den Bewohnern der Alpenländer, zuerst in Tirol, dann in der Steiermark, in bewußter enger Verbindung mit Bauern und Bürgern gesucht und gefunden, er hat als Landwirt und „Radmeister" am steirischen Erzberg in Landwirtschaft und Bergbau vorbildlich gewirkt, alle Wissenschaftszweige gefördert, die auf seinen Studienreisen, vor allem auf jener von 1815 in England, gesammelten Erfahrungen der österreichischen Wirtschaftsentwicklung nutzbar gemacht und ist als ungekrönter „Alpenkönig" in der ersten Hälfte des 19. Jahrhunderts ebenso in ganz Europa bewundert worden wie in der zweiten Hälfte des vorhergehenden Jahrhunderts sein Vater Leopold als Musterherrscher von Toscana.

Zwei miteinander eng verbundene Motive treten uns bei Johann entgegen, die wir dann in der Folgezeit auch bei anderen Mitgliedern des Erzhauses immer wieder finden: die Vorliebe für die Schweiz als die Wiege des Geschlechts und die „Flucht ins Bürgerliche", eine bewußte und betonte Schlichtheit in Kleidung, Gehaben und äußerem Auftreten. Die Vorliebe für die Schweiz ist bei Johann schon durch seinen Lehrer, den Historiker Johannes von Müller, begründet worden. In einem Brief an Müller schreibt der damals siebzehnjährige Prinz im Jahre 1799 über den Besuch eines Theaterstücks, das ein Thema aus der Geschichte Graubündens behandelt: „Was mir ein wahres Vergnügen gemacht hat, das ist das Lob, das man in diesem Stück dem Alpenvolk spendet, und das Vertrauen auf die Ehrlichkeit und die Treue dieses Volkes. Es kommt darinnen auch eine Schlacht vor, in der die Bauern die regulären Soldaten schlagen. Ich hätte gewollt, daß das kein Theaterstück gewesen wäre!" Als er dann im letzten Akt der Napoleonischen Kriege die Stadt Basel durch die Belagerung und Einnahme der von den Franzosen besetzten Festung Hüningen von einer drohenden Gefahr befreit hatte, haben sowohl die Basler und die übrigen Eidgenossen wie der Erzherzog selbst die Erinnerung an Rudolf von Habsburg wachgerufen. („Der alte Rudolf muß doch eine Freude haben, zu sehen, wie sein Enkel allen alten Groll entfernt, Österreich und die Schweiz versöhnt und wie letztere seinem Hause wohl will", schrieb Johann in sein Tagebuch.) Zur feierlichen Einweihung des Gipfelkreuzes auf der Spitze des Erzberges aber lud er den Schweizer Pfarrer Ägidius Scherer mit der Begründung: „Ein Schweizer versteht das Gemüth eines Steyrers, nicht so ein Flachländer oder gar ein Städtebewohner, von welchem größtenteils die alte Einfalt gewichen."

Johanns Streben nach Schlichtheit und Einfachheit, das auch bei seinem Interesse für Volkslied, Volksbrauch und Mundartforschung Pate stand, war sprichwörtlich. „Du weißt es ohnedies, Paul, daß es bey mir einfach und altväterlich zugehet", schrieb er an seinen Freund, den steirischen Landwirt Paul Adler, in einem Brief, in dem er diesen um die Vermittlung einer Kuhdirn für seine Wirtschaft in Vordernberg bat. Mit tiefem Ernst verwarnte er in einem anderen Brief seine junge Frau „Nani", weil diese dem Kutscher Hiesel für die Fahrt nach Graz einen städtischen Frack angezogen hatte: „Als ich den grauen Rock in der Steyermark einführte, geschah es, um ein Beyspiel der Einfachheit in Sitte zu geben, so wie mein grauer Rock, so wurde mein Hauswesen, so mein Reden und Handeln. Das Beyspiel wirkte, der graue Rock, von manchem verkannt, von den Besseren erkannt, wurde ein Ehrenrock, und ich ziehe ihn nie mehr aus, ebensowenig weiche ich von meiner Einfachheit, lieber gebe ich mein Leben her ... Wäre ich in der Pracht, wie sie hier (glaube ich) nicht seyn muß, im Lande gereiset, hätte ich mir Feste etc. geben lassen, ich hätte nie die Wahrheit erfahren, nie die Herzen geöffnet, nie die Besseren mir zu Freunden erworben. Es ist eine ernste Sache, mit der nicht zu scherzen ist und die Du einsehen solltest ..."
Man versteht, wenn man diese und andere Briefe Johanns, andererseits etwa die enthusiastischen Schilderungen der Persönlichkeit des Erzherzogs aus der Feder des Berliner Geographen Carl Ritter liest, die ungeheure Popularität, die Johann bei dem einfachen Volk in der Steiermark und in Tirol, darüber hinaus aber beim ganzen deutschen Bürgertum genoß, eine Popularität, die 1848 in seiner Wahl zum deutschen Reichsverweser und in dem Jubel, der „Hans von Österreich" auf der Fahrt nach Frankfurt umbrandete, ihren sichtbaren Ausdruck fand.

Neben Karl und Johann, den bedeutendsten, finden wir unter den Söhnen des in so vielfacher Hinsicht außergewöhnlichen

Leopold II. noch andere hervorragende Männer: so vor allem den Zweitältesten, Ferdinand III., Großherzog von Toscana, der, nachdem ihn die Wirren der napoleonischen Epoche zu kurzlebiger Herrschaft erst in Salzburg, dann in Würzburg geführt hatten, nach Toscana zurückgekehrt, noch fast ein Jahrzehnt im Sinne der aufgeklärten Prinzipien seines Vaters regieren und auch seinen Sohn und Nachfolger in diesem Sinne erziehen konnte — oder Erzherzog Rainer, der als Vizekönig des Lombardo-Venezianischen Königreichs im Rahmen der von den Wiener Zentralstellen gezogenen Grenzen durch drei Jahrzehnte in ähnlicher Weise eine segensreiche Tätigkeit entfaltete.

14.

Die Dornenkrone

Die revolutionären Ereignisse des Jahres 1848, die den Fortbestand des habsburgischen Kaiserstaates bedrohten, ließen die Aufgabe der Fiktion einer Regierung des Kaisers Ferdinand dringlich erscheinen. So dankte der Kaiser am Ende des „Sturmjahres", am 2. Dezember 1848, zugunsten seines Neffen, des achtzehnjährigen Franz Joseph, des ältesten Sohnes des Erzherzogs Franz Karl und der energischen Erzherzogin Sophie, einer gebürtigen bayerischen Prinzessin, ab. Der Volkswitz, der das „WIR" am Beginn der ersten Proklamation des neuen Kaisers als Verbindung der Initialen der drei die Revolutionen in Österreich, Ungarn und Italien bekämpfenden Heerführer Windischgrätz, Jellačić und Radetzky deutete, kennzeichnete treffend die Situation bei der Thronbesteigung des jungen Herrschers, nur einen Monat nach der Niederwerfung des Wiener Oktoberaufstands durch Windischgrätz und Jellačić. Zum Sieg über die Revolution in Ungarn im folgenden Jahre bedurfte man der russischen Waffenhilfe, während in Italien das militärische Genie des greisen Radetzky einen glänzenden Sieg über das mit der italienisch-nationalen Revolution verbündete Piemont erstritt. Die ersten Regierungsjahre des von einem fähigen Staatsmann, dem Fürsten Felix Schwarzenberg, von dem Einfluß seiner Mutter Sophie und von den Ratschlägen des im Hintergrund bleibenden ehemaligen Staatskanzlers Metternich geleiteten jungen Fürsten standen im Zeichen einer entschiedenen absolutistisch-zentralistischen Politik und der Hoffnung auf durchgreifende Erneuerung des Gesamtstaates durch die josephinische Bürokratie. Aber die nach Schwarzenbergs Tod von Franz Joseph selbst bestimmte, wenig glückliche Politik während des Krimkrieges isolierte Österreich in Europa; und auf den Schlachtfeldern des Krieges von 1859 gegen Frankreich und Piemont-Sardinien, auf denen der persönlich tapfere Franz Joseph den Glauben an sein Feldherrntalent und an das Kriegsglück verlor, erlag das neoabsolutistische System des ersten Regierungsjahrzehnts den liberalen und nationalen Kräften einer neuen Zeit.

Beim Eintritt Österreichs in die konstitutionelle Ära, in die

Epoche der Mitwirkung der Völker an der Gestaltung der Staatsgeschicke, ist das Problem der Dynastie, ihrer Funktion und Position in einem von neuen Kräften bestimmten Staatswesen in aller Schärfe gestellt worden. Damals sind jene grundsätzlichen Ausführungen gemacht worden, in denen der auch in seinem physischen Erscheinungsbild den althabsburgischen Typ verkörpernde Erzherzog Albrecht die althabsburgisch-dynastischen Prinzipien mit Energie vertrat. In der Kritik eines Dienstreglementsentwurfs für die k. u. k. Infanterie beanstandete Albrecht die Ersetzung des Titels „Erzherzog" durch die Formulierung „k. k. Hoheiten, Prinzen und Prinzessinnen des Kaiserlichen Hauses" und betonte, daß die nichtregierenden Mitglieder der Dynastie erst seit der Schaffung des österreichischen Kaisertitels, also seit 1804, auch kaiserliche Prinzen seien, hingegen seit vierhundert Jahren „den in der Welt einzigen Titel Erzherzog führen, einen Titel, älter und daher höhergehalten als irgendein großherzoglicher und kurfürstlicher. Ein Erzherzog zediert de iure nicht den Rang einem solchen, nur einem gekrönten Haupt (Majestät), weil die Erzherzoge von Österreich, jeder einzeln als mit dem Erzherzogtum belehnt, nie die Ehrenrechte eines solchen regierenden Herrn verloren haben." Erst das Testament Ferdinands II. von 1621 habe das Recht der Primogenitur und des Majorats festgelegt, nach der Beendigung der Länderteilungen habe zwar die Regierung der jüngeren Söhne aufgehört, ihre Ehrenrechte aber seien bestehengeblieben; die Liberalen und Demokraten suchten den Titel „Erzherzog" durch den Allerweltstitel „Prinz" zu ersetzen, „den jeder nachgeborene Salm, Leiningen usw. in Anspruch nimmt".

Von der, wie man sieht, keineswegs bloß äußerlichen, sondern entscheidenden Frage der Titel und Ehrenrechte aber kam Erzherzog Albrecht zu einer grundsätzlichen Gegenüberstellung von „Dynastie" und „Staat", als er weiter ausführte: „Welche Begriffe von dem Herrscherhause, welche Begriffsverwirrrung überhaupt impft man dadurch den Völkern ein? Was muß sich von dieser neuen Classification die Armee denken, welche bisher gewohnt war (Gott sei Dank!), dem *Hause* Österreich, nicht dem liberalen und abstrakten Begriff des *Staates*, zu dienen, für selbes, in welchem sich das Vaterland gewissermaßen verkörperte, zu bluten und zu sterben? Noch jetzt hört man alte Offiziere und Soldaten sagen: Ich habe dem Hause Österreich unter zwei, drei, vier Kaisern gedient. In diesem Ausdrucke spricht sich das Wesen der Legitimität, der Unsterblichkeit der Dynastie aus. Die Dynastie, das *Herrscherhaus*, muß durch breite Kluft von allen Unterthanen getrennt sein; keiner der letzteren darf in äußeren Ehren, und wenn er noch so hoch gestiegen wäre, dem jüngsten Mitgliede des Hauses gleichgestellt werden. Das *Herrscherhaus* hat seine eigenen Gesetze in dem gemeinsam vereinbarten Familienstatute, der Kaiser ist das *Oberhaupt* der Familie, deren Gerichtsherr, der Souverain, die Mitglieder müssen Ihm Gehorsam, Ehrerbietung zollen, seine getreuesten Diener sein, überall den *Unterthanen* mit dem besten Beispiel vorangehen, selbst *Unterthanen* im eigentlichen Sinne des Wortes sind sie nicht, können sie nicht sein, weil jeder von ihnen das volle Anrecht auf den Thron in der festgesetzten Reihenfolge hat. Eben diese Reihenfolge bestimmt den Rang unter den einzelnen Mitgliedern, im Übrigen und gegenüber den Unterthanen sind sie in bezug auf die ihrer Geburt anklebenden Ehren gleich, und nur die Majestäten stehen hoch über diesem Niveau. Dies sind die Grundsätze, unter denen Haus Österreich durch vier Jahrhunderte stark geworden, geblüht hat und die älteste und angesehenste Familie Europas geworden ist. Würden diese Grundsätze, diese Basis seines Bestehens verlassen, so muß es ver- und zerfallen gegenüber seiner zusammengewürfelten Völkerfamilie, deren einziges Bindemittel so oft (und auch jetzt wieder) das *Haus und dessen Armee* waren; gegenüber den demokratischen, alles nivellierenden Tendenzen der Jetztzeit." Hier fügte der Erzherzog dann seine bereits wiedergegebenen Ausführungen über den Gegensatz zwischen der maria-theresianischen und josephinischen Auffassung von Dynastie, Monarch und Staat und über die Ermöglichung der Regierung „auch schwächerer Kräfte", wie etwa des Kaisers Ferdinand, durch den streng dynastischen Gedanken an. Immer wieder betonte er in diesem Schreiben die Notwendigkeit, die „ganz exceptionelle Stellung" der Dynastie durch die Aufrechterhaltung einer „unüberschreitbaren Kluft" zwischen den Mitgliedern des Erzhauses und den Untertanen zu sichern, und erklärte am Ende dieser langen Ausführungen nochmals, daß die Angleichung der Ehrenbezeigungen für fremde Prinzen und hochgestellte Untertanen an die den Mitgliedern des Herrscherhauses vorbehaltenen Ehrenbezeigungen der erste bedeutendste und entscheidendste Schritt sei „auf einer demokratisierenden rechtlosen Bahn; diese führt in der nächsten oder zweiten Generation bereits dazu, im Souverän den gekrönten Vollstrecker des souveränen Volkswillens zu sehen". Es war die schärfste und entschiedenste Formulierung des dynastischen Prinzips, die im 19. Jahrhundert überhaupt noch denkbar war; und doch enthält auch sie den deutlichen Beweis dafür, daß sich selbst der Erzherzog, der über den josephinischen Gedanken des Staatsdienertums hinweg wieder bei dem althabsburgischen Dynastiebegriff anzuknüpfen suchte, gleichsam ohne und wider seinen Willen doch auch von dem neuen, zum rein dynastischen Prinzip im Widerspruch stehenden Denken beeinflußt worden war; so in dem verräterischen Nebensatz „in welchem sich das Vaterland gewissermaßen verkörperte", der in einer der Vorstellungswelt der Alt-Habsburger durchaus fremden Weise die Funktion und Stellung der Dynastie durch ihre Leistung und Bedeutung für den Wert und Begriff des „Vaterlandes" rechtfertigte und der sogar zu dem für das rein dynastische Denken gefährlichen Begriff der „Repräsentation" — der Monarch als Repräsentant des Staatswesens — hinführen konnte; oder in der Übernahme des von Joseph von Hormayr geprägten, als Gegenbild zum romantischen Organismusgedanken entwickelten Schlagworts von der „zusammengewürfelten Völkerfamilie". mit seiner leidenschaftlichen Ablehnung des Gedankens eines konstitutionellen Herrschertums und des Gedankens der Volkssouveränität befand sich Erzherzog Albrecht übrigens in einer eigenartigen Übereinstimmung mit dem Wiener Demokraten und Frühsozialisten Ernst Violand, der in seiner 1850 erschienenen „Sozialen Geschichte der Wiener Revolution" die Ansicht vertreten hatte, daß jede europäische Dynastie eher als die habsburgische den Weg zu einem konstitutionellen Bürgerkönigtum und zu einer Anerkennung des Prinzips der Volkssouveränität gehen könne.

Erzherzog Albrecht und Erzherzog Johann, Neffe und Oheim, zwei Habsburger des 19. Jahrhunderts, die zwar selbst nicht die Krone trugen, aber aus reicher politischer und militärischer Erfahrung eine genaue Kenntnis des Staatswesens und seiner Probleme besaßen, vertraten so einander entgegengesetzte Auffassungen über das Wesen der Monarchie und die Wege, die zur Verankerung und Sicherung der von ihnen als in ihrer Stellung bedroht erkannten Dynastie einzuschlagen seien. Gemeinsam war beiden nur die Abneigung gegen die bürokratische Auffassung des Herrscherberufs, gegen „das Königtum als Beamterei", dessen Einführung in Griechenland etwa Erzherzog Johann während seiner Griechenlandreise scharf und treffend tadelte. Aber während Johann die Sicherung der Dynastie in einer neuen, engen Verbindung mit Bürger- und Bauerntum empfahl, sah Albrecht allein in einer Wiederherstellung der althabsburgischen Sonderung der Dynastie von den Untertanen das Heil.

Im Grunde seiner unproblematischen Natur stand auch Kaiser Franz Joseph durchaus auf dem Boden der von Erzherzog Albrecht mit Schärfe und Klarheit formulierten, ererbten dynastischen Vorstellungen, wenngleich bei dem um dreizehn Jahre jüngeren Kaiser, der die für die Prägung der Anschauungen entscheidenden Jünglingsjahre in und nach der epochebildenden Revolution von 1848/49 erlebt hatte, die neueren, auf Staat und Vaterland

32 Erzherzog Johann von Österreich (1782–1859)

33 Trauungszeremonie Kaiser Franz Josephs I. (1848–1916) und
Kaiserin Elisabeths in der Wiener Augustinerkirche

34 Elisabeth, Kaiserin von Österreich (gest. 1898)

35 Kronprinz Rudolf von Österreich (letzte Aufnahme)

36 Franz Joseph I. und Katharina Schratt

37 Maximilian I., Kaiser v. Mexiko (1864–1867), empfängt die
   mexikanische Delegation in Schloß Miramare
38 Thronfolger Franz Ferdinand mit Gemahlin bei der Ankunft in Sarajewo (1914

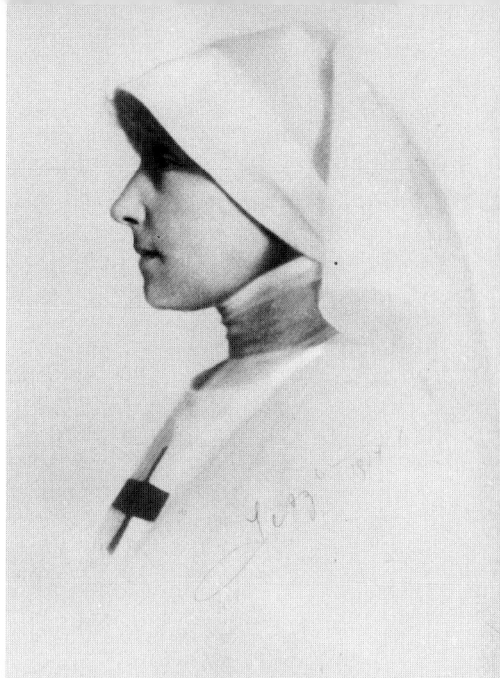

39 Kaiser Franz Joseph I. (1916)

40 Elisabeth, Erzherzogin v. Österreich, Tochter Kronprinz Rudolfs (1914)

41 Kaiser Karl I. (1916–1918) mit Kaiserin Zita und den Kindern
    Otto, Adelheid, Robert und Felix

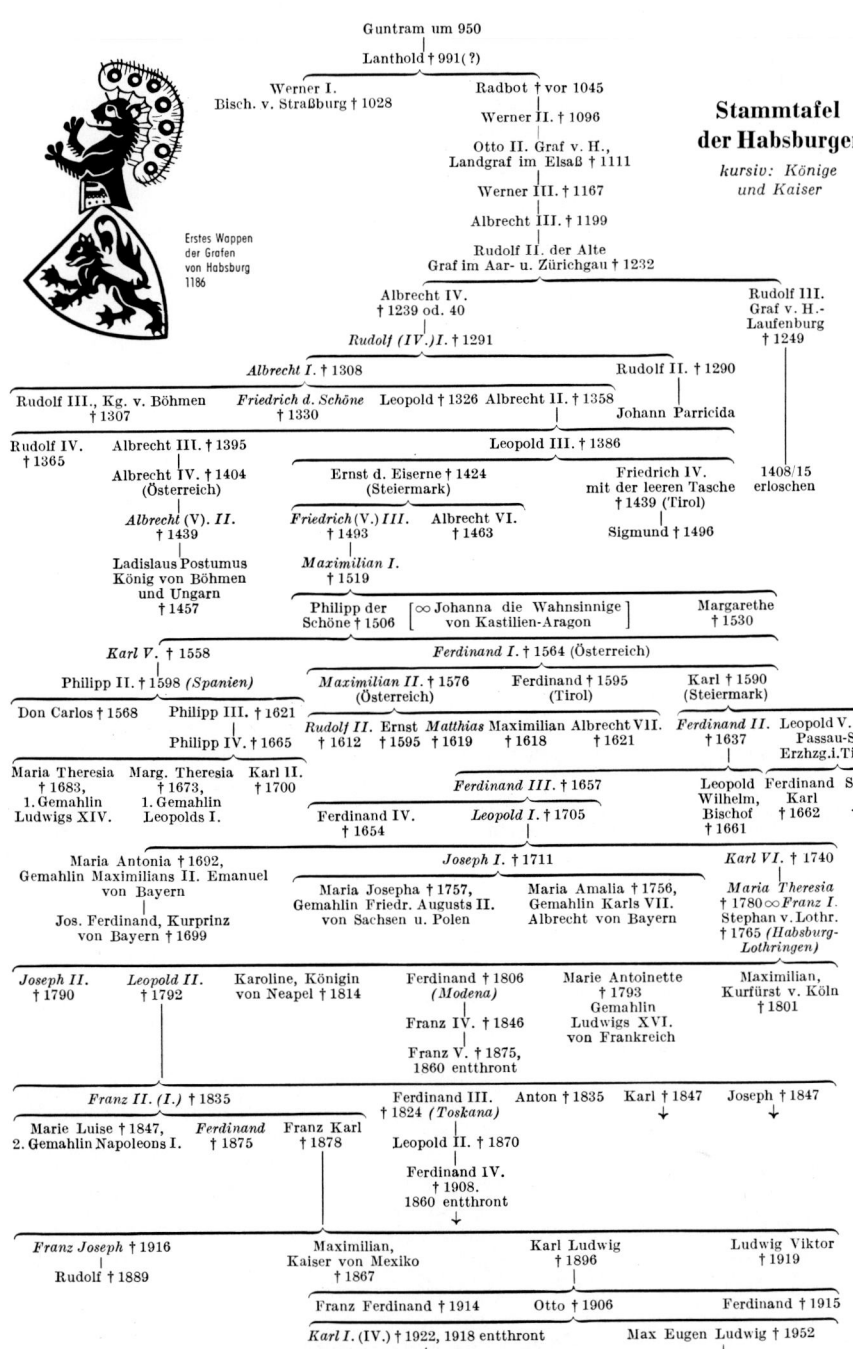

42 Stammtafel der Habsburger
von Guntram (um 950) bis Otto von Habsburg (geb. 1912)

gerichteten Anschauungen viel leichter und daher in viel stärkerem Ausmaß in das Bewußtsein eindrangen als bei dem härteren, starreren und kompromißloseren Erzherzog. Schon die von Franz Joseph gewählte Devise „Viribus unitis" (Mit vereinten Kräften), in der der Gedanke des Zusammenwirkens der verschiedenen Völker des Habsburgerreichs wie jener des Zusammenwirkens der Völker mit der Dynastie zum Ausdruck kam, stand im Widerspruch zu einer rein dynastischen Auffassung. In den Jahren des Kampfes um die Vorherrschaft in Deutschland, in denen die Inschrift auf dem Denkmal für Erzherzog Karl, den Vater des Erzherzogs Albrecht, auf dem Wiener Heldenplatz — „Dem beharrlichen Kämpfer für Deutschlands Ehre" — entstand, hat Franz Joseph sich durchaus als „deutscher Fürst" gefühlt, dem nationalen Gedanken gehuldigt und in diesem Sinne an dem Kampf um Schleswig-Holstein 1864 im Krieg gegen Dänemark teilgenommen. Nachdem aber dann auf dem Schlachtfeld von Königgrätz (3. Juli 1866) die Entscheidung gefallen war, die Österreich seiner Stellung in Deutschland und Italien beraubte und es ganz auf den Donauraum verwies, hat sich der Kaiser mehr und mehr jener Auffassung genähert, die schon im Frühjahr 1848 der große Lehrmeister und Führer des tschechischen Volkes, Franz Palacký, in seinem Absagebrief an die Frankfurter Nationalversammlung formuliert hatte: daß der Bestand der habsburgischen Vielvölkermonarchie „im Interesse Europas, im Interesse der Humanität selbst" gerechtfertigt, ja unerläßlich sei als einziger sicherer Schutz gegen „das unabsehbare und unnennbare Übel einer Universalmonarchie Rußlands", als Haus und Hort für die kleinen, in Mitteleuropa lebenden Völker. Durch diese Auffassung, die nach 1866 in dem neuen Doppelreich Österreich-Ungarn mit welt- und nationalpolitischen, mit ethischen, wirtschaftlichen, geographischen und historischen Argumenten untermauert wurde, behielt die Dynastie und Krone ihre zentrale Stellung, denn sie war ja, zusammen mit der kaiserlichen Armee und der Vertretung nach außen, die einzige, beide Reichshälften überwölbende Klammer, die oberste, über den Streit der Nationalitäten und Parteien gestellte Autorität, krönender Schlußstein und Zusammenhalt des Reiches. In diese Auffassung flossen sowohl die rein dynastische ältere Idee von dem göttlichen Auftrag an das Herrscherhaus wie die Idee des josephinischen Staatsdienertums, und dieser Auffassung hat sich Franz Joseph ganz verschrieben. Sechsundachtzig Lebensjahre und achtundsechzig Herrscherjahre, ein Leben voll furchtbarster Schicksalsschläge und zum Schluß fast ganz angefüllt mit dem „papierenen Schreibtischdasein", über das schon der dreiundzwanzigjährige junge Monarch seiner Mutter geklagt hatte, erhielten von dieser Auf-

fassung — die durch die spätere Entwicklung im Donauraum
eher bestätigt als widerlegt wurde — ihre Weihe und Berech-
tigung.

Die sittliche Lauterkeit, die empirische Bewährung und posthu-
me Bestätigung dürfen uns jedoch nicht blind machen gegenüber
den Schwächen und inneren Widersprüchen einer solchen Auffassung, der die großartige Geschlossenheit der metaphysisch begründeten altdynastischen Auffassung fehlte. Gerade die Vielzahl der gewiß stichhaltigen Argumente, mit denen die Existenz
der habsburgischen Donaumonarchie gerechtfertigt wurde, verriet
ja zugleich die zumindest im Unterbewußtsein vorhandene Überzeugung von der Bedrohtheit und Problematik dieses Staats-
gebildes, von dem Widerspruch, in dem es sich gegenüber den
Zeittendenzen befand. Gerade die Mitglieder der Dynastie, die an
der Spitze des Staatswesens standen und das ganze Reich über-
blickten, empfanden diese Bedrohung und Problematik stärker
als die meisten anderen Staatsangehörigen, und so war die
ganze franzisko-josephinische Epoche trotz ihres Glanzes und ihrer
Leistungen, des Aufschwungs in der Gründer- und Ringstraßen-
zeit, in der Epoche der fortschreitenden mustergültigen Sozialpolitik und der aufstrebenden und in den Staat hineinwachsen-
den demokratischen Volksbewegungen begleitet von tief pessi-
mistischen Äußerungen von Mitgliedern der Dynastie über die
Zukunft des Reiches und des Herrscherhauses.

Schon 1848 hat Erzherzog Johann, dieser nicht nur popu-
lärste, sondern auch mit dem Denken und Fühlen des Volkes
am innigsten vertraute Habsburger des 19. Jahrhunderts, die Ansicht ausgesprochen, daß die Zukunft auch in Europa vielleicht
der Republik gehöre. Von Kaiser Franz Joseph gibt es aus allen
Epochen seines langen und ereignisreichen Lebens Äußerungen,
die einen tiefeingewurzelten Pessimismus verraten. Immer wieder
und besonders an den entscheidenden Wendepunkten seines Lebens und Österreichs hat er in fast gleichlautenden Formulierungen den Gedanken des Stehens auf verlorenem Posten, des
Kämpfens bis zum letzten Atemzug, des Untergehens in Ehren
ausgesprochen, der so recht seiner ritterlichen und geradlinigen
Charakteranlage gemäß war. Er hat in seinem Testament Ver-
fügungen getroffen für den Fall, daß „die Krone nicht bei
unserem Hause bleiben sollte“, und gewünscht, daß seine Tochter
Gisela ihr Vermögen an sich nehme, es „läge sicherer in Deutschland als wie in Wien“. Von der gleichen Skepsis und einer
feinen Ironie und Selbstironie zeugt das Wort, mit dem er sich
Theodore Roosevelt gegenüber als „den letzten europäischen
Monarchen alter Schule“ bezeichnete, und das andere, in seinen
letzten Lebensjahren zu einem österreichischen Diplomaten

194

geäußerte: „Ich bin mir seit langem bewußt, wie sehr wir in der heutigen Welt eine Anomalie sind."

Gewiß ist in den letzten Jahren und Jahrzehnten vor dem Weltkrieg in den österreichischen Führungsschichten noch einmal die Hoffnung auf eine Erneuerung der Monarchie und eine Überwindung der leidigen Nationalitätenkämpfe aufgetaucht. Kaiser Franz Joseph selbst hat gehofft, durch die Gewährung des allgemeinen, gleichen Wahlrechts und die damit zu erzielende Heranführung der breiten Massen an den Staat dem bürgerlich-liberalen Nationalismus der Professoren und Advokaten ein Gegengewicht zu bieten, eine, wie sich bald herausstellte, trügerische Hoffnung, weil die breiten Massen einem viel radikaleren und robusteren Nationalismus anheimfielen, als es der doch manchmal noch humanistisch gebändigte Nationalismus der „gebildeten Stände" gewesen war. Vor allem aber knüpften sich an die Gestalt des Thronfolgers Franz Ferdinand die Hoffnungen der jüngeren Generation auf eine grundlegende, durch einen radikalen Staatsumbau zu erzielende Erneuerung. Der Zwiespalt zwischen Kaiser und Thronfolger, zwischen „Schönbrunn" und „Belvedere" wurde so schließlich zu einer Dominante in der inneren Politik der „letzten Jahrzehnte einer Großmacht". Dem hochbetagten Kaiser, dessen von den Vorfahren ererbte Scheu vor schwerwiegenden Entschlüssen und radikalen Maßnahmen durch die Erfahrungen eines langen Lebens, durch Niederlagen und Mißerfolge und durch die Einsicht in die prekäre Lage des seiner Verantwortung anvertrauten Reiches gesteigert worden war, stand der ungeduldig auf seine Stunde wartende Thronfolger gegenüber, der gezwungen war, seinen Tatendrang im Pläneschmieden abzureagieren, und den der Gedanke, er müsse tatenlos zusehen, wie weltvolle Zeit verrinne und das dereinst zu übernehmende Erbe immer mehr zerfalle, fast zur Verzweiflung trieb. Denn auch Franz Ferdinand sah, ebenso wie der Kaiser, die Gefährdung und Problematik des Staatswesens, er glaubte nur als jüngerer, kraftvollerer Mensch und Sohn einer Generation, die übermäßig der Macht und dem Triumph des Willens vertraute, an die Möglichkeit einer Rettung in letzter Stunde durch radikale Maßnahmen. Im Gegensatz zu manchem oberflächlichen Optimisten aus seiner Umgebung und auch sonst im öffentlichen Leben, der an die Wirksamkeit einer Zauberformel zur Umwandlung der Doppelmonarchie in einen friedlich-freien Völkerbund glaubte, war sich Franz Ferdinand der Gefahren, die sich aus der Verwirklichung seiner Pläne ergeben hätten, bewußt, er sah die Möglichkeit von Bürgerkrieg und Intervention von außen voraus, und es gibt in der habsburgischen Geschichte wenige erschütterndere und prophetischere Worte als jener Ausspruch des

Erzherzogs, daß die Habsburgerkrone eine Märtyrerkrone sei und daß sich keiner zu ihr drängen solle, der nicht in sie hineingeboren wurde.

Dieses Wort Franz Ferdinands fiel bei der Zurückweisung von Anregungen, den Söhnen aus seiner morganatischen Ehe mit der Gräfin Chotek doch das Erbrecht zu verschaffen, und dieses Wort wie die ganze Einstellung Franz Ferdinands zu seiner Gemahlin und zu seinen Kindern — er war wie fast alle Mitglieder seines Hauses ein liebender und besorgter Gatte und Vater — zeigt uns ein anderes Motiv, das, seit Maria Theresia und Joseph II. aufklingend, von der Mitte des 19. Jahrhunderts an immer stärker die innere Geschichte der habsburgischen Dynastie beherrschen sollte: die Spannung zwischen dem Gedanken der Pflicht gegenüber dem Herrscheramt und der „exceptionellen Stellung" der Mitglieder des Kaiserhauses auf der einen und dem Verlangen nach stillem, bürgerlichem, familiären und persönlichem Glück auf der anderen Seite. Es war ein Konflikt zwischen Familienverpflichtung und Familiensinn, zwischen dynastischer Pflicht und menschlicher Neigung, der nun immer häufiger aufbrach. Noch im großen goldenen Jahrhundert des althabsburgischen dynastischen Gedankens, im 16. Jahrhundert, zu der Zeit, da die Idee von der Reinheit des herrscherlichen Bluts bis zur Inzucht übersteigert wurde, war dieses Motiv einmal aufgeklungen in der Liebesheirat des Erzherzogs Ferdinand von Tirol mit der Philippine Welser. In der ersten Hälfte des 19. Jahrhunderts war es dann ein unerhörtes Ereignis gewesen, als Erzherzog Johann mit Genehmigung des Kaisers Franz die Ausseer Postmeistertochter Anna Plochl heiratete, die später (1844) zur Gräfin von Meran erhoben wurde. In der zweiten Hälfte des 19. und zu Beginn des 20. Jahrhunderts aber setzte unter den Angehörigen der in zahlreiche Zweige aufgegliederten Dynastie eine förmliche Flucht aus dem Zwang der Hofetikette und des Familienstatus ein, deren Wahrer der Kaiser und der bei den jüngeren Erzherzogen wegen seiner Strenge begreiflicherweise reichlich unbeliebte Erzherzog Albrecht waren. Immer mehr wurde die Sonderstellung der Dynastie als eine drückende, die Führung eines eigenen, glücklichen Lebens verhindernde Last empfunden. Hier lag — abgesehen von der erblichen Belastung von der Seite der Mutter und durch das enge Verwandtschaftsverhältnis zwischen den beiden Eltern — die letzte Wurzel der Tragödie des hochbegabten, aber haltlosen Kronprinzen Rudolf. Der Gegensatz zu den politischen Anschauungen des Vaters kam dann nur als das auslösende Moment hinzu.

Aber auch Kaiser Franz Joseph selbst, der das eigene Leben ganz auf dem Altar des Pflichtbewußtseins, des Gedankens des

Staatsdienertums darbrachte, sehnte sich im Innersten nach einem stillen, bürgerlichen Glück in Schlichtheit und Bescheidenheit. Das kam ebenso in seiner Vorliebe für die einfache Uniform, für schlichte bürgerliche Kleidung und die schon von Erzherzog Johann bevorzugte Jägertracht der Alpenländer zum Ausdruck wie in der betont einfachen Ausstattung seiner persönlichen Wohnräume — eisernes Bett und Waschschüssel — in allen Schlössern. Die Briefe des Kaisers an die Burgschauspielerin Katharina Schratt, in deren Gesellschaft er jene bürgerliche Wärme, Liebe und Behaglichkeit fand, die ihm die Ehe mit der bewunderten, aber exzentrischen und ruhelosen, in ganz anderer Weise auf den Zwang des Hofzeremoniells reagierenden Gemahlin nicht bieten konnte, offenbaren ein rührendes Verlangen nach der zumindest zeitweisen Befreiung von einer Last, die ihn nicht weniger, sondern vielleicht noch mehr drückte als jene anderen Mitglieder des Kaiserhauses, die sich offen auflehnten, mit dem Verzicht auf ihre Privilegien auch die Pflichten der Sonderstellung ablegten und in bürgerliche Existenz und bürgerlichen Namen flüchteten. Daß selbst Franz Ferdinand trotz seiner hohen Auffassung von Herrscherpflicht und Herrscherberuf eine nicht ebenbürtige Ehe schloß und einen langwierigen Kampf um dieses sein Eheglück auf sich nahm, zeigt, daß es sich hier, über alle persönlichen Unterschiede hinweg, um ein in dieser oder jener Form fast für alle Mitglieder der Dynastie gestelltes Problem handelte. Wenn dann noch die Enkelin des Kaisers Franz Joseph, das einzige Kind seines unglücklichen Sohnes Rudolf, schließlich ihr Lebensglück an der Seite eines sozialistischen Politikers fand, so war dies nur mehr die extremste Form des Phänomens einer ,,Flucht aus dem Purpur", des Strebens nach Überwindung jener ,,unüberschreitbaren Kluft", deren Aufrechterhaltung um jeden Preis Erzherzog Albrecht gefordert hatte.

Es ist eigenartig zu sehen, wie die Habsburger in den letzten Generationen ihres Herrschertums so entschieden zu der Schlichtheit ihres Ahnherrn Rudolf zurückkehrten, von dem man berichtete, daß er sich auf den Kriegszügen sein Wams selbst flickte und eine Rübe aus dem Acker zog, wenn er hungrig war. Mit der Vorliebe für Schlichtheit und Bürgerlichkeit hängt wohl auch die Sympathie für die republikanische und bürgerliche Schweiz zusammen, die etwa Franz Joseph empfand. Ein Schweizer Historiker, der große Jacob Burckhardt, war es auch, der im Zeitalter Franz Josephs die vielleicht treffendste Charakteristik für das habsburgische Gesamthaus seit Rudolf von Habsburg — ,,physisch keine Idealfiguren; wenig Genialität; aber Wohlwollen, Ernst, Bedächtigkeit; Ausharren und Gleichmaß im Unglück; keine Lumpen und Liederlichen" — fand. Eine der populärsten, in Auftreten und Erscheinung am stärksten den Eindruck der natürlichen Hoheit vermittelnden Gestalten der letzten habsburgischen Generationen, Feldmarschall Erzherzog Eugen, hat ja dann nach 1918 anderthalb Jahrzehnte in Basel, der mit der Geschichte des Ahnherrn Rudolf und dem Aufstieg des Geschlechts so innig verbundenen Vaterstadt Jacob Burckhardts, gelebt und ist als „Erzi" bei der Bevölkerung beliebt und geschätzt gewesen.

Die Auffassung von der Herrscherkrone als einer Märtyrer- und Dornenkrone ist in diesen Generationen und besonders auch bei Kaiser Franz Joseph selbst bestärkt worden durch die Reihe furchtbarer Schicksalsschläge und blutiger Tragödien in seiner engsten Familie. Fast gleichzeitig mit der großen Schicksalswende in der Geschichte der Habsburgermonarchie und im Leben Franz Josephs, der Niederlage bei Königgrätz und dem Umbau des Kaisertums Österreich zur österreichisch-ungarischen Doppelmonarchie, vollendete sich in der Neuen Welt das tragische Schicksal seines jüngeren Bruders, des Kaisers Maximilian von Mexiko. Der phantasiebegabte, dichterisch beschwingte und zunächst in der Bevölkerung weit beliebtere Erzherzog — seltsame Wiederholung des Gegensatzes zwischen Friedrich III. und Albrecht VI., Karl V. und Ferdinand I., Joseph I. und Karl VI., Franz I. und Erzherzog Karl! — hatte sich von Napoleon III. zu dem mexikanischen Abenteuer verleiten lassen. Sein Leben endete am 19. Juni 1867 vor dem Exekutionskommando in Querétaro. Seine Gemahlin Charlotte, eine belgische Prinzessin, verfiel dem Wahnsinn.

Der große italienische Dichter Giosuè Carducci hat in einem wundervollen Gedicht auf das Schloß des die Seefahrt und die Weite liebenden Habsburgers, auf Schloß Miramare im Golf von Triest, den „reinen, tapferen, schönen Maximilian" besungen als das unschuldige Sühneopfer, das die Götter der Neuen Welt für die von den Conquistadoren Karls V. begangenen Verbrechen forderten, und er hat die Parallele des Schicksals zwischen der wahnsinnigen Johanna und Charlotte beschworen. In einem mit dem mexikanischen Wappen geschmückten Sarkophag ruht in der Kapuzinergruft in Wien der Leichnam des Habsburgers, den der Seeheld von Lissa, Admiral Wilhelm von Tegetthoff, in die Heimat zurückgebracht hat. Der von Maximilian in einem schönen Gedicht („Auf einem Berge möcht' ich sterben . . .") ausgesprochene Wunsch ist nicht in Erfüllung gegangen.

Der Tragödie des Bruders und der Schwägerin folgte zwei Jahrzehnte später der Selbstmord des einzigen Sohnes, des Kronprinzen Rudolf, in Mayerling (30. Jänner 1889), wieder fast ein Jahrzehnt später die Ermordung der Gemahlin, der Kaiserin Elisabeth, durch einen italienischen Anarchisten (10. September 1898), schließlich der Tod des Thronfolgers Franz Ferdinand und seiner Gemahlin unter den Kugeln serbischer Verschwörer in Sarajevo am 28. Juni 1914 und der Ausbruch des Weltkriegs. Mitten im großen Weltbrand, der sein Reich vernichten sollte, ist der greise Kaiser, der einst inmitten der Stürme der Revolution den Thron bestiegen hatte, am 21. November 1916 gestorben.

Die Kette furchtbarer Schicksalsschläge hatte Franz Joseph nach außen hin immer kälter und anscheinend teilnahmsloser werden lassen. Wenn er den Chef der Militärkanzlei des Thronfolgers, der ihm über die Bluttat von Sarajevo und die letzten Augenblicke Franz Ferdinands berichtete, sofort nach dem Verlauf der unmittelbar vorher abgeschlossenen Manöver befragte, so mochte dies herzlos und gefühllos scheinen. Der Gesprächspartner selbst aber hat dies, sicher richtig, als Verhalten eines Menschen gedeutet, der zu stolz war, um seinen Schmerz zu zeigen, und der durch vieles Unglück gelernt hatte, in der Bewahrung der Haltung und Würde und in dem Gedanken der Pflichterfüllung die einzige Möglichkeit zur Meisterung eines grausamen Schicksals zu sehen.

Das Gefühl für Pflicht und Würde hat Franz Joseph schließlich ganz beherrscht, und er ist deshalb so sehr zum Symbol des Reiches geworden, daß seine Untertanen und besonders die Angehörigen seiner Armee sich ein Österreich ohne Kaiser Franz Joseph gar nicht mehr vorstellen konnten. Das dynastische Selbstbewußtsein der Alt-Habsburger, die Überzeugung von der göttlichen Berufung zum Herrscheramt, ist mit dem josephinischen Gedanken der aufopfernden Hingabe an den Staat eine schließlich harmonische Verbindung eingegangen, wie Franz Joseph auch in seinem Verhältnis zur Religion, zur Kirche und zu ihren Würdenträgern eine in gleicher Weise von der Ergebenheit des gläubigen Katholiken wie von dem Bewußtsein der kaiserlichen Majestät und der Wahrung der Herrscherrechte bestimmte Haltung eingenommen hat: in der Frage des Duells wie bei dem letzten Veto, das ein Herrscher bei einer Papstwahl einlegen ließ. Pflicht und Ehre, Ritterlichkeit und Anständigkeit waren ihm die obersten Werte; durch die Art, wie er diesen Werten nachlebte, hat er erzieherisch und prägend auf seine Völker, vor allem aber auf Bürokratie und Armee gewirkt. Der Herrscher, der die Namen seiner Vorgänger Franz und Joseph in seinem Namen vereinte, hat zugleich das Ideal des ersten Beamten seines Staates wie jenes des guten Hausvaters zu erfüllen versucht und weitgehend tatsächlich erfüllt.

Sein Nachfolger und Großneffe Karl, der im Alter von 29 Jahren zur Regierung kam, sah sich vor eine Aufgabe gestellt, die auch eine stärkere Persönlichkeit mit besserer Vorbereitung für das Herrscheramt kaum hätte lösen können. Der von den besten Absichten und vor allem von einem tiefen, aufrichtigen Friedenswillen erfüllte Herrscher hat durch verschiedene Maßnahmen und Unterlassungen seines Regierungsanfangs, die seiner Überzeugungstreue, Redlichkeit und Anständigkeit das beste Zeugnis ausstellten, die aber den Mangel an politischer und psychologischer Erfahrung allzu deutlich erkennen ließen, das wohl unabwendbare Ende eher beschleunigt als hinausgezögert. Sowohl sein Bemühen um einen Sonderfrieden als auch der Versuch eines Reichsumbaues in letzter Minute waren daher zum Scheitern verurteilt. So blieb ihm in der Sterbestunde des alten Reiches nichts anderes übrig, als sich, dem Rat seiner Staatsmänner folgend, von den Regierungsgeschäften zurückzuziehen, was zwar nicht formell, aber tatsächlich einer Abdankung gleichkam. Im barocken Jagdschloß Eckartsau, am Rande des Marchfelds, nicht weit von jenem Ort, an dem einst sein Ahnherr Rudolf in der Schlacht mit dem Böhmenkönig Ottokar die Herrschaft über Österreich errungen hatte, verbrachte er noch im Winter 1918/19 die letzten Monate in der Heimat, ehe er unter britischem Geleit in die Schweiz ins Exil ging. Zweimal hat er, schlecht beraten und unter Verkennung der machtpolitischen Verhältnisse und Möglichkeiten der Nachkriegsjahre im Frühjahr und Herbst 1921 versucht, die Herrschaft in dem nach der Niederwerfung der Räterevolution wieder zu einem Königreich erklärten Ungarn anzutreten. Nach dem zweiten Versuch wurde er auf die Insel Madeira gebracht, wo er im folgenden Frühjahr am 1. April 1922 starb.

Hoch über Stadt und Hafen von Funchal, inmitten einer herrlichen südlichen Vegetation, liegt die kleine Wallfahrtskirche „Unsere liebe Frau vom Berge". Weit geht von dort oben der Blick über das Weltmeer, dessen beide Ufer einst zur Zeit der größten Machtfülle des Hauses Österreich unter der habsburgischen Herrschaft standen. In der Kirche, in einer Seitenkapelle, steht ein schlichter Metallsarg. Er trägt als einzigen Schmuck das Bild einer Dornenkrone und die Inschrift: „FIAT VOLUNTAS TUA." Dort ruht, unter dem Zeichen der Dornenkrone, der letzte Herrscher aus dem Hause Habsburg.

15.
Die Habsburger und Europa

Das Haus Habsburg ist dem Gesetz seiner Herkunft aus dem Herzraum Europas treu geblieben. Auffallend ist die Parallelität zwischen der Machtentfaltung der Dynastie und der Weltgeltung des Kontinents. Die drei Jahrhunderte von der ersten Hälfte des 16. bis zur ersten Hälfte des 19. waren die Jahrhunderte der europäischen wie der habsburgischen Machtfülle; der Rückbildungsprozeß der habsburgischen Macht verlief gleichzeitig mit der Machtverlagerung aus dem kontinentaleuropäischen Raum zu den Flankenmächten, nach England, Rußland und Amerika. Der Erste Weltkrieg, der Europas Machtverfall besiegelte, brachte das Ende der habsburgischen Herrschaft.

Diese Herrschaft hat im Verlauf der Jahrhunderte viele, oft weit voneinander entfernte Länder, von Portugal bis Siebenbürgen und von den Niederlanden bis Sizilien, umfaßt; manchen dieser Länder und Völker hat die habsburgische Herrschaft durch die Eingliederung in eine größere Gemeinschaft Zeiten der Blüte gebracht, zuweilen allerdings gewiß auch deren Kräfte für weitgespannte Ziele bis an oder auch über die Grenze ihrer Leistungsfähigkeit beansprucht. Die Dynastie, deren Mitglieder im Laufe der Jahrhunderte in lateinischer, deutscher, französischer, spanischer, italienischer, ungarischer Sprache miteinander korrespondierten, hat die politischen Ideen und geistigen Strömungen vieler europäischer Völker in ihre eigene Familientradition eingeschmolzen: die mittelalterliche Reichsidee und den nationaldeutschen Humanismus, burgundisches Rittertum und die spanische Ideenwelt der Glaubens- und Blutsreinheit, die politisch-religiösen Gedanken der Gegenreformation und des Barocks, der italienischen Aufklärung und der französischen Physiokraten, der deutschen Klassik und Romantik und schließlich sogar jene des ethnischen Nationalgedankens ostmitteleuropäischer Prägung in der Anziehungskraft, die der ungarische, polnische und ukrainische Nationalismus auf einzelne Mitglieder der Dynastie ausübte. Doch haben die Habsburger nie, auch im Zeitalter Karls V. nicht, Europa in dem Ausmaß beherrscht wie etwa — wenngleich nur für kurze historische Augenblicke — das französische

Empire Napoleons oder das nationalsozialistische Großreich Hitlers; gerade darin aber mag man einen neuerlichen Beweis für das europäische Wesen dieser Dynastie erkennen.

Die Klischeevorstellung von den Habsburgern als zähen Bewahrern der bestehenden Ordnung, als „Bleigewichten der europäischen Geschichte" — gleichviel, ob man dies nun positiv oder negativ wertet — wird der umfassenden habsburgischen Reformtätigkeit in den früheren wie in den späteren Jahrhunderten, ihrer Funktion als Vermittler neuer, fortgeschrittener politischer Gedanken und Institutionen von West nach Ost, von Süd nach Nord und umgekehrt nicht gerecht; und die Ansicht, die in den Habsburgern allein die typischen, schließlich überlebten Repräsentanten der alteuropäischen adelig-bäuerlichen Kultur, Wirtschafts- und Gesellschaftsordnung sehen möchte, steht zu der Tatsache im Widerspruch, daß gerade die Mitglieder des Hauses Habsburg-Lothringen bewußte Träger und Förderer der industriellen Revolution in Mitteleuropa gewesen sind und daß sie bei dieser ihrer Tätigkeit zugleich durchaus in der Tradition der wirtschaftspolitischen Maßnahmen der älteren Habsburger standen. Wer die Habsburger nur im Glorienschein der Kaiseridee Karls V. oder in barocker Apotheose sehen will, der verbaut sich leicht den Blick auf den vom Ahnherrn Rudolf bis zu Kaiser Franz Joseph gerade dieses Geschlecht besonders auszeichnenden politischen Realismus, auf die politischen Abenteuern abholde Nüchternheit und den bürokratischen Pflichteifer, der so viele Mitglieder dieses Geschlechts ausgezeichnet hat. Manchmal will es dem Betrachter fast scheinen, als ob die Habsburger ein eigenartig starkes Gefühl für Rhythmus und Gleichgewicht beseelt habe, so daß sie in Zeiten stürmischer Umwälzungen auf die Seite der Beharrung, in Zeiten der Stagnation auf jene der Reform und Erneuerung traten.

Die habsburgische Geschichte ist in einem besonderen, umfassenden Sinn nicht nationale, sondern europäische Geschichte. Der Ausgleich west-östlicher und nord-südlicher Spannung war diesem Geschlecht von seinen Ursprüngen her immer wieder aufgegeben. In Verwirklichung und Scheitern, in Leistung und Versagen ist gerade von den Habsburgern ein ungeheurer Schatz europäischer Erfahrungen eingebracht worden — gleichsam ein Gegenstück zu den von den Angehörigen aller europäischen Nationen geschaffenen Kunstschätzen, die das kunstsinnige Geschlecht im Laufe der Jahrhunderte gesammelt hat. In der Fruchtbarmachung dieser Erfahrungen für die Gegenwarts- und Zukunftsaufgaben Europas mag wohl auch ein aktueller Wert der Beschäftigung mit der Geschichte der europäischen Dynastie der Habsburger liegen.

202

Stammtafeln und Karten

Die Stammtafeln dienen zur Orientierung und Übersicht. Vollständigkeit wurde nicht angestrebt und ist in diesem Rahmen auch nicht zu erreichen, zumal die Habsburger sich in fast allen Jahrhunderten durch besonderen Kinderreichtum auszeichneten. (So hatte Rudolf I. 11 Kinder, Albrecht I. 13, Ferdinand I. 15, Maximilian II. 16, Erzherzog Karl von Innerösterreich 15, Maria Theresia 16, Leopold II. 16, die Tochter des Kaisers Franz Joseph, Erzherzogin Marie Valerie, die ihren Vetter, Erzherzog Franz Salvator, heiratete, 10, Kaiser Karl 8 Kinder). Bei Stammtafel III ist, um die wechselseitigen Verbindungen zwischen der Madrider und der Wiener Linie anschaulich zu machen, die genealogisch richtige Reihenfolge der Geschwister, dem Geburtsdatum nach von links nach rechts, nicht immer eingehalten. So war von den Kindern Karls von Innerösterreich Margarete jünger als Ferdinand II., umgekehrt wieder von den Kindern Philipps IV. von Spanien die Infantin Margarete Theresia älter als Karl II. Die Kaiser und Könige sind durch Fettdruck hervorgehoben.

Stammtafel I: Die älteren Habsburger bis König Rudolf I.

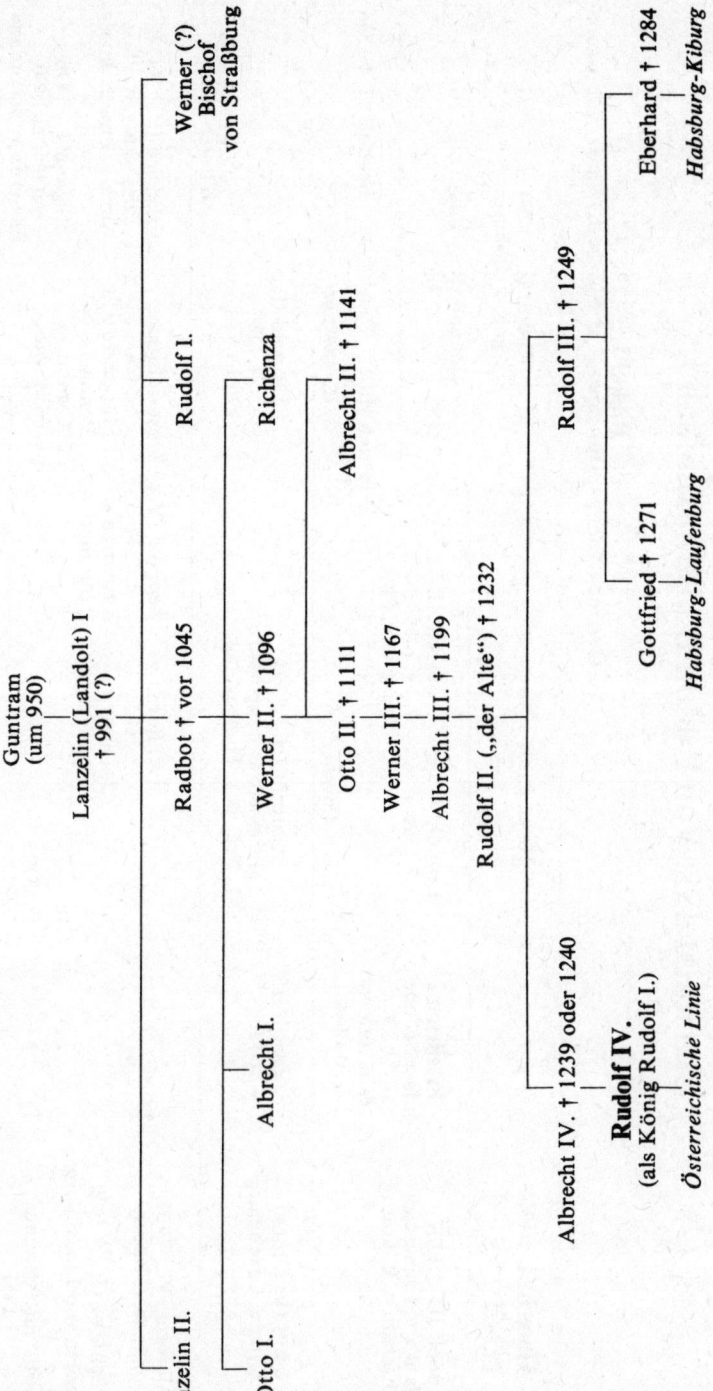

Stammtafel II: Von Rudolf I. bis Maximilian I.

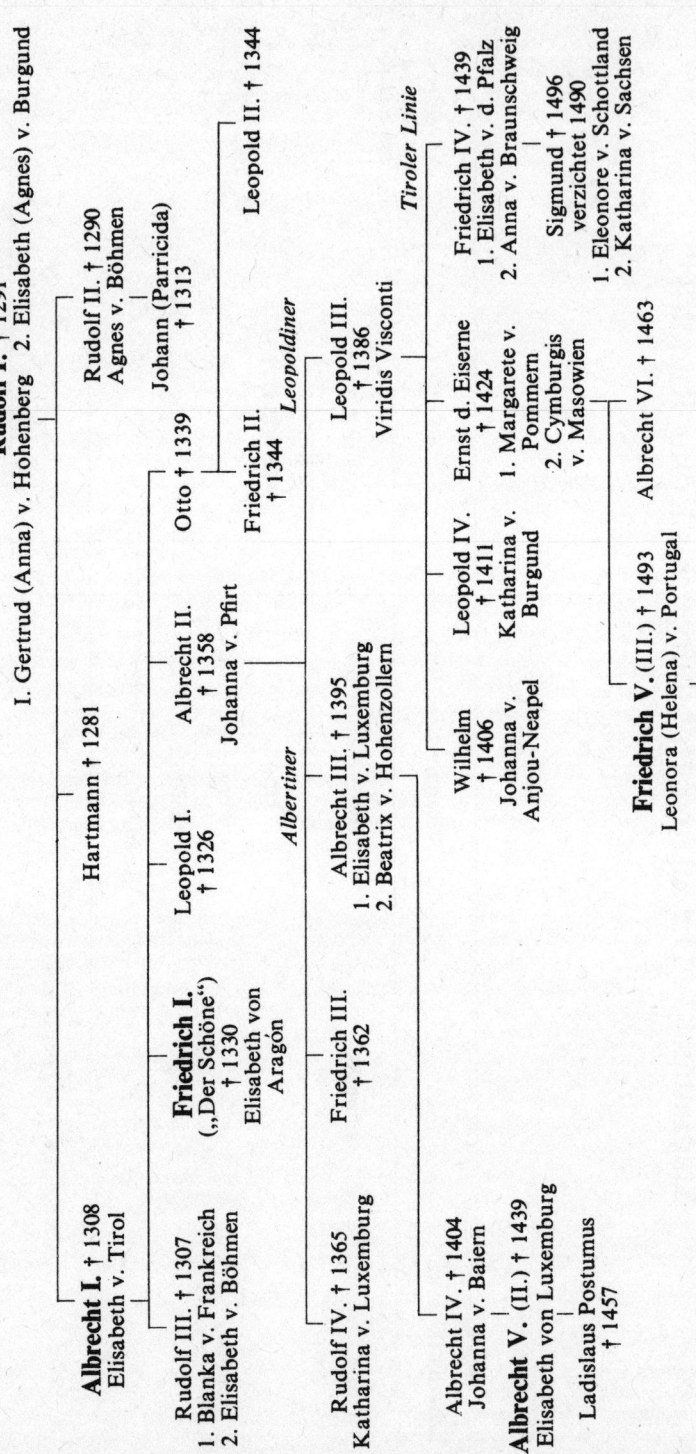

Stammtafel III: Von Maximilian I. bis Maria Theresia

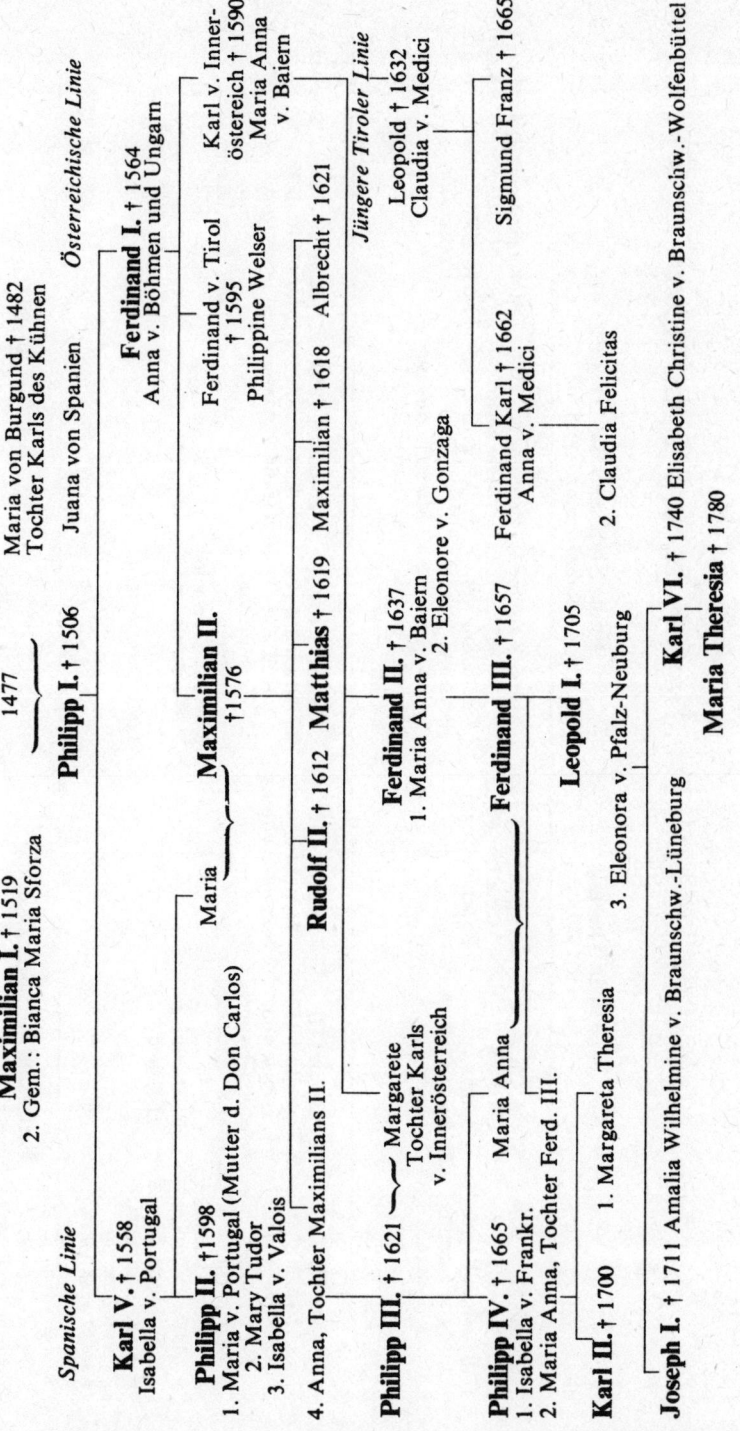

Stammtafel IV: Das Haus Habsburg–Lothringen

Maria Theresia † 1780 ⎰ 1736 ⎱ **Franz Stephan** v. Lothringen (Kaiser Franz I.) † 1765

Kinder:

- **Joseph II.** † 1790
  1. Isabella von Bourbon-Parma
  2. Maria Josepha v. Baiern

- Maria Christine † 1798
  Albert von Sachsen-Teschen

- Maria Karoline † 1814
  Ferdinand von Bourbon-Neapel
  |
  Maria Theresia
  2. Gem. Franz II.

- Maria Antoinette † 1793
  Ludwig XVI. von Frankreich

- Max. Franz Kurfürst von Köln † 1801

- **Leopold II.** † 1792
  Marie Luise von Bourbon-Spanien

- Ferdinand † 1806
  Maria Beatrix v. Modena-Este
  |
  Maria Ludovica
  3. Gem. Franz II.

Kinder Leopolds II.:

- **Franz II.** (I.) † 1835
  1. Elisabeth von Württemberg
  2. Maria Theresia v. Bourbon-Neapel
  3. Maria Ludovica von Modena
  4. Karol. Augusta von Baiern
  (Kinder v. 2. Gem.)

- Ferdinand III. v. Toscana † 1824
  1. Louise von Bourbon-Neapel
  2. Maria v. Sachsen
  Linie Habsburg-Toscana

- Karl † 1847
  Henriette von Nassau-Weilburg

- Joseph † 1847
  1. Alexandra von Rußland
  2. Hermine von Anhalt
  3. Maria Dor. von Württemberg
  Linie Erzh. Joseph

- Johann † 1859
  Anna Plochl
  (Gräfin v. Meran)

- Rainer † 1853
  Maria Elisabeth v. Savoyen
  Linie Erzh. Rainer

- Ludwig † 1864

Kinder Franz' II. (I.):

- Maria Louise Herzogin v. Parma † 1847
  Gem. Napoleons I.
  |
  Hzg. v. Reichsstadt † 1832

- **Ferdinand I.** (verz. 1848) † 1875
  Maria Anna von Savoyen

- Franz Karl † 1878
  Sophie von Baiern

- Albrecht † 1895
  Hildegard von Baiern

- Karl Ferdinand † 1874
  Elisabeth, Tochter des Erzherzogs Joseph

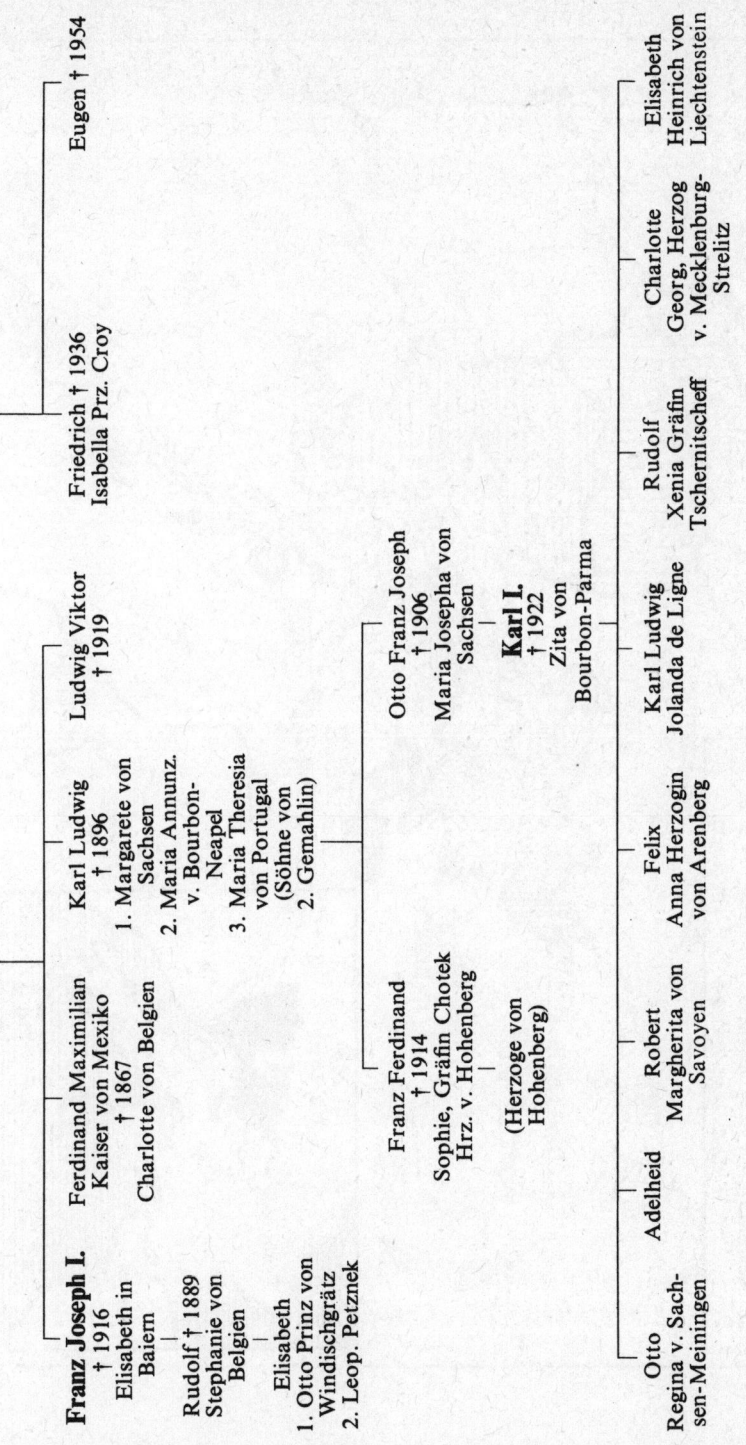

Franz Joseph I.
† 1916
Elisabeth in Baiern

Rudolf † 1889
Stephanie von Belgien

Elisabeth
1. Otto Prinz von Windischgrätz
2. Leop. Petznek

Ferdinand Maximilian
Kaiser von Mexiko
† 1867
Charlotte von Belgien

Karl Ludwig
† 1896
1. Margarete von Sachsen
2. Maria Annunz. v. Bourbon-Neapel
3. Maria Theresia von Portugal
(Söhne von 2. Gemahlin)

Ludwig Viktor
† 1919

Friedrich † 1936
Isabella Prz. Croy

Eugen † 1954

Franz Ferdinand
† 1914
Sophie, Gräfin Chotek
Hrz. v. Hohenberg

(Herzoge von Hohenberg)

Otto Franz Joseph
† 1906
Maria Josepha von Sachsen

Karl I.
† 1922
Zita von Bourbon-Parma

Otto
Regina v. Sachsen-Meiningen

Adelheid

Robert
Margherita von Savoyen

Felix
Anna Herzogin von Arenberg

Karl Ludwig
Jolanda de Ligne

Rudolf
Xenia Gräfin Tschernitscheff

Charlotte
Georg, Herzog v. Mecklenburg-Strelitz

Elisabeth
Heinrich von Liechtenstein

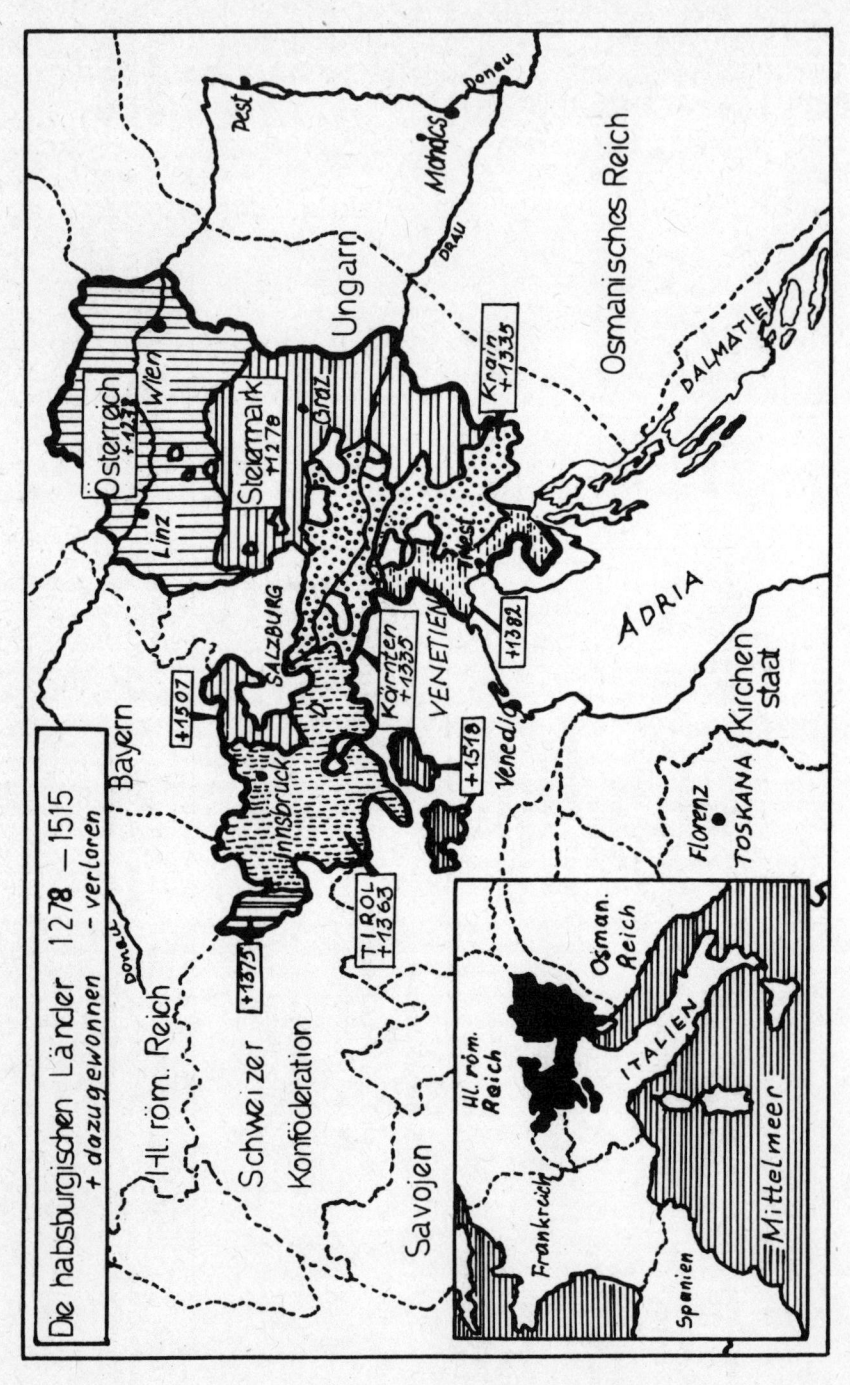

Die habsburgischen Länder 1278 — 1515
+ dazugewonnen - verloren

Hl. röm. Reich

Bayern

Schweizer Konföderation

Savojen

Österreich +1278
Wien
Linz

Donau

Steiermark +1278
Graz

SALZBURG

TIROL +1363
Innsbruck
+1375
+1507

Kärnten +1335

Krain +1335

Ungarn

Pest

Donau

Marosch

Drau

Osmanisches Reich

DALMATIEN

ADRIA

VENETIEN
Venedig
+1382
+1518

Florenz
TOSKANA
Kirchenstaat

Hl. röm. Reich

Osman. Reich

Frankreich

ITALIEN

Spanien

Mittelmeer

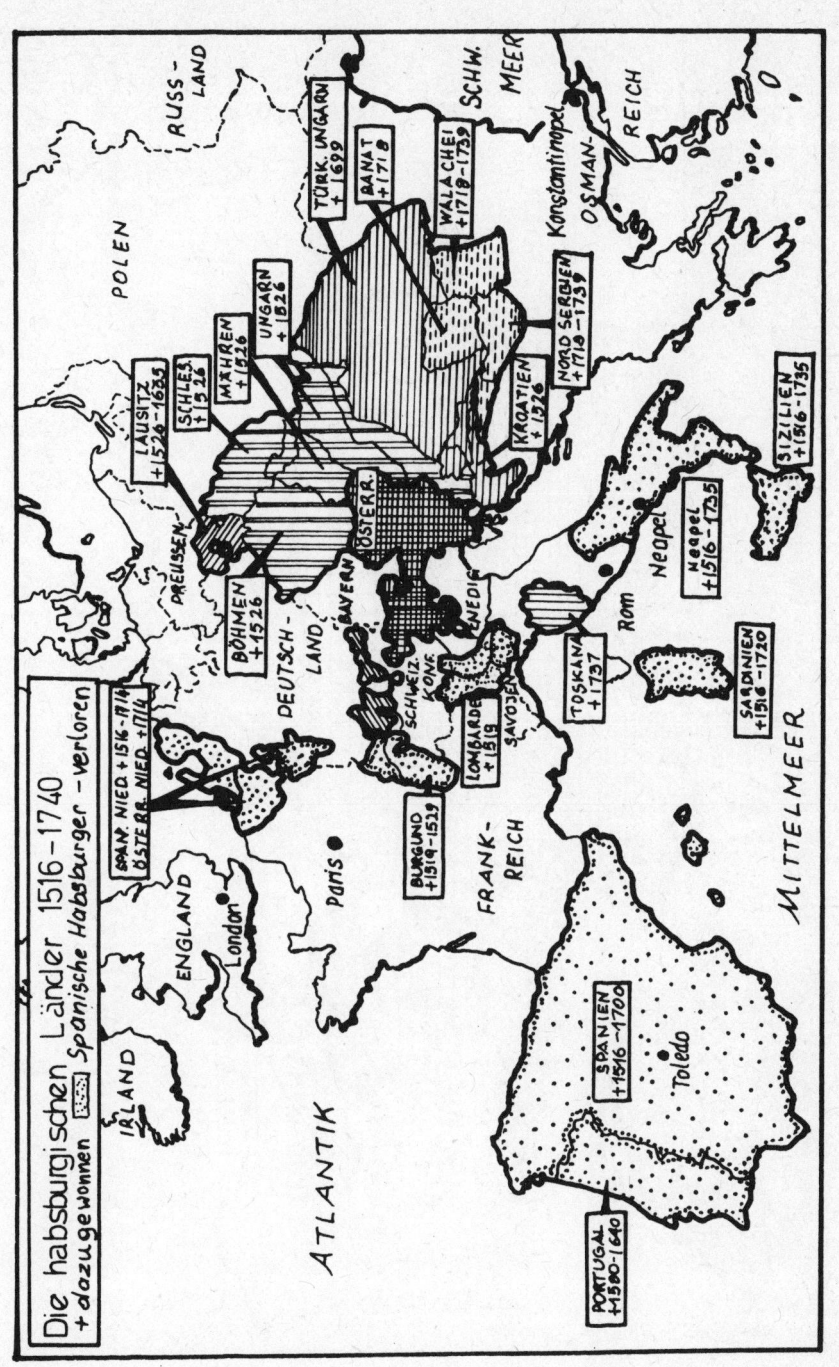

Die habsburgischen Länder 1516–1740
+ dazugewonnen ▦ Spanische Habsburger - verloren

RUSS-
LAND

POLEN

SCHW. MEER

OSMAN- REICH

Konstantinopel

LAUSITZ
+1526-1635

SCHLES.
+1526

MÄHREN
+1526

UNGARN
+1526

TÜRK. UNGARN
+1699

BANAT
+1718

WALACHEI
+1718-1739

NORD SERBIEN
+1718-1739

KROATIEN
+1526

PREUSSEN

BÖHMEN
+1526

DEUTSCH-
LAND

BAYERN

ÖSTERR.

SCHWEIZ.
KONF.

VENEDIG

SIZILIEN
+1516-1735

Neapel

Rom

Neapel
+1516-1735

TOSKANA
+1737

SARDINIEN
+1516-1720

LOMBARDEI
+1519

SAVOYEN

SPAN. NIED. +1516-1714
ÖSTER. NIED. +1714

IRLAND

ENGLAND

London

Paris

FRANK-
REICH

BURGUND
+1514-1529

ATLANTIK

MITTELMEER

SPANIEN
+1516-1700

Toledo

PORTUGAL
+1580-1640

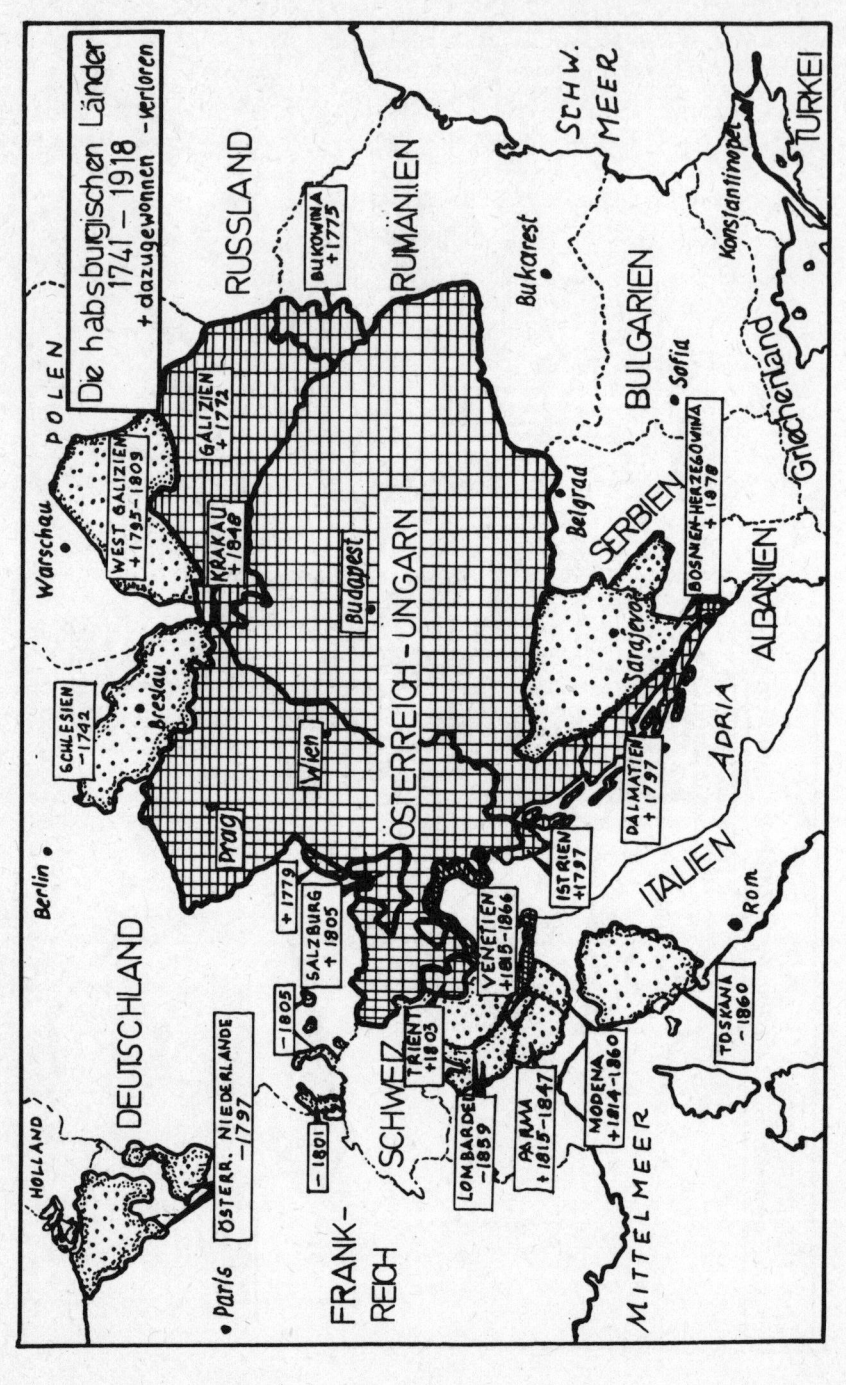

Die habsburgischen Länder
1741 – 1918
+ dazugewonnen – verloren

TÜRKEI

SCHW. MEER

Konstantinopel

RUSSLAND

RUMÄNIEN

BULGARIEN

BUKOWINA
+ 1775

Bukarest

Sofia

GALIZIEN
+ 1772

Warschau

POLEN

WEST GALIZIEN
+ 1795 – 1809

KRAKAU
+ 1846

Breslau

Budapest

SERBIEN

Belgrad

BOSNIEN-HERZEGOWINA
+ 1878

Sarajevo

ALBANIEN

Griechenland

SCHLESIEN
– 1742

ÖSTERREICH – UNGARN

Berlin

DEUTSCHLAND

Prag

Wien

DALMATIEN
+ 1797

ADRIA

ISTRIEN
+ 1797

ITALIEN

Rom

+ 1779

SALZBURG
+ 1805

– 1805

TRIENT
+ 1803

VENETIEN
+ 1815 – 1866

ÖSTERR. NIEDERLANDE
– 1797

– 1801

LOMBARDEI
– 1859

PARMA
+ 1815 – 1847

MODENA
+ 1814 – 1860

TOSKANA
– 1860

SCHWEIZ

FRANK-
REICH

Paris

Holland

MITTELMEER

Quellennachweis und Hinweise zu den Bildern

(BA = Bildarchiv der Österreichischen Nationalbibliothek Wien)

1 *Stammbaum der Habsburger* von Rudolf I. (1273–1291) bis Ferdinand III. (1637–1657).
   Anonymer Stich.
   Quelle: BA

2 *Die Habsburg ("Habichtsburg")* bei Brugg im Aargau/Schweiz, erbaut 1020; von dieser Burg leitet sich vermutlich der Name der wahrscheinlich auf das elsässische Geschlecht der Etichonen (um 950 erstmals erwähnt) zurückgehenden Dynastie der Habsburger ab.
   Schwarzweiß-Foto.
   Quelle: BA

3 *Rudolf IV., der Stifter* (1358-1365)
   Tempera auf Pergament über Holz, vielleicht von Heinrich dem Vaschang, Schildermaler des Königs; sicherlich im Bereich der böhmischen Malerschule in Wien (um 1365) entstanden.
   Das Original befindet sich im Wiener Diözesanmuseum.
   Quelle: Wiener Diözesanmuseum

4 *Privilegium majus* (1359)
   Rudolf IV. ließ das sogenannte „Privilegium minus", das Kaiser Friedrich I. Barbarossa 1156 dem Babenbergerherzog Heinrich Jasomirgott gewährte (Erhebung der Ostmark zum selbständigen Herzogtum), dahingehend erweitern (Fälschung!), daß die reichsfürstlichen Pflichten beschränkt und die landesfürstliche Souveränität vermehrt werden (Erzherzogtum!).
   Das Original befindet sich im Österreichischen Staatsarchiv, Wien.
   Quelle: BA

5 *Friedrich III.* (1440–1493)
   Er wurde als letzter der deutschen Kaiser in Rom gekrönt, legte großen Wert auf die Mehrung der habsburgischen Länder. Durch die Verlobung seines Sohnes Maximilian mit Maria von Burgund legte er den Grundstein für die Weltmacht der Habsburger im folgenden Jahrhundert.
   Barbarini-Meister (?), vor 1452, aufbewahrt in der Galleria degli Uffizi, Florenz
   Quelle: Foto Nechuta NÖ. Landesregierung, Bildstelle

6 Am 19. März 1452, drei Tage nach Friedrichs III. Heirat mit Eleonore von Portugal, nahm Papst Nikolaus V. im Dom zu Sankt Peter in Rom die Kaiserkrönung vor. Das Bild zeigt die beiden letzten Phasen der Krönungszeremonie: im linken Teil der Krönungsakt, rechts die

Übergabe des Reichsschwertes; Gefolgsleute halten das Reichsbanner (schwarzer Doppeladler mit goldenen Nimben im gelben Feld).
Niederländisch, 2. Hälfte 15. Jh., Öl auf Eichenholz, Germanisches Nationalmuseum Nürnberg.
Quelle: Foto Nechuta NÖ. Landesregierung, Bildstelle

7 *A.E.I.O.U.*
„All Erdreich ist Österreich untertan" oder „Austria erit in orbe ultima" oder „Austriae est imperare orbi universo". Angebliche Bedeutungen der Devise Friedrichs III.
Detail aus dem Chor im Presbyterium des Doms von Wiener Neustadt.
Quelle: Foto Wanke, Wiener Neustadt

8 *Maximilian I.* (1459–1519)
Römisch-deutscher Kaiser. Durch Verbindung mit Spanien (1496 Heirat seines Sohnes Philipp) und Ungarn bzw. Böhmen (1515 Doppelhochzeit seiner Enkel Maria und Ferdinand mit Ludwig II. von Böhmen-Ungarn bzw. mit Anna, der Schwester Ludwigs) dehnte sich das Herrschafts- bzw. Einflußgebiet der Habsburger sprunghaft aus.
Gemälde von Bernhard Strigel (1460–1528), schwäbischer Maler, Hofporträtist von Kaiser Maximilian I. Kunsthistorisches Museum, Wien.
Quelle: BA

9 *Totenbild Kaiser Maximilians I.*
Maximilian starb 1519. Aus dem Codex 8.614, fol. 318.
Quelle: BA

10 *Habsburger auf der Sonnenleiter*
Die goldene Leiter, die zum Sonnenhimmel führt; auf ihr Mitglieder des Hauses Habsburg.
Miniatur aus Codex 7.892, fol. 24, Jakob Mendel, 1518.
Quelle: BA

11 *Karl V.* (1519–1556)
Karl wurde 1500 in Gent geboren, erbte 1506 von seinem Vater den burgundischen Besitz, folgte 1516 in Spanien als Karl I. und 1519 seinem Großvater Maximilian I. als Herr der österreichischen Erblande und als röm.-deutscher Kaiser nach. 1521/22 überließ er die österreichischen Länder seinem Bruder Ferdinand. 1556 dankte er zugunsten seines Sohnes Philipp ab und zog sich ins Kloster San Jerónimo de Yuste zurück, wo er 1558 starb.
Stich des Johannes Blaschl nach einem Gemälde von Tizian oder einer Vorlage Jakob Seiseneggers (Habsburg. Hofmaler).
Quelle: BA

12 *Philipp II.* (1556–1598)
Sohn Kaiser Karls V., geb. 1539, erbte die Herrschaft in Spanien mit den Kolonien in Amerika, den spanischen Niederlanden, Mailand, Neapel, Sizilien, Sardinien.
Anonymer Stich von 1586.
Quelle: BA

13 *Weltkarte aus der Zeit Kaiser Karls V.*
Erdkarte 1515 „Imago terrae" von Johann Stabius, Holzschnitt von
Albrecht Dürer.
Quelle: BA

14 *Der Escorial*
1563 ff. von Juan Bautista de Toledo und Juan de Herrera für Philipp II.
als klösterliche Residenz (Schloß und Augustinerkloster) errichtet, dem
hl. Laurentius geweiht. Begräbnisstätte der spanischen Könige seit
Karl V. Ausmaße der Anlage: 206 m x 161 m.
Gesamtansicht aus der Vogelperspektive aus dem Atlas Bleau,
Band 1.
Quelle: BA

15 *Entsatzschlacht vor Wien 1683*
Das Reichsheer unter Führung von Jan III. Sobieski von Polen und
Herzog Karl V. Leopold von Lothringen befreit die von den Türken
belagerte Stadt.
Ölgemälde von Frans Geffels, flämischer Maler und Radierer.
Quelle: Historisches Museum der Stadt Wien

16 *Rudolf II.* (1576–1612)
Kaiser Rudolf II. residierte in Prag, suchte die kaiserliche Stellung in der
Auseinandersetzung mit der Reformation zu stärken (Jesuiten), wurde
1611 durch seinen Bruder Matthias abgesetzt.
Kupferstich aus: Consilia Juris des Matthäus Wesenbecius, Wittenberg
1611.
Quelle: Dr. Vocelka, Wien

17 *Leopold I.* (1658–1705)
Zweiter Sohn Ferdinands III., Heirat mit der spanischen Prinzessin
Margareta Theresia, Tochter Philipps IV.
Stich von Joachim Sandrart, deutscher Maler und Kunstschrift-
steller.
Quelle: BA

18 *Einband zum Autograph „Miserere" Leopolds I.*
Wie sein Vater komponierte auch Leopold, sein Lehrer war Wolfgang
Ebner.
Quelle: Musiksammlung der Albertina, Wien

19 *Notenblatt aus dem „Miserere"*
(vgl. 18)

20 *Schloß Belvedere*
Oberes Belvedere, Südfront. In den Jahren 1714–1722 von Johann
Lukas von Hildebrandt für Prinz Eugen von Savoyen als Sommerresi-
denz erbaut; Gartengestaltung: Dominique Girard.
Quelle: BA

21 *Prinz Eugen von Savoyen* (1663–1736)
Sproß der Familie Savoyen-Carignan (Mutter eine Nichte von Kardinal
Mazarin). Von Ludwig XIV. abgewiesen, bot er seine Dienste den
Österreichern an. 1683 Eintritt in die österreichische Armee. Feldherr
und Ratgeber der Habsburger, Kunstmäzen.

Stich von Bernhard Picart nach dem Gemälde des Jakob von Schutten.
Quelle: BA

22 *Maria Theresia als Königin von Ungarn* (1740–1780)
Maria Theresia wurde 1717 als Tochter Kaiser Karls VI. geboren, durch die „Pragmatische Sanktion" erbberechtigt, verheiratet mit Franz Stephan von Lothringen.
Plastik von Franz Xaver Messerschmidt, 1766.
Quelle: Foto Erich Lessing, aus: „Imago Austriae"

23 *Kaiser Franz Stephan von Lothringen mit den Kabinettsdirektoren*
Hinter dem Stuhl des Kaisers: Leibarzt und Präfekt der Hofbibliothek Gerard van Swieten; im Hintergrund der Direktor der Naturaliensammlung Jean de Baillou; in der Mitte der Direktor des Münzkabinetts Valentin Duval; rechts neben dem Kaiser stehend der Direktor des physikalisch-mathematischen Kabinetts Abbé Jean Marcy.
Gemälde von Franz Messmer (Tiroler Porträtmaler) und Jakob Kohl (Wiener Maler)
Quelle: Naturhistorisches Museum, Wien

24 *Maria Theresia im Kreise ihrer Familie*
Von ihren 16 Kindern sind hier abgebildet (von links): Maria Christine († 1793) und ihr Gemahl Albert, Herzog von Sachsen-Teschen; Maximilian Franz († 1801); Elisabeth († 1808); Anna († 1789) und Joseph II. († 1790).
Gemälde von Heinrich Friedrich Füger. Österreichische Galerie im Belvedere.
Quelle: BA

25 *Joseph II. beim Pflügen*
Joseph II. folgte seiner Mutter Maria Theresia 1780 als Alleinherrscher nach und unternahm eine Reihe wichtiger Reformen (Josephinismus).
Anonyme Radierung, zeigt den Thronfolger beim Pflügen auf dem Feld des Bauern Andreas Truha bei Slawikowics am 19. 8. 1769.
Quelle: BA

26 *Joseph II. und Leopold von Toskana*
Kaiser Joseph II. (1780–1790) und sein Bruder und Nachfolger (1790 bis 1792) Leopold, Großherzog von Toskana (1747–1792), im Jahre 1769 in Rom.
Ölgemälde von Pompeo Batoni.
Quelle: Kunsthistorisches Museum, Wien

27 *Modell des Allgemeinen Krankenhauses in Wien*
Joseph II. gründete im Zuge seiner Sozialreformen dieses Allgemeine Krankenhaus, dessen Modell im Technischen Museum in Wien steht.
Quelle: BA

28 *Papst Pius VI. in Wien*
Papst Pius VI. bei einer Konferenz mit Kaiser Joseph II. in Wien am 24. 3. 1782 im Beisein von Fürst Kaunitz und Graf Cobenzl sowie der Kardinäle Migazzi und Batthyány.

216

Lithographie nach dem Gemälde von Franz Schams.
Quelle: BA

29 *Familienvereinigung des Kaiserhauses 1834*
Kaiser Franz II. (1792–1806) bzw. Franz I. von Österreich (1804–1835)
– seit 1804 österreichischer Kaiser, 1806 Niederlegung der röm.-
deutschen Kaiserwürde – im Kreise seiner zahlreichen Familie im
Herbst 1834, ein Jahr vor seinem Tod.
Stich nach dem Gemälde von Peter Fendi.
Quelle: BA

30 *Napoleon empfängt die Schlüssel der Stadt Wien*
1809, beim Frieden von Schönbrunn, muß auch Österreich die über-
legene militärische Macht Napoleons anerkennen, nachdem in der
Schlacht bei Aspern Napoleon erstmals geschlagen worden war.
Radierung von Jean Bein nach dem Gemälde von Anne Louis Girodet-
Trioson.
Quelle: BA

31 *Napoleon und Marie-Luise mit dem König von Rom*
Napoleon Bonaparte (1769–1821) als Napoleon I. Kaiser der Franzo-
sen (1804–1814/15) heiratete nach Scheidung seiner Ehe mit Joséphine
Beauharnais die österr. Prinzessin Marie-Luise (1791–1847), die Toch-
ter Franz' I. (1810) und ernennt seinen Sohn zum König von Rom.
Stich von Adrien Godefroy nach dem Gemälde von Adolphe Roehn.
Quelle: BA

32 *Erzherzog Johann* (1782–1859)
6. Sohn Kaiser Leopolds II., war von 1848–1849 deutscher Reichsverweser, heiratete 1827 die Bürgerliche Anna Plochl, spätere Gräfin
Meran. Reformtätigkeit in der Steiermark, sozial eingestellt, volksver-
bunden.
Anonymer Stich.
Quelle: BA

33 *Hochzeit Kaiser Franz Josephs I. mit Elisabeth*
Am 24. 4. 1854 heiratete der österreichische Kaiser die bayrische
Prinzessin in der Wiener Augustinerkirche. Gemälde.
Quelle: BA

34 *Elisabeth, Kaiserin von Österreich* (1837–1898)
Gemälde von Franz Xaver Winterhalter in den Schauräumen der
Wiener Hofburg.
Quelle: BA

35 *Kronprinz Rudolf* (1858–1889)
Einziger Sohn des Kaiserpaares, verheiratet mit Stephanie von Belgien.
Selbstmord in Mayerling bei Wien.
Letzte Aufnahme vor seinem Tod.
Quelle: BA

36 *Franz Joseph I. und Katharina Schratt*
Die Schauspielerin am Wiener Burgtheater (1855–1940) war eng mit
Kaiser Franz Joseph und Kaiserin Elisabeth befreundet.
Quelle: BA

37 *Maximilian von Mexiko* (1864–1867)
Der Bruder Franz Josephs, geb. 1832, übernimmt auf Betreiben Napoleons III. die Herrschaft in Mexiko, wird 1867 im Verlauf des von Benito Juárez angeführten Aufstandes in Querétaro/Mexiko erschossen.
Das Bild zeigt den Empfang der mit der Überreichung der mexikanischen Kaiserkrone betrauten Deputation in Schloß Miramare.
Xylographie von Carl Friedrich Moritz Emil v. Haase.
Quelle: BA

38 *Erzherzog Franz Ferdinand* (1863–1914)
Der Neffe Kaiser Franz Josephs wurde nach dem Tode Kronprinz Rudolfs und dem Tode seines Vaters Erzherzog Karl Ludwig seit 1896 Thronfolger, verheiratet mit Gräfin Chotek (1900) in morganatischer Ehe.
Das Foto zeigt die Ankunft des Thronfolgers und seiner Gemahlin 1914 in Sarajewo, wo sie wenig später ermordet wurden.
Quelle: BA

39 *Kaiser Franz Joseph I.* (1848–1916)
Geb. 1830 als Sohn Franz Karls, eines Bruders Kaiser Ferdinands I., der 1848 zugunsten seines Neffen Franz Joseph abdankte.
Das Bild zeigt ihn im Jahre 1916, kurz vor seinem Tod in seiner Dienstuniform.
Quelle: BA

40 *Erzherzogin Elisabeth v. Österreich*, Tochter Kronprinz Rudolfs, geb. 1883, verheiratete Prinzessin Windischgrätz. 1924 geschieden und 1948 wieder verheiratet mit dem sozialistischen Bundesrat Leopold Petznek; sie starb 1963.
Das Foto zeigt sie als Krankenschwester 1914.
Quelle: BA

41 *Kaiser Karl I.* (1916–1918)
Geb. 1887 als Sohn Erzherzog Ottos, eines Bruders des Thronfolgers Franz Ferdinand, übernahm nach dem Tode Kaiser Franz Josephs I. 1916 die Regierung, wurde 1918 entthront und starb 1922 auf Madeira. Verheiratet mit Zita von Bourbon-Parma.
Das Bild zeigt das Kaiserpaar mit den Kindern Otto (geb. 1912), Adelheid, Robert und Felix; Aufnahme von 1917.
Quelle: BA

42 *Stammtafel der Habsburger*
Übersicht von 950 (Guntram) bis 1918 (Ende der österreichischen Monarchie).

218

Personenregister

219